Lorrie Greenhouse Gardella

# Louis Lowy

Lehren aus dem Holocaust –
Sozialarbeit unter extremen Bedingungen
Deutsch von Constanze Lehmann

LAMBERTUS

**Bild 1:** Louis Lowy, ca. 1964.

Lorrie Greenhouse Gardella

# Louis Lowy

Lehren aus dem Holocaust –
Sozialarbeit unter extremen Bedingungen
Deutsch von Constanze Lehmann

FÜR DITTA

Bibliografische Information der Deutschen Nationalbibliothek

Die Deutsche Nationalbibliothek verzeichnet diese Publikation in der Deutschen Nationalbibliografie; detaillierte bibliografische Daten sind im Internet über dnb.d-nb.de abrufbar.


www.lambertus.de
**Satz:** Astrid Stähr, Solms
**Umschlaggestaltung:** Nathalie Kupfermann, Bollschweil
**Druck:** WIRmachenDRUCK GmbH, Backnang
ISBN: 978-3-7841-3117-7
ISBN ebook: 978-3-7841-3118-7

# Inhalt

# Vorwort

Zu Beginn der großen Migrations- und Fluchtwelle 2014/2015 wurden wir in der Gesellschaft für Social Groupwork durch den Präsidenten der IASWG, Greg Tully, auf das Buch von Lorrie Greenhouse Gardella aufmerksam gemacht. Bei der Lektüre sprang mir die Aktualität des Inhalts sofort ins Auge. Die aktuelle Flüchtlingssituation wurde in Deutschland von einigen direkt mit dem Schicksal der Vertriebenen aus den früheren deutschen Ostgebieten nach dem Zweiten Weltkrieg und der Erfahrung ihrer Aufnahme in Westdeutschland in Verbindung gebracht. Die große Welle der Willkommenskultur wurde u. a. dadurch genährt, und Deutschland konnte die Ambivalenz gegenüber diesem Kapitel seiner Geschichte teilweise überwinden.

Der Bezug zur Flucht und Vertreibung der jüdischen Bevölkerung aus Deutschland während des Nationalsozialismus und die Auswanderung der Überlebenden nach dem Krieg wurden in diesem Zusammenhang kaum thematisiert. Die Vertreibung der jüdischen Bevölkerung und ihre Auswanderung nach dem Krieg, ihr Erleben des Integrationsprozesses in den USA, der Umgang mit ihrer Entwurzelung, das Heilsame ihrer Community-Bildung – all das könnte unseren Lernprozess im Umgang mit den neuen Herausforderungen befruchten. Gerade aus den Erfahrungen der emigrierten Sozialarbeiter können wir wertvolle Lehren für die aktuellen Problemstellungen ziehen. Louis Lowy war einer von ihnen.

> Nach dem Holocaust haben wir gelernt, dass Augenzeugenberichte unsere wichtigste Erkenntnisquelle sein können, für Monate, Jahre oder sogar für Generationen nach dem Ereignis, und wenn wir Geflüchteten oder Vertriebenen effektiv helfen wollen, müssen wir ihnen zuerst einmal zuhören. *(Lorrie Gardella Nachwort zur Originalausgabe)*

Louis Lowy berichtete über seine Lebenserfahrung auf Tonbändern, die Lorrie Gardella für das Buch zur Verfügung standen. Alles Material stammt aus authentischen Quellen, und die Freundschaft, die Prof. Gardella mit Ditta Lowy, der Witwe Louis Lowys verbindet, diente in diesem Buchprojekt der Wahrung der Authentizität.

Louis Lowy klagte nicht an. Er tat das, was er auch schon in Theresienstadt und später im Displaced-Persons-Center in Deggendorf getan hat – er lehrte und war als Sozialarbeiter und Groupworker unterwegs. Das vorliegende Buch präsentiert anhand seiner Biografie as Beispiel eines Sozialarbeiters, Social Groupworkers und Lehrers der Sozialen Arbeit, der sein Grundlagenwissen aus der eigenen Lebensgeschichte zu ziehen vermochte.

Louis Lowy verarbeitete in seinem professionellen Selbstverständnis die Erfahrungen, die er vor dem Hintergrund des Holocaust und seiner Übersiedelung nach Amerika gesammelt hatte. Er stellte damit, für die Sozialarbeit eher untypisch, einen direkten Bezug zwischen den Verhältnissen in der Gegenwartsgesellschaft und den subjektiven individuellen Erfahrungen her.

Wie sehr Louis Lowys Haltung mit seinem Leben verbunden war, wird auch deutlich, wenn seine Lebensgefährten zu Wort kommen.

Lorrie Greenhouse Gardella zitiert Vern Drehmel, der im Alter von 14 Jahren nach Theresienstadt deportiert worden war und mit Louis Lowy ein Leben lang befreundet blieb: „Wir waren im Ghetto angekommen, ohne zu wissen für wie lange oder was uns erwartete. Die Menschen starben an Unterernährung oder Typhus. Die Lebensbedingungen waren extrem. Gab es irgendeine Zukunft? Würden wir am Ende überleben? Unter diesen Umständen leistete Louis seinen allerbesten Beitrag in sozialer Gruppenarbeit. Er half uns, einen Sinn für Gruppenzusammenhalt zu entwickeln, für Identität, gegenseitige Fürsorge; unter Androhung der Todesstrafe für seinen Unterricht teilte er mit uns sein umfangreiches Wissen über Literatur, Theater und Dichtung, und half uns so, uns über unsere Situation zu erheben, von eben jener Freiheit, Unabhängigkeit und Würde, die uns verwehrt wurde, zu träumen und zu kosten. Er half uns, uns wichtig zu fühlen, stolz. Im Gegensatz zu denjenigen, die die Waffen trugen, erwarben wir Wissen, und hatten alle begonnen, an das Schillerzitat zu glauben: ‚Wissen ist Macht'."

Lowy blieb nicht auf einer unmittelbar subjektiven Ebene, sondern war in der Lage, aus der Metaebene der Sozialarbeitswissenschaft (die in den USA als anerkannte Wissenschaft gelebt wurde) den gesellschaftlichen und politischen Kontext zu explorieren und in seine Lehre einzubeziehen.

Was Lowy lehrte, ist umfassend und komplex. Daher möchte ich an dieser Stelle besonders hinweisen auf

- seine ersten Erfahrungen als Groupworker, als er die Waisenkinder im KZ Theresienstadt unterrichtete und
- sein Modell der Selbstverwaltung im Displaced-Persons-Center in Deggendorf.

Es waren diese Berichte, die mich bei der Vorbereitung der Fachtagung „Über-Leben in Gruppen“[1] an der TH-Köln besonders beeinflusst und motiviert haben. So hat mich das Zutrauen in die Fähigkeiten der Überlebenden, ihre eigene Lebenssituation zu gestalten, zutiefst beeindruckt. Darin sehe ich ein mögliches Modell für die Gestaltung von Flüchtlingsunterkünften. Und diesbezüglich lohnt sich die Auseinandersetzung mit den grundsätzlichen Wirkfaktoren, die das Funktionieren des DP-Centers ermöglicht haben:

- Hoffnung nicht als gutes Zureden und Optimismus, sondern als Konzept einer Handlungsstrategie zu begreifen, wie es sich z. B. in der Einrichtung des Auswanderungsbüros und der Etablierung von vorbereitenden Sprachkursen (z. B. Englisch für die Auswanderung in die USA) ausdrückt;
- Ressourcenorientierung als eine Strategie der Selbstbehandlung der Opfer des Holocaust nutzen, welche durch die Erfordernisse und Bewältigung ihres Alltags wieder zu einer inneren Stärke und Stabilität fanden;
- eine radikale Werteorientierung, die die Würde des Einzelnen, die Selbstbestimmung der Einzelnen und der Gemeinschaft, die soziale Gerechtigkeit, die Wertschätzung der Interdependenz der Generationen und die Verpflichtung zu sozialer Partizipation und lebenslangem Lernen beinhaltet.

Am Ende der Tagung „Über-Leben in Gruppen“ in Köln, in der das vorliegende Buch vorgestellt wurde, stellte ich dem Leiter des Workshops „Social Groupwork in der Arbeit mit Geflüchteten“, dem Vorsitzenden des Kölner Flüchtlingsrates Claus Ulrich Prölß, die Frage, welche Rolle aus seiner Sicht die Hoffnung in der Arbeit mit Geflüchteten in den Unterkünften spiele. Seine Antwort schockierte mich, als er feststellte: In diesen Unterkünften können die Menschen keine Hoffnung haben!

Die wichtigste und zentrale Botschaft des Erbes von Louis Lowy ist, dass Groupwork dann emanzipatorisch und ressourcenorientiert arbeiten kann, wenn ihr Hoffnung und Liebe zu den Menschen innewohnen. Es ist die Hoffnung, die es Menschen ermöglicht, in Krisensituationen dennoch das eigene Leben in die Hand zu nehmen.

Demgegenüber stellen wir in Bezug auf die aktuelle Situation in der Flüchtlingsarbeit fest:

Sie ist aktuell finanziell und personell weitgehend zu gering ausgestattet. Insbesondere die Unterbringung der Neuankömmlinge in Massenunterkünften, die

1 https://www.th-koeln.de/hochschule/ueber-leben-in-gruppen_26664.php

sich nur sehr langsam aufgelöst hat, stellt eine nicht hinnehmbare Verletzung der Rechte der Schutzsuchenden dar, die in der Folge Hoffnungslosigkeit und Depression bei den Geflüchteten erzeugt. Es ist nicht hinnehmbar, wenn 200 und mehr Personen in einer Turnhalle ohne Unterteilungen und damit ohne jegliche Privatsphäre für Wochen und manchmal sogar Monate zusammengepfercht werden. Solche Zustände sind nur mit Hilfe von Sicherheitspersonal zu organisieren, während die Möglichkeiten der Selbstorganisation durch die Bewohner ausgeschlossen sind. Sozialarbeit kann unter diesen Bedingungen nicht an den Ressourcen der KlientenInnen ansetzen, sondern wird selbst zum Anhängsel eines Sicherheitssettings.

Angesichts dieser Situation stellt sich die Frage, wie hier die Würde jedes einzelnen Menschen gewahrt wird? Wie kann die Selbstbestimmung des Einzelnen und von Gemeinschaften hergestellt werden?

Sozialarbeit und insbesondere Social Groupwork sollten eindeutig Positionen im Interesse der Schutzsuchenden und Geflüchteten einnehmen. Das bedeutet vor allem, dass sie ihr methodisches Wissen und ihr fachliches Handeln in den Dienst des Empowerments und der Selbstorganisation und Selbstvertretung der KlientenInnen stellen oder dort, wo ein solches Handeln aufgrund der äußeren Rahmenbedingungen nicht möglich ist, entsprechende Standards einfordern.

Hier gibt es für die Soziale Arbeit noch viel zu tun und auch zu forschen. Die in Köln abgehaltene Open-Space-Konferenz „Wir alle sind Stadtgesellschaft"[2], in der im September 2016 Akteure aus Willkommensinitiativen, Interkulturellen Zentren, Migrantenorganisationen und Geflüchtete zusammenkamen, hat die besonderen Schwierigkeiten interkultureller Kommunikation in einem multisprachlichen Rahmen deutlich gezeigt. Solche ermutigenden Initiativen werfen eher noch Fragen auf, als einfache Lösungen bereitzuhalten.

So wird in diesem Beispiel deutlich, dass die bloße Bereitstellung von Übersetzern die Geflüchteten noch nicht zur selbstbestimmten Teilhabe ermächtigt, sondern sie zunächst unter sprachlichen Gesichtspunkten in eine Gruppe drängt, in der sie dann Abhängigkeit von einem Übersetzer erleben – kein Setting für das Empowerment! Empowerment und Ressourcenorientierung in der sozialen Arbeit mit Geflüchteten bedeuten dagegen deren Einbeziehung in die Konzeptionierung und Planung der nachhaltigen Integrationsprozesse als Experten ihrer Bedarfe.

2 http://ki-koeln.de/assets/Uploads/pdf/Auswertung-der-Open-Space-Konferenz-final.pdf

Die Ermöglichung von Hoffnung und der Entwicklung von Perspektiven muss zu einem zentralen Merkmal der Einschätzung von Erfolgschancen des Social Groupwork und als solches anerkannt werden.

Louis Lowy beschrieb für seine Arbeit im Displaced-Persons-Center in Deggendorf die Einrichtung des Emigrationsbüros als zentral für die Aufrechterhaltung der Handlungsfähigkeit der BewohnerInnen. Die konkrete Arbeit an den Perspektiven, das Bereitstellen von Papieren, das Angebot von vorbereitendem Sprachunterricht, die Beschäftigung mit den Ländern, die eine Einwanderungsperspektive bieten, all das trug zur Stärkung und Ermutigung der Bewohner bei.

In diesem Sinne besteht heute die vorrangige Aufgabe des Social Groupwork darin, mit den Geflüchteten gemeinsam die Voraussetzungen für diese Ermutigung zu schaffen.

Als Fundament dieser Arbeit bezeichnete Lowy die Würde jedes Menschen und zeigte, wie dieser Wert in der Sozialen Arbeit verwirklicht werden kann.

Das Wirken von Louis Lowy ließe sich in vielfacher Hinsicht beleuchten. Dieses Buch soll Ermutigung sein, sich mit seinen Beiträgen zur Sozialen Arbeit mit älteren Menschen, zur Etablierung der Supervision in der Sozialen Arbeit, der Gemeinwesenarbeit in der Settlementhouse-Bewegung und der Lehre der Sozialen Arbeit näher auseinanderzusetzen.

Als Social Groupworker liegt für mich die überragende Bedeutung Lowys in seinem Beitrag zur Entwicklung der Sozialen Gruppenarbeit im Nachkriegsdeutschland. Wie in diesem Buch beschrieben, lehrte er von 1964 bis 1984 in verschiedenen, insbesondere deutschen Städten Soziale Gruppenarbeit, Supervision und Erwachsenenbildung.[3]

Das Aachener Curriculum der Ausbildung „Leiten, Begleiten und Beraten von und in Gruppen" bezieht sich ausdrücklich auf die Konzepte von Louis Lowy – und dies ist kein Zufall, denn Heinz Kersting, einer der Urheber dieses Curriculums, war 1967 Schüler bei Lowy in der Akademie für Jugendfragen in Münster:

> Ich habe mit vielen ehemaligen Kursteilnehmern gesprochen, und was ihnen und mir vor allem im Gedächtnis geblieben ist, war, wie Louis Lowy didaktisch seinen Stoff aufbereitete, wie er ausging von dem Wissen

3 Lorrie Greenhouse Gardella S. 178 ff.

> und den Erfahrungen der Lernenden, wie er in Untergruppenarbeit unser eigenes Denken und das kollegiale Erarbeiten von Wissen anregte und wie er in den Plenumsveranstaltungen das von uns Erarbeitete aufgriff, es einbezog in die Inhalte, die für uns neu waren. Er brachte das Neue mit dem, was wir wussten und mit unserer Lebenserfahrung in Kontakt und ließ uns so die Freiheit, uns selbst in diesem Lernen neu zu definieren. Gewiss, vieles war neu, vieles war auch schockierend – ein ‚normativer Schock' –, pflegte Lowy zu sagen. Aber die Konfrontation wurde aufgefangen durch seine menschliche, warme Art, die am Lernenden und dessen Leben interessiert war. Er schaute nicht auf unsere Mängel, er nutzte unsere Ressourcen und wir hatten, während wir von ihm und mit ihm lernten, stets das Gefühl, dass das Ergebnis des Lernens auch unsere eigene Leistung war. Das gab uns ungeheuren Mut und Ansporn.[4]

Kersting fährt fort: „Selten habe ich einen Wissenschaftler erlebt, bei dem der Inhalt seiner Botschaft so identisch war mit der Art, in der er diese Botschaft vermittelte, wie bei Louis Lowy. Die Idee vom Selbstbestimmungsrecht der KlientInnen", der Orientierung an den Ressourcen der KlientInnen statt an ihren Defiziten und an der Kompetenz der KlientInnen, selbst ihre Probleme handhaben zu können, bzw. dieses Handhaben mit Hilfe der SozialarbeiterIn lernen zu können, lebte Louis Lowy in der Art seines Lehrens."[5]

Was Kersting hier aus eigenem Erleben beschreibt, ist genau der Prozess, der im Bostoner Modell systematisiert wird und der darauf gründet, dass Gruppenmitglieder im Laufe der Gruppenentwicklung aus den vielen unterschiedlichen mitgebrachten einen für die Gruppe prägenden neuen Bezugsrahmen machen. Darin liegen sehr wesentliche Werte und Prinzipien, die Lowy im Laufe seines Lebens entwickelt und vertreten hat: die Souveränität des Einzelnen und der Gruppe, die Wertschätzung und Nutzung der Ressourcen und ein Gruppenverständnis, das gegenseitige Hilfe und soziale Gerechtigkeit beinhaltet.[6]

Die Lehre der Sozialen Gruppenarbeit in den höheren Fachschulen und Fachhochschulen bis in die 1970er-Jahre ist z.T. als Ausdruck einer US-amerikanischen Umerziehungsstrategie sehr kontrovers diskutiert worden.[7] Dass es vertrie-

4 Kersting, Heinz J., Aachen 2002, Louis Lowy – Brückenbauer über den Atlantik und bedeutender Lehrer der deutschen Sozialarbeiter, in H. Kersting (Hrg.), Zirkelzeichen, Supervision als konstruktivistische Beratung; S. 253.

5 Ebenda, S. 254.

6 Vgl. hierzu Nebel, G. und Woltmann-Zingsheim, B. (Hrg.) Werkbuch für das Arbeiten mit Gruppen, Aachen 1997; insbes. Krapohl, L., S. 40 f.

7 Dieser Punkt wird am Ende dieses Buches im Epilog von Joachim Wieler nochmal aufgenommen.

bene, aus Deutschland stammende Sozialarbeiter mit jüdischen Wurzeln wie Gisela Konopka und Louis Lowy waren, die damit in beeindruckender Weise zur demokratischen Entwicklung des Landes ihrer Verfolger und Peiniger beitrugen, sollte nicht unerwähnt bleiben.

Indes scheint sich vor dem Hintergrund der Migrationsbewegungen ein Prozess zu wiederholen, der an frühere Entwicklungen der Sozialarbeit erinnert.

Die Gesellschaft in Deutschland hat sich seit dem Wiederaufbau und der Wiedervereinigung als eine multikulturelle Einwanderungsgesellschaft entwickelt. Die Aufnahmegesellschaft ist zu einem bedeutenden Teil von eigener Migrationserfahrung geprägt. Dazu gehören auch sich entwickelnde Strukturen (z. B. Migrantenorganisationen). So wie sich zu Beginn der Professionalisierung der Sozialen Arbeit methodische Ansätze im Kontext der Selbstorganisation der Bewohner ärmerer Stadtteile entwickelt haben, können wir in der Migrationsarbeit eine vergleichbare Entwicklung sehen. In Migrantenselbstorganisationen finden wir eine Vielzahl verschiedener Handlungsansätze, die die frühen Vorgehensweisen des Community Organizing und der sozialen Gruppenarbeit erneut hervorbringen. Social Groupwork muss die vorhandenen Strukturen der Migrantenorganisationen nutzen und stärken, um mit ihrer Hilfe die fachlichen Kompetenzen des Social Groupwork in diese Strukturen hineinzutragen.

Die Geschichte der Sozialen Arbeit in Deutschland ist reich an Beispielen der Auswanderung und Vertreibung. Wieler/Zeller haben diese in ihrem Buch „Emigrierte Sozialarbeit"[8] beschrieben. Die Erfahrungen der in der Sozialarbeit tätigen US-Neubürger werden darin als schwierig und belastend beschrieben: Mitgebrachte Qualifikationen wurden nicht anerkannt.

Der Erwerb der formalen Qualifikation war voller Hürden, während die zugewanderten SozialarbeiterInnen in schlecht bezahlten Anstellungen bereits sozialen Aufgaben nachgingen. Einen sehr ähnlichen Prozess erleben wir heute in Deutschland: Die Soziale Arbeit ist durch einen aktuellen Mangel an Fachkräften gekennzeichnet. Gleichzeitig fehlt es an Anstrengungen, Zugewanderten in sozialen Tätigkeiten einen gangbaren Weg in die Qualifikation anzubieten. MigrantInnen sind häufig in prekären Beschäftigungen in ebenso prekären Organisationen tätig. Damit agiert die Sozialarbeit unter denselben gesellschaftlichen Auswirkungen, denen sie bei ihren KlientInnen begegnet.

8 J. Wieler, S. Zeller (Hrsg.), Emigrierte Sozialarbeit – Portraits vertriebener SozialarbeiterInnen, Freiburg i. Br. 1995.

Lowy war selbst Überlebender des Holocaust und Bewohner eines Displaced-Persons-Centers. Als Initiator und Vorsitzender des Selbstverwaltungskommitees in Deggendorf hat er die Interessen seiner Mitüberlebenden nicht aus dem Blick gelassen. Er war aber immer auch selbst Betroffener. Handeln für die Bewohner des DPC Deggendorf war Community-Organizing und Selbstvertretung. Es war gleichzeitig soziale Arbeit im Alltag und politische Interessenvertretung. Im Alltag ist Social Groupwork geprägt von Beziehungsaufnahme, Liebe zu den Menschen, Respekt vor ihren Ressourcen und Bedürfnissen und der Überzeugung, dass eine bessere Welt möglich ist. In einem größeren Zusammenhang bedeutet dies, auch die politische Dimension der Verhältnisse nicht aus dem Blick zu verlieren. Ansonsten droht die Bemühung um Hoffnung zur Beschwichtigung zu werden. Angesichts der aktuellen Migrationsbewegungen kann Social Groupwork am Aufbau einer Gesellschaft der Vielfalt mitwirken. Wenn GroupworkerInnen diese Perspektive ernst nehmen, wenn sie Empowerment und Ermutigung konsequent anwenden, werden sie zu Subjekten in diesem historischen Prozess.

*Klaus-Martin Ellerbrock, Dezember 2017*

# Einleitung

Dies ist die Geschichte von Louis Lowy, dem internationalen Sozialarbeiter und Professor für Soziale Arbeit, der sein Überleben des Holocaust als Beginn seiner Karriere ansieht. Das frühe Leben und das Denken von Louis Lowy sind auch Teil einer umfassenderen Geschichte, nämlich der Geschichte der Sozialarbeit, der jüdischen Geschichte und der Bedeutung des Holocaust für die Entwicklung der Sozialen Arbeit als Beruf. Die Holocaustforschung floriert heute wie nie zuvor. Mehr als 60 Jahre nach dem Ende des Zweiten Weltkriegs werden die Archive in Osteuropa für den Westen geöffnet, einst geheimes Material wird im Westen der Öffentlichkeit zugänglich gemacht und in jüngerer Zeit eröffnete Holocaust-Museen und Gedenkstätten in aller Welt stellen ihre Sammlungen ins Internet. Eine Vielzahl von Augenzeugenberichten ist als Audio- und Videoaufnahmen erhalten und schriftliche Memoiren werden publiziert oder für eine posthume Veröffentlichung vorbereitet, während Überlebende und deren Kinder weiterhin auf der Suche nach Informationen über ihre vermissten Familien und Freunde sind.[1] In der Hochschule wie auch in der Familie, unter Künstlern, Historikern, Philosophen, Politikwissenschaftlern, Naturwissenschaftlern, Sozialwissenschaftlern, Theologen und anderen entdecken die jüngeren Generationen den Holocaust, während die älteren Generationen und deren Erinnerungen aussterben. Leider konzentriert sich die Soziale Arbeit mit ihrer pragmatischen Herangehensweise selten auf die Vergangenheit. Verhältnismäßig wenige amerikanische Sozialarbeiter engagieren sich in der Holocaustforschung, obwohl der Aufstieg des Nationalsozialismus, der die Sozialarbeit als Beruf in Mitteleuropa erfolgreich zerstörte, grundlegenden Einfluss auf die Sozialarbeit in den USA hatte. Berühmte Sozialarbeiter, die aus Deutschland und den von den Nationalsozialisten besetzten Gebieten während der 1930er-Jahre ins Exil gingen, kamen in die USA. Ihnen folgten nach dem Krieg jüngere Überlebende, die die Sozialarbeit als Beruf wählten.[2]

---

1 Siehe beispielsweise Serena Woolrich, "Searches," *Together: The American Gathering of Jewish Holocaust Survivors and Their Descendants* 22, no. 1 (April, 2008): 22–23.

2 Jürgen Kalcher, "Social Group Work in Germany: An American Import and Its Historical Development," in *Growth and Development through Group Work*, eds. Claudia J. Caron, Anna S. Fritz, Elizabeth Lewis, John H. Ramey, and David T. Sugiuchi (Binghamton, NY: Haworth, 2004), 51–71; Gisela Konopka, *Courage and Love* (Edina, Minn.: Burgess Printing Co., 1988); Andrew Lees, ed., *Character is Destiny: The Autobiography of Alice Solomon* (Ann Arbor: The University of Michigan Press, 2004); Blanca Rosenberg, *To Tell at Last: Survival Under False Identity, 1941–1945* (Chicago: University of Illinois Press, 1995); Joachim Wieler, "Destination Social Work: Emigrés in a Women's Profession," in *Between Sorrow and Strength: Women Refugees of the Nazi Period*, ed. Sibylle Quack (Washington, DC: German Historical Institute and Cambridge University Press, 1995), 265–282; und Joachim Wieler und Susanne Zeller, eds., *Emigrierte Sozialarbeit: Portraits vertriebener SozialarbeiterInnen nach 1933* (Freiburg i. Br.: Lambertus, 1995), 217–32.

Wie Joachim Wieler[3], Sozialarbeiter und Professor für Soziale Arbeit, feststellte, liest sich das Verzeichnis der exilierten und überlebenden Sozialarbeiter wie ein *Who's Who* der amerikanischen Sozialarbeiter des 20. Jahrhunderts, unter ihnen, um nur einige zu nennen, Werner Boehm, Hans Falck, Sophie Freud, Alex Gitterman, Gisela Konopka, Henry Maier, Kurt Reichert, Maria Hirsch Rosenbloom und Louis Lowy, der während seiner langen und herausragenden internationalen Karriere niemals öffentlich über seine Aktivitäten während des Krieges sprach.

In seinem letzten Lebensjahr jedoch brach Louis Lowy sein Schweigen. Im Alter von 70 Jahren und bei angeschlagener Gesundheit beschloss er, ein narratives Interview aufzuzeichnen, um darzustellen, wie seine Erfahrungen während des Holocaust dazu geführt hatten, dass er Sozialarbeiter wurde. Von Oktober 1990 bis April 1991 nahm Louis mithilfe seines Freundes und Assistenten Leonard Bloksberg in neun Interviewsitzungen 16 Stunden lang Zeugnisse auf. Louis plante, sein narratives Interview als Grundlage für einen Artikel mit dem Titel „The Making of a Social Worker" („Der Werdegang eines Sozialarbeiters") zu nehmen, aber er verstarb, bevor er sein Werk vollenden konnte.

Zwölf Jahre später, 2003, beschlossen Louis Lowys Kollegen Leonard Bloksberg, Arthur Eisenberg und Julianne Wayne von der Boston University, das Projekt weiterzuführen, das Louis begonnen hatte. Nach Rücksprache mit Joachim Wieler und mit Louis' Ehefrau Ditta luden sie mich ein, die narrativen Interviews als Grundlage für ein Buch über Louis Lowys Leben und Denken zu nehmen. Lenny Bloksberg lieh mir die Tonbänder, die er und Louis aufgenommen hatten, und Ditta ermöglichte mir den Zugang zu Louis' veröffentlichten und unveröffentlichten Schriften, darunter Bücher, Hunderte von Vorträgen und Artikeln, Schachteln mit persönlichen Papieren und Korrespondenzen und einige Ausgaben der *Deggendorf Center Review*, der Zeitung des Displaced-Persons-Lagers Deggendorf.

Auf der Grundlage dieser Quellen glaube ich, dass Louis Lowy seine Inhaftierung im Ghetto Theresienstadt und seine Leitung des DP-Lagers Deggendorf als die Zeit in Erinnerung hatte, in der er den Wert des Einzelnen, die Selbstbestimmung der Gemeinschaft und die Interdependenz der Generationen wertschätzte. In Theresienstadt, wo er sich um verwaiste Jugendliche kümmerte, leistete Louis den Nationalsozialisten Widerstand, indem er jüdische Kinder illegal unterrichtete und sie auf ihre Zukunft vorbereitete. Nach dem Krieg trat er als Leiter des Gemeinwesens und Sozialpolitiker in Erscheinung und organisierte die jüdische

3 Wieler, "Destination Social Work"; Wieler und Zeller, *Emigrierte Sozialarbeit.*

Selbstverwaltung des DP-Lagers Deggendorf, wo er versuchte, Hoffnung zu wecken, indem er die Menschen an den gemeinsamen sozialen Anliegen und allgemeinen Lernprozessen beteiligte.

Louis integrierte die Werte und Rollen, die er im Zuge dieser „frühen beruflichen Aktivitäten" erlernt hatte, später in seine Identität als Sozialarbeiter. Er war der Auffassung, er könne als Sozialarbeiter helfen, den „Bruch in der Zeit", den die Zeit des Nationalsozialismus darstellte, zu heilen, indem er die menschliche und soziale Entwicklung, Demokratie und die Zukunft einer menschlichen Gesellschaft förderte. Nachdem er sich beruflich an der Boston University School of Social Work niedergelassen hatte, kehrte Louis mehr als zwanzig Jahre lang jedes Jahr nach Deutschland zurück, um die Ausbildung zur Sozialen Arbeit in Deutschland und anderen Ländern wieder aufzubauen.[4] Augenzeugenberichte wie Louis Lowys narratives Interview sind häufig das glaubwürdigste historische Quellenmaterial, das der Holocaustforschung zur Verfügung steht, besonders, wenn das Zeugnis einer Person mit denen anderer übereinstimmt.[5] Bei der Wiedergabe von Louis Lowys Geschichte musste ich mich nicht allein auf seine Erinnerungen verlassen. Erst nachdem ich drei weitere Zeitzeugen interviewt hatte, wurde mir die Bedeutung von Louis' Arbeit als Jugendleiter im Ghetto Theresienstadt und als Leiter des Gemeinwesens im DP-Lager Deggendorf bewusst.

Edith „Ditta" Jedlinsky wurde von Wien ins Ghetto Theresienstadt deportiert, als sie 15 Jahre alt war, und traf Louis Lowy als seine Schülerin im Jugendheim im Gebäude L414. Louis und Ditta wurden getrennt, als Ditta nach Auschwitz deportiert wurde, aber sie wurden nach dem Krieg im DP-Lager Deggendorf wiedervereint und heirateten. Ich führte mit ihr ein narratives Interview in zwei Sitzungen in ihrem Haus in Newton, Massachusetts, am 12. und 19. August 2004. Ich sah mir auch das Holocaust-Zeugnis an, das Ditta 1994 für das Fortunoff Video Archive for Holocaust Testimonies aufgenommen hatte.[6]

Werner „Vern" Drehmel kam im Alter von 14 Jahren aus Hamburg nach Theresienstadt und betrachtete Louis Lowy als eine Vaterfigur, die ihn während des

4 Kalcher, "Social Group Work in Germany," 59; Heinz J. Kersting, "Lowy, Louis," in *Who is Who der Sozialen Arbeit*, ed., Hugo Maier (Freiburg i. Br.: Lambertus, 1998), 371–73; und Louis Lowy, Curriculum Vitae, Okt. 1989.

5 Yehuda Bauer, "A Past That Will Not Go Away," in *The Holocaust and History: The Known, the Unknown, the Disputed, and the Reexamined*, ed. Michael Berenbaum und Abraham J. Peck (Bloomington: Indiana Univ. Press, 1998), 21; Raul Hilberg, "Sources and Their Uses," in Berenbaum und Peck, *Holocaust and History*, 5–11; und Dori Laub mit Marjorie Allard, "History, Memory, and Truth: Defining the Place of the Survivor," in Berenbaum und Peck, *Holocaust and History*, 801.

6 Edith L. Holocaust Testimony (HVT-2868), Fortunoff Video Archive for Holocaust Testimonies, Yale Univ. Library, New Haven, CT, 1994.

Krieges beschützt hatte. Louis und Vern waren zusammen in Theresienstadt, in Auschwitz-Birkenau im Arbeitslager Gleiwitz III, auf dem Todesmarsch und der Flucht vom Todesmarsch und im DP-Lager Deggendorf. Nach Verns Emigration als jüdischer Kriegswaisenjunge nach Boston blieben sie eng befreundet. Ich führte ein narratives Interview mit Vern in zwei Sitzungen während eines Besuches bei ihm zuhause in Sea Ranch, Kalifornien, am 11. und 12. Januar 2007.

Reinhard Frank war ebenfalls 14 Jahre alt, als er von Berlin nach Theresienstadt deportiert wurde. Er traf Louis, als er sich der Besetzung für eines der Theaterstücke anschloss, die Louis auf dem Dachboden von L414 inszenierte. Zusammen mit Louis und Vern überlebte Reinhard Theresienstadt, Auschwitz-Birkenau, Gleiwitz III, den Todesmarsch und die Flucht durch Europa, und war Zeuge von Louis' Arbeit im DP-Lager Deggendorf. Ich interviewte Reinhard in seinem Haus in Cambridge, Massachusetts, am 4. November 2006.

Zwangsläufig gab es Widersprüche innerhalb von Louis Lowys narrativem Interview sowie Abweichungen zwischen den vier unabhängigen Augenzeugenberichten über Ereignisse, die beinahe 70 Jahre zurücklagen. Mein Ziel beim Abgleich von Louis Lowys narrativem Interview mit denjenigen der anderen Überlebenden war, ein möglichst exaktes Bild von Louis Lowys Aktivitäten zu vermitteln und die anderen Zeugen, der Methodologie der Oral History entsprechend, mit nur minimalen redaktionellen Eingriffen für sich selbst sprechen zu lassen.[7] In einigen Fällen, wie beispielsweise bei Jahresangaben, konnte ich Widersprüche durch Hinzuziehen externer Quellen auflösen. In anderen Fällen führe ich mehrere Versionen der Ereignisse in den Worten der Zeugen an. Des Weiteren habe ich versucht, ausreichend historisches Hintergrundwissen zu vermitteln, um dem Leser die Möglichkeit zu geben, den Geschichten so zu folgen, wie sie erzählt werden.

Louis Lowys Geschichte hätte leicht vergessen werden können. Die Bedeutung seiner Arbeit für die Gemeinden in Theresienstadt und im Deggendorf Center hätte in der Nachkriegszeit im „konspirativen Schweigen“ über den Holocaust, das Überlebende, Forscher und Gesundheits- und Sozialdienste in der Sozialen Arbeit und anderen Fachgebieten umgab, untergehen können. Jüdische Kriegsflüchtlinge der 1940er- und 1950er-Jahre stellten fest, dass die Amerikaner ihre Erfahrungen im Großen und Ganzen nicht anhören oder verstehen konnten.

7 Lorrie G. Gardella, "Millie Charles: Believing in the Mission," *Journal of Baccalaureate Social Work* 2, no. 2 (1999): 19–36; Lorrie G. Gardella, "Prime Mover: Pauline Roney Lang," *Journal of Baccalaureate Social Work* 1, no. 2 (1997): 22–42; Ruth Martin, *Oral History in Social Work: Research, Assessment and Intervention* (Thousand Oaks, CA: Sage, 1995).

Jüdische kommunale Sozialdienste, deren Aufgabe es war, Hilfe bei der Wiedereingliederung zu leisten, waren auf ihre Aufgabe oft nicht vorbereitet und überfordert. Die konkrete Unterstützung durch die amerikanische jüdische Gemeinde war zwar großzügig, aber mitunter auch mit Vorurteilen, Misstrauen und Zweifeln behaftet.[8] Die professionellen Mitarbeiter und die Kriegsflüchtlinge sprachen buchstäblich und im übertragenen Sinne unterschiedliche Sprachen, und die Sozialarbeiter und Psychiater, denen es an Fachwissen über Trauma, posttraumatische Belastungsstörungen oder die speziellen Traumata, die die Überlebenden erlitten hatten, fehlte, wussten nicht, wie sie ihnen helfen sollten, auf den zerstörten Fundamenten ihrer Vergangenheit ein neues Leben aufzubauen. Wie der schwedische Psychiater Leo Eitinger es beschreibt: „Keiner derjenigen, der den Überlebenden helfen sollte, wusste viel über die Traumata, die diese erlitten hatten. Als sie hörten, was geschehen war, fiel es ihnen schwer, dies zu glauben. Die Überlebenden wollten nicht als Lügner angesehen werden, also schwiegen sie."[9]

Noch bevor sie ihr neues Leben in den Vereinigten Staaten oder anderswo begannen, sahen die jüdischen Überlebenden in den DP-Lagern jedoch die Gefahr, dass ihre Vergangenheit in Vergessenheit geraten könnte. Louis Lowy und andere Leiter der *She'erit Hapletah,* „der letzten Überlebenden" der europäischen Juden, kamen aus den DP-Lagern in ganz Bayern zusammen, um das Zentralkomitee der befreiten Juden zu gründen, eine Organisation, die für die Selbstbestimmung der jüdischen Gemeinde eintrat. Im November 1945 wurde die Historische Kommission gegründet, um Zeugnisse jüdischen Lebens vor und während des Krieges zu sammeln.[10] Die Historische Kommission wollte nicht nur die Gräueltaten des Krieges dokumentieren, sondern auch das Andenken der nun zerstörten jüdischen Gemeinden bewahren, bevor die wenigen Überlebenden in aller Welt zerstreut sein würden. Zeitungen in jüdischen DP-Lagern riefen zur Einreichung von schriftlichem Material wie Tagebüchern, Briefwechseln, offiziellen Dokumenten, Fotografien und mündlichem Material wie volkstümlichen Überlieferungen, Redewendungen, Humor und Liedern auf.[11] Insbesondere suchte

8 Leo Eitinger, „Holocaust Survivors in the Past and Present," in Berenbaum and Peck, *Holocaust and History,* 767–84; William B. Helmreich, *Against All Odds: Holocaust Survivors and the Successful Lives They Made in America* (New Brunswick, NJ: Transaction Publishers, 1996); and Maria H. Rosenbloom, "What Can We Learn from the Holocaust?" *Occasional Papers in Jewish History and Thought*, no. 3 (New York: Hunter College Jewish Social Studies Program, Hunter College of the City Univ. of New York, 1994).

9 Eitinger, "Holocaust Survivors", 774.

10 "Jewish Displaced Persons Project, 2008, letzter Zugriff: 30. Juni 2011, http://www.ushmm.org/museum/exhibit/online/dp/update.htm; Zeev W. Mankowitz, *Life Between Memory and Hope: The Survivors of the Holocaust in Occupied Germany* (Cambridge: Cambridge Univ. Press, 2002); und Judah Nadich, *Eisenhower and the Jews* (New York: Twayne Publishers, 1953).

11 Mankowitz, *Life Between Memory and Hope.*

die Historische Kommission Freiwillige, um narrative Interviews aufzuzeichnen. Dieses Buch ist eine Antwort auf diesen Aufruf.

Die Bedeutung von Louis Lowys Werk weist über seine persönliche Botschaft an die Kinder und Jugendlichen in Theresienstadt, die Displaced-Persons-Gemeinde im Deggendorf Center oder die Studierenden der Sozialen Arbeit und der Gerontologie hinaus. So wie Lowy die Interdependenz der Generationen schätzte, hoffe ich, dass die Sozialarbeiter die historische Forschung in zunehmendem Maße wertschätzen werden, denn ohne die Orientierungshilfe durch unsere Vorfahren verlieren wir unser Ziel und die Möglichkeiten, dieses zu erreichen, aus den Augen.

*Hamden, CT (USA), Januar 2011*

# Danksagung

Dieses Buch begann, als Louis Lowy in den letzten Monaten seines Lebens eine *Oral Narrative History* – ein narratives Interview – aufnahm. Es war ein äußerst wichtiges, aber anstrengendes Unterfangen für Louis, das durch die Hilfe seines Freundes und Kollegen Leonard M. Bloksberg, der zuhörte und die Geschichte aufzeichnete, ermöglicht wurde. Ich bin Lenny, Arthur Eisenberg und Julianne Wayne, Louis Lowys Freunde von der Boston University School of Social Work, und Louis' Ehefrau Edith „Ditta" Lowy sehr dankbar dafür, dass sie mich motivierten, diese Biografie zu schreiben und mir diese Arbeit anvertrauten. Ditta Lowy, Vern Drehmel und Reinhard Frank, die den Krieg mit Louis Lowy durchlebt haben, steuerten ihrerseits narrative Interviews bei, liehen mir historische Dokumente und Fotografien und erhielten mehrere Entwürfe des Manuskriptes, obgleich es sie sicherlich Überwindung kostete, sich zu erinnern.

Viele weitere Menschen trugen zum Gelingen des Projektes bei. Professor Maria Hirsch Rosenbloom, Überlebende und Dozentin der Sozialen Arbeit, erzählte mir über ihre Arbeit mit jüdischen Kriegsflüchtlingen. Amy Aldefer, Bibliothekarin am United States Holocaust Memorial Museum, ermöglichte mir den Zugang zu Archivmaterialien auf der ganzen Welt. Die Mitarbeiter des Fortunoff Video Archive for Holocaust Testimonies der Bibliothek der Yale University machten Zeugenberichte über das Ghetto Theresienstadt ausfindig. Donna Wagner, Professorin, besorgte ein Kopie von Louis Lowys letztem beruflichem Vortrag, eine Audio-Aufnahme, die großzügigerweise von Kyle Evans vom National Public Radio restauriert wurde. Die Professoren Nancy Billias und Edgar Schick halfen bei den Übersetzungen vom Deutschen ins Englische. Die Professoren Alex Gitterman und Lawrence Langer haben mir Mut gemacht und das Manuskript kommentiert. Verbleibende Fehler, was Fakten oder Einschätzungen angeht, sind allein mir zuzuschreiben.

Der Dekanin Wilma Peebles-Wilkins und der Boston University School of Social Work bin ich für ein Forschungsstipendium, dem Saint Joseph College für ein Sabbatjahr zu Dank verpflichtet. Billy W. Auclair, Vizepräsident für Studienangelegenheiten und Dekan sowie die Kollegen der Fakultät Robert G. Madden und Raymie Wayne haben das Sabbatjahr möglich gemacht. Lynnette Colón-Ayala, Kelly A. Joslyn und Debbie Scheinblum haben in technischen Fragen geholfen und Peter Lowy hat die Fotografien zur Veröffentlichung aufbereitet.

Rabbi Benjamin E. Scolnic und Temple Beth Sholom in Hamden, Connecticut gaben mir während des Projektes spirituelle Unterstützung. Mein Mann Peter Gardella, der wahre Historiker in unserer Familie, verhinderte, dass ich den Mut verlor. Unser Sohn William G. Gardella prüfte das Manuskript, wenn er vom College und der juristischen Fakultät auf Besuch kam, mit jener Geduld und Klugheit, die Louis Lowy „filiale Reife“ nannte.

Ein trauriger Nachtrag ist, dass Vern Drehmel, Reinhard Frank und Maria Hirsch Rosenbloom vor der Erstveröffentlichung dieses Buches verstarben. Vern starb am 1. November 2008 im Alter von 79 Jahren; Reinhard Frank am 12. Dezember 2010 im Alter von 82 Jahren; und Maria Rosenbloom verstarb am 27. Oktober 2011 im Alter von 93 Jahren. Mögen ihre Erinnerungen ein Segen sein.

In den letzten Jahren haben mich das deutsche Chapter der Gesellschaft für Social Groupwork e. V. (IASWG) und ihr Vorsitzender Klaus-Martin Ellerbrock dazu ermutigt, eine deutsche Ausgabe des Buches zu veröffentlichen. Ich danke Klaus-Martin für seine Einblicke in die soziale Gruppenarbeit, wie er sie in seinem Vorwort eloquent beschreibt.

Professor Joachim Wieler unterstützte diese Biografie von Anfang an, als er zusammen mit Ditta Lowy und Louis Lowys ehemaligen Kollegen das Projekt vorschlug. Joachim las frühe Entwürfe des Originalmanuskriptes (und schickte mir sogar von seiner Schiffsreise um die Welt aus verschiedenen Anlaufhäfen per E-Mail Anmerkungen). Er schrieb das Vorwort zur englischen Ausgabe und beriet bei der Vorbereitung und Übersetzung der deutschen Fassung. In seinem Epilog wie auch in seiner eigenen Forschungs- und Lehrtätigkeit regt Joachim Wieler uns Sozialarbeiter an, unsere Bemühungen um historische Forschung, Wissen und Verständnis fortzuführen.

Schließlich danke ich Constanze Lehmann für ihre Gewissenhaftigkeit bei der Anfertigung einer sorgfältigen und sensiblen Übersetzung. Louis Lowy veröffentlichte seine Bücher sowohl auf Englisch als auch auf Deutsch und ich glaube, er wäre sehr erfreut über die Publikation dieser deutschen Ausgabe.
*Lorrie Greenhouse Gardella*

**Bild 2:** Bedřich Fritta, Zeichnung der Moldau in Prag, angefertigt nach einer Fotografie von dem in Theresienstadt internierten Bedřich Fritta. Fotografie #44154. Abdruck mit freundlicher Genehmigung des United States Holocaust Memorial Museum.

# 1 Eine europäische Kindheit

Am Ende seines Lebens erzählte Louis Lowy eine Geschichte, die er nie zuvor in Worte zu fassen versucht hatte, die Geschichte seiner Rückkehr aus dem Holocaust. In einem narrativen Interview, das er zwischen Oktober 1990 und April 1991 aufzeichnete, betrachtete Louis sein Überleben als die prägende Erfahrung für seine Karriere als Sozialarbeiter. Unter seinen wissenschaftlichen Schriften und Veröffentlichungen findet sich jedoch nur ein Essay, der explizit den Holocaust behandelt, eine Rede in einer örtlichen Synagoge anlässlich des *Yom HaShoah,* des Gedenktages für die Opfer des Holocaust 1978. In eben diesem Essay, „Reflections on the Holocaust" („Reflexionen über den Holocaust"), stellte Louis die Frage, die sein Lebenswerk bestimmte: „Was glaube ich, persönlich gelernt zu haben?"

- Ich habe gelernt, dass der Mensch weder gut noch schlecht ist, weder ein Engel, noch ein Teufel, sondern dass die Menschen sich in einem Kampf befinden, zwischen dem, was Freud die ‚ES-Kräfte' nennt und dem Diktat des Über-Ichs und einer vermittelnden Instanz, dem Ich, und dass dieser Kampf sehr stark beeinflusst wird durch kulturelle, soziale, ökonomische und politische Voraussetzungen. Die Stärke unseres Charakters hat einen entscheidenden Einfluss darauf, wie wir auf solche immerwährenden Bedingungen reagieren und wie wir uns anderen Menschen gegenüber in verschiedenen Situationen verhalten.
- Ich habe gelernt, dass jeder im Leben eine Grenze seiner Belastbarkeit hat, deshalb sollten wir uns hüten, leichtfertig Urteile über andere Menschen zu fällen. Wir müssen zwischen den Menschen und ihrem Verhalten unterscheiden und naive Charakterisierungen vermeiden, die unweigerlich zu Stereotypen führen und letztlich zum Verlust der Identität des Einzelnen.
- Ich habe gelernt, dass Menschen angesichts des existenziellen Überlebens erbarmungslos selbstsüchtig, aber auch wundervoll altruistisch sein können. Möge man den Menschen solche Prüfungen ersparen! In den Konzentrationslagern zeigten viele Menschen unter heftigster Belastung Würde und Integrität, teilten ihren Kummer und ihr Brot. Selbst als Gefangener kann man sich

einen Raum von innerer Freiheit bewahren und immer noch ein gewisses Maß an Kontrolle über seine Gedanken und Gefühle ausüben und freudige und leidvolle Erinnerungen pflegen. Nach meinen eigenen Erfahrungen und denen meiner Frau fanden wir es unerlässlich, so einen inneren Raum zu bewahren und diesen entweder mit religiösen oder mit ideologischen Überzeugungen zu füllen, und mit Gefühlen von Liebe und Zuneigung zu einem anderen Menschen. [...]

- Ich habe auch gelernt, dass das Überleben nicht das höchste Gut ist, wenn es auf Kosten der Seele oder auf Kosten des Wohles einer anderen Person erlangt wird. Wie Frieden um jeden Preis letztendlich ein wertloser Frieden ist, so ist das Überleben um jeden Preis es letztendlich nicht wert zu überleben. Es gibt Zeiten, da ist der Tod dem Leben vorzuziehen. Ich kann Ihnen versichern, es gab Tage und Nächte, da hätte ich es vorgezogen zu sterben, von der Qual des Lebens erlöst zu werden. Seither hat der Tod für mich seinen Schrecken verloren, den er zuvor hatte. Gleichzeitig habe ich gelernt, dass es eine Kontinuität beim Leben und im Leben geben muss, deshalb brauchten wir eine neue Familie, die uns diese Kontinuität sichern würde. Meine Frau und ich mussten einen Neuanfang in einem anderen Land starten und unsere zukünftigen Kinder sollten ein Verbindungsglied in der Kette einer Familie sein, die ausgelöscht worden war, aber neu erschaffen werden musste.
- Ich habe gelernt, dass die Versuchung zu hassen, auf Rache zu sinnen, besiegt werden musste, weil man ein neues Leben nicht auf Hass aufbauen kann. Ein neues Leben muss mit allen übrigen Gefühlen abschließen, um neu anzufangen. Das bedeutete, der Versuchung zu widerstehen, allen Deutschen eine kollektive Schuld zuzuweisen. Das Konzept von kollektiver Schuld vermeidet es, Einzelpersonen für ihre Handlungen haftbar und verantwortlich zu machen, es gibt den Schuldigen und den Unschuldigen gleichermaßen die Schuld und setzt somit Unrecht und Vorurteil immer weiter fort. So musste ich mit den Deutschen und Deutschland nach dem Krieg meinen Frieden schließen, vor allem mit der neuen Generation. Es war nicht einfach, aber ich schaffte es, dorthin zu gehen, um in meinem Fachbereich zu lehren und meinen bescheidenen Teil zur Erziehung der jungen Menschen in diesem tragischen Land beizutragen, mit welchem Erfolg weiß ich nicht.
- Ich habe auch gelernt, dass das, was dort geschah, überall geschehen kann, den Juden und Nichtjuden, Weißen und Schwarzen, Jungen und Alten. Deshalb habe ich mich gefragt, ‚was kann ich, was können wir tun, um diese furchtbare Möglichkeit zu verhindern?' Als Individuum muss ich in die Angelegenheiten der jüdischen und der nichtjüdischen Gemeinde involviert sein, eingebunden und nicht losgelöst, wachsam sein und gegen alle Formen von Rassismus, Antisemitismus und Vorurteilen kämpfen. [...] Wir müssen gegen

Fanatismus kämpfen und bereit sein, unpopuläre Standpunkte zu vertreten, egal ob es darum geht, launenhaften, ungerechten bürokratischen Organisationen und willkürlichen Entscheidungen der Regierung oder anderen Administratoren (selbst in einer Universität) Widerstand zu leisten.

- Wir müssen für das Überleben und Wachstum von Israel kämpfen (auf der Grundlage dessen, was wir als gut für Israel befinden, ohne uns einen Auftrag zur Einmischung in ihre inneren Angelegenheiten zuzuschreiben), denn Israels Fortbestehen ist unerlässlich für die Diaspora und eine lebensfähige, starke Diaspora ist unerlässlich für Israel. Wir müssen die Solidarität der Juden untereinander überall pflegen, Wege finden, ihnen zu helfen, wann und wo es nötig ist, und vermeiden, dass sich die Tragödie an Versäumnissen der 30er-Jahre wiederholt.
- Wir müssen bereit sein, unsere demokratischen Institutionen in diesem Land zu verteidigen und prüfen, ob wir uns zunehmend dem ‚Streben nach Glück' durch vorrangig materielle Befriedigung oder eher dem ‚Streben nach sozialer Gerechtigkeit und Menschenrechten' verpflichten sollten, im Geiste eines der größten Vermächtnisse des Judentums an die Welt, dem Konzept des *Tsedakah*, das heißt, der distributiven sozialen Gerechtigkeit. Was tun wir in unserem täglichen Leben, um diese zu praktizieren?
- Vor dem Krieg war ich Student in Prag, ich studierte Philologie und Philosophie. Nachdem ich den Holocaust überlebt hatte, beschloss ich, Sozialarbeiter zu werden, denn in diesem Bereich bot sich mir die Gelegenheit, im Namen der sozialen Gerechtigkeit tätig zu sein und soziale Probleme zu bewältigen. Außerdem verspürte ich immer den Drang, Lehrer zu sein; ich habe das Glück, beides miteinander verbinden zu können. Wir alle jedoch müssen Lehrer des Holocaust sein und anderen die Lektionen vermitteln, die wir und unsere Kinder zu lernen haben.
- Die wenigen unter uns, die das Glück hatten zu überleben, haben eine besondere Verpflichtung, Zeugnis darüber abzulegen, was geschehen ist, zu informieren, unsere Erfahrungen auszusprechen und zu versuchen, sie anderen so gut es geht zu vermitteln. Wir müssen die Welt daran erinnern, dass die Zivilisation eine sehr dünne Schicht sein kann, dass die Unmenschlichkeit des Menschen gegenüber dem Menschen existiert, aber dass wir Zynismus, Ignoranz und Hass bekämpfen können. Wir müssen die Bedeutung unseres geistigen Erbes und unserer kulturellen Tradition preisen, und die Herrlichkeit des menschlichen Geistes, der die Gräuel eines Infernos überstehen kann und voller Hoffnung, Leidenschaft und Stärke wie ein Phönix aus der Asche auferstehen kann.[1]

1 Louis Lowy, "Reflections on the Holocaust," (Vortrag Temple Emmanuel, Newton, MA, 5. Mai 1978).

Louis Lowy erlernte viele seiner beruflichen Werte in seiner Kindheit: eine Liebe zum Lernen; einen Sinn für Verantwortung für die Familie und, allgemeiner, für diejenigen, die schwächer waren als er; Respekt gegenüber dem Wert und der Würde des Menschen; und Engagement für distributive soziale Gerechtigkeit. Er schrieb seine Werte seiner Familie und seinem jüdischen Erbe zu, obwohl er nicht an Gott glaubte.

Aufgewachsen im Mitteleuropa der 1920er- und 1930er-Jahre, sah er die politischen Unruhen um sich herum als einen fortwährenden Kampf zwischen Rationalität und Irrationalität. Er war der Ansicht, dass die „demokratische Lebensform und die demokratische Vorgehensweise [...] die besten Möglichkeiten bieten, um den Problemen unserer komplexen Gesellschaft zu begegnen."[2] In der besten aller möglichen Welten, so glaubte Louis, würden sich die Menschen auf die Demokratie vorbereiten, indem sie in der Familie und der Gemeinschaft mitbestimmen. Selbst wenn die Menschen ihre Familien oder Gemeinschaften verloren hatten, wie dies in Gefängnissen oder Konzentrationslagern der Fall war, hätten sie ihr Leben lang die Möglichkeit zu hoffen, zu lernen, und durch ihre gesellschaftliche Partizipation einen Beitrag für andere zu leisten.

## Ein jüdisches Elternhaus

Louis Lowy (ursprünglich Löwy) wurde am 14. Juni 1920 in München als einziges Kind eines jüdisch-katholischen Ehepaares geboren. Die Familie Löwy war über die ehemalige Österreichisch-Ungarische Monarchie von Budapest über Wien bis Prag verteilt. Zur Jahrhundertwende fand Louis' Großvater väterlicherseits, der Sohn eines böhmischen Dorfrabbis, in der neuen Branche der Herstellung von Konfektionsbekleidung eine Arbeitsstelle in Wien.

Später wurde er Zweigstellenleiter einer Bekleidungsfabrik in Prag und anschließend in München. Louis' Vater Max wuchs in Wien auf und träumte von einer medizinischen Laufbahn. Vom Quotensystem für Juden an den Universitäten entmutigt, nahm er jedoch eine Stelle in der Kleiderfabrik an, in der sein Vater arbeitete. Nach seinem Umzug nach München traf Max die einer deutschen Katholikenfamilie entstammende Thekla Anna Bolz. Thekla konvertierte zum Judentum, damit Max und sie in einer Synagoge heiraten konnten. Ihre Familie nahm an der Hochzeit teil.

2 Louis Lowy, *Adult Education and Group Work: The Progress of Human Development through Adult Education and Group Work* (New York: William Morrow, 1955), 13–14.

1918 zerbrach die Habsburgermonarchie und die Löwys hatten die Wahl, entweder in Österreich oder in der neu gegründeten Tschechoslowakei eingebürgert zu werden. Louis' Vater und sein Großvater entschieden sich für die tschechoslowakische Staatsbürgerschaft und Louis' Eltern zogen 1920, als Louis ein paar Monate alt war, von München nach Prag. Wie viele Juden in Prag sprachen die Löwys zu Hause Deutsch.

Die Hyperinflation der frühen 1920er-Jahre bedeutete für die Löwys und Millionen andere harte Zeiten. Louis' Vater verlor seine Arbeit und die Familie zog in eine kleine Mietwohnung, wo Louis' Mutter ein bescheidenes Einkommen verdiente, indem sie Mittagessen für Studenten anbot. Hitlers erster Putsch 1923 markierte „einen Wendepunkt" für die Familie, besonders für Louis' Mutter, als einer ihrer Brüder sich voller Begeisterung der NSDAP anschloss.

Ab 1924 erholte sich die deutsche Wirtschaft, da der Dawes-Plan die Last der Reparationszahlungen aus dem Ersten Weltkrieg minderte. Die Löwys gingen wieder nach München zurück und Louis' Vater fand eine Arbeitsstelle als Buchhalter in der Adler-Bettfedernfabrik. Sonntagnachmittags besuchten sie Großvater Löwy und seine Töchter, genossen lange Gespräche bei Kaffee und Kuchen. Der Holocaustforscherin Maria Hirsch Rosenbloom zufolge schätzen Überlebende oft „das positive Wertesystem, das von frühen Familien- und Gemeinschaftserlebnissen herrührt"[3], und als Louis über Familien als Basis der Demokratie schrieb, schöpfte er aus seinen Erinnerungen an „ein bescheidenes, aber angenehmes Familienleben":

> Eine demokratische Gesellschaft, die große Ansprüche an eine wachsame Bürgerschaft stellt, kann nicht richtig funktionieren, wenn diejenigen, die die Bürgerschaft bilden, entweder schlecht informiert oder gleichgültig gegenüber der demokratischen Partizipation sind. Die Welt ist klein geworden und unsere wechselseitige Abhängigkeit tritt mit jedem Tag deutlicher in den Fokus. Ein Verständnis der damit verbundenen Angelegenheiten, eine intelligente Diskussion der Probleme, eine aktive Beteiligung in einer demokratischen Gesellschaft und nicht zuletzt ein Gefühl von Wohlergehen, mit sich selbst und seiner Familie in Frieden zu leben, das sind die Grundlagen, auf denen man eine demokratische Gesellschaft aufbauen sollte, die sich ihren Herausforderungen stellen kann und nicht nur um ihrer selbst willen, sondern um der Zivilisation willen überleben kann.[4]

3 Rosenbloom, "What Can We Learn from the Holocaust?" 4; Maria H. Rosenbloom, "Implications of the Holocaust for Social Work, *Families in Society*, 76, no. 9 (1995): 567–76.

4 Lowy, *Adult Education*, 27.

Mit neun Jahren nahm Louis den Börsenkrach von 1929 und die allgegenwärtige Armut bewusst wahr:

> Es war eine Gesellschaft von Bettlern. Bettler standen vor den Kirchen Schlange. Sie kamen mit Körben in die Hinterhöfe der Häuser und manche spielten auf der Fiedel oder anderen Instrumenten. Ich fühlte mit ihnen, meine Mutter und mein Vater ebenfalls, und sie warfen Geld, das in ein Stück Papier eingewickelt war, hinunter. Es war herzzerreißend, denn sie schienen mir sehr talentiert zu sein.[5]

Louis lernte, wie er es nannte, „auf zwei Ebenen zu leben“: einer Ebene von häufig bangem politischen Bewusstsein und einer Ebene des Alltags. Auf dem Weg zur Schule kam er an Bettlern und Straßenkämpfen vorbei, aber er richtete seine Aufmerksamkeit auf Schularbeiten und Freunde. Dann wandte Louis sich der Literatur, Philosophie und Musik zu, um dadurch den Sinn all dessen zu erschließen. Es betrübte ihn, dass die Kritiker Bertolt Brechts und Kurt Weills *Dreigroschenoper* verschmähten, die er so lebensnah fand.

Louis bekam in der Schule keinen „persönlichen Antisemitismus“ zu spüren – einer seiner Freunde lud ihn sogar ein, sich der Hitlerjugend anzuschließen! – „aber ich wusste, dass ich anders war, weil ich in einem jüdischen Elternhaus aufgewachsen war.“ Die Löwys lebten einen jüdischen Alltag, hielten den Sabbat und andere religiöse Feiertage ein, und Louis begleitete seinen Vater in die Synagoge, beeindruckt von dem Zylinder, den er trug. „Es war ein sehr viel religiöseres Leben, als ich selbst es je geführt habe.“

Als er älter wurde, betete Louis mit seinem Vater, eher aus Respekt vor den Traditionen und der Kultur als aus religiöser Überzeugung. „Als Kind sagte ich abends immer meine Gebete auf, aber ich tat es ohne Überzeugung. Wo ist Gott? Warum müssen die Menschen all das ertragen? Was haben sie getan, um das zu verdienen?“ Er las die Bibel eher als Zeugnis der menschlichen Natur, denn als göttliches Gesetz: „Wenn sie Gebote erlassen mussten, dann muss es etwas im Menschen geben, das Gebote erfordert, ‚Du sollst nicht stehlen; du sollst nicht töten.‘“

Häufig fühlte sich Louis als „Außenseiter“, der nicht wusste, wohin er gehörte. Er war als Jude in einer Familie erzogen, die „hauptsächlich katholisch“ war. Er

5 Wenn nicht anders angegeben, stammen die Zitate von Louis Lowy aus dem narrativen Interview, das zwischen Oktober 1990 und April 1991 in seinem Haus in Newton Highlands, MA, aufgezeichnet wurde.

sprach Deutsch, als er in Prag lebte, war aber ein tschechischer Ausländer, als er in München lebte. „Mir fehlte eine Identität. Oder anders gesagt, ich hatte so viele Identitäten, dass ich nicht wusste, wer ich eigentlich war! Aber ich wusste immer, dass ich Jude war." Louis spürte, dass seine Mutter ebenfalls zwiegespalten war, was ihre Identität anging. „Sie fühlte sich als Katholikin", lebte aber als Jüdin.

In seinen späteren Schriften betrachtete Louis die soziale Zugehörigkeit, „das Gefühl, mit der Gemeinschaft verbunden zu sein", als „universelles menschliches Bedürfnis".[6] Er plante eines der ersten Seniorenzentren in den USA, um älteren Menschen „eine soziale Einrichtung" zu bieten, „die rechtmäßig ihnen gehört, so wie alle anderen Altersgruppen Anspruch auf ihre jeweiligen sozialen Einrichtungen haben."[7] Besonders schätzte Louis „das kulturelle Selbstverständnis" als einen Aspekt der sozialen Zugehörigkeit. In den frühen 1950er-Jahren ermutigte er Sozialarbeiter in jüdischen Gemeindezentren, den Menschen zu helfen, „sich als Juden in der amerikanischen Demokratie zu artikulieren und zu lernen, Befriedigungen daraus zu ziehen, der amerikanischen Kultur als Ganzes jüdische Werte zu vermitteln."[8] Erzieher, Lehrkräfte in der Erwachsenenbildung und Sozialarbeiter motivieren Menschen zu „einem aufrichtigen Interesse an ihrem kulturellen Erbe", weil „das Bewusstsein für kulturelle Werte ethnischer Gruppen nicht nur zu ihrer eigenen Sicherheit und ihrem Wohlbefinden als Gruppe beiträgt, sondern auch zum kulturellen Gefüge Amerikas."[9]

Louis' Vater litt an Asthma und war dadurch in den frühen 1930er-Jahren und phasenweise in seinem ganzen späteren Leben erwerbsunfähig. Louis' Mutter unterstützte die Familie, indem sie einen Mittagstisch für Studenten anbot. „Meine Mutter war der Wille in unserer Familie. Sie hielt unsere kleine Familie zusammen." Zusätzlich zum Einkommen der Mutter war Louis' Familie auf die Krankenversicherung und die Invalidenrente des Vaters angewiesen. Wie ihre Groß- und zuvor die Urgroßeltern profitierten die Löwys von dem Sozialsystem, das 1865 von Bismarck eingeführt und während der Weimarer Republik ausge-

6 Louis Lowy, "Group Participation: A Dynamic Force in the Senior Center," in *Senior Centers: An Environment for Group Service: Proceedings of the 11th National Conference on Senior Centers, Sheraton-Chicago Hotel, Chicago, IL, September 27–30, 1976*, ed. Bella Jacobs, 1–10 (Washington, DC: The National Council on the Aging, 1978), 6.

7 Lowy, "Group Participation," 6; Louis Lowy, *Social Work with the Aging: The Challenge and Promise of the Later Years*, 2nd ed. (Prospect Heights, IL: Waveland Press, 1985).

8 Louis Lowy, "Indigenous Leadership in Teenage Groups," *The Jewish Center Worker* 13, no. 1 (Jan. 1952), 15; und Louis Lowy, "A Social Work Practice Perspective in Relation to Theoretical Models and Research in Gerontology," (paper presented the 19th Annual Meeting of the Gerontological Society, New York, Nov. 1966).

9 Louis Lowy, *Adult Education*, 56; Louis Lowy, "Group Participation"; und Louis Lowy, "Neighborhood Goals for Neighborhood Houses: A Summary," (Vortrag bei der Eastern Regional Conference, National Federation of Settlements and Neighborhood Centers, Lancaster, PA, 16–18. Apr. 1959.

**Bild 3:** Europa 1933. Karte von Joseph Stoll, Syracuse University Cartographic Laboratory.

baut worden war: „Für uns waren diese Unterstützungen nichts Außergewöhnliches. Sie nicht zu bekommen, wäre außergewöhnlich gewesen.“ Als Sozialarbeiter in den USA trat Louis später für eine großzügigere Sozialpolitik ein. „Unser Ziel ist es, den Menschen Unterstützungen so anzubieten, dass sie sie als ihr Recht ansehen, sie mit Würde akzeptieren und zu ihrem größtmöglichen Vorteil nutzen können.“[10]

Louis erinnerte sich an deutsche jüdische Familien, die in den frühen 1930er-Jahren hätten emigrieren können, die aber Angst hatten, mitten in der Wirtschaftskrise ihre Sozialhilfe zu verlieren. „In den USA war es Sünde, wenn man arm war. In Europa war es keine Sünde, wenn man arm war, sondern ein Unglücksfall. Es gab einen ausgeprägteren Sinn für gesellschaftliche Verantwortung als für individuelle Verantwortung.“ Ironischerweise „kürzte Hitler die Sozialhilfe nicht; er verbesserte sie“ für die Juden. Louis' Vater bekam bis 1945, ein Jahr nach seinem Tod in Auschwitz, seine Invalidenrente an seine Prager Adresse geschickt.

10 Louis Lowy, “Neighborhood,” 28; Louis Lowy, *Social Policies and Programs on Aging* (Lexington, MA: Lexington Books, 1980); and Louis Lowy, *The Function of Social Work in a Changing Society: A Continuum of Practice* (Boston: Charles River Books, 1976).

Die Löwys hielten an der unwirklichen Hoffnung fest, dass Hitler nur „eine temporäre Verirrung in einem demokratischen System" sei und waren schockiert, als die Nationalsozialisten bei den Wahlen 1930 mehr Sitze im Reichstag erhielten als jede andere Partei. Louis' Großvater väterlicherseits, der einzige Großvater, den er kennenlernte, starb 1932, „blind für das, was kommen sollte." Im Januar 1933 wurde Hitler Reichskanzler und im März übernahmen er und sein Kabinett die volle legislative und ökonomische Gewalt, obwohl 56 Prozent der Wählerschaft ihm immer noch ablehnend gegenüberstanden.[11] Am 1. April rief Hitler zum Boykott jüdischer Gewerbe und Geschäfte auf. Louis blieb den ganzen Tag zu Hause. Seine Nachbarn begrüßten den Boykott nicht, protestierten aber auch nicht dagegen. Während seiner ganzen späteren Laufbahn sollte Louis zu „stetiger Aufmerksamkeit" gegenüber allen Formen von Vorurteilen und Diskriminierungen als persönliche und berufliche Pflicht der Sozialarbeiter aufrufen: „Immer häufiger müssen wir hervortreten, ohne dazu aufgerufen zu sein."[12]

## Ein großes Abenteuer

Am 14. Juni 1933, seinem 13. Geburtstag, wurde Louis als Bar-Mizwa zur Thora gerufen und war von da an nach jüdischem Gesetz ein Mann. Sein Vater eröffnete ihm anschließend Pläne, ihn nach England zu schicken, wo er in Sicherheit wäre. Mithilfe der Adlers, der Eigentümer der Bettfedernfabrik, in der Louis' Vater arbeitete, organisierte er, dass Louis bei der Familie eines Geschäftspartners in London unterkommen und eine englische Schule besuchen sollte. Im September brach Louis zu einem „großen Abenteuer" auf, reiste alleine mit dem Zug nach Hamburg und von dort per Schiff zu „den weißen Klippen von Dover":

> Ich erinnere mich, es war im September 1933 und wir gingen zum Bahnhof in München. Man gab mir ein Schild mit meinem Namen und ich fuhr alleine mit dem Zug nach Hamburg, eine lange Reise, und von Hamburg mit dem Schiff nach Dover. Ich erinnere mich noch an die Küste, ‚die weißen Klippen von Dover'. Ich kam im Hafen von Dover an und wurde zum Zug gebracht – alles war für mich arrangiert worden – und fuhr weiter zur Victoria Station nach London, wo der Geschäftsfreund meines Vaters, ein Mann namens King, mich abholte.

Die Kings waren „liebenswürdige und anständige Menschen", Anglikaner, die eine gute Tat vollbrachten, indem sie einem jüdischen Kind Unterschlupf ge-

11 Gordon A. Craig, *Europe Since 1815*, 3rd ed. (New York: Holt, Rinehart and Winston, 1971).
12 Louis Lowy, "Neighborhood," 6.

währten. Sie sprachen allerdings kein Deutsch und im Gegensatz zu Louis' herzlicher Familie erschienen sie gefühllos und kalt. Selbst das Haus war mangels Zentralheizung kalt und Louis fühlte sich einsam in seinem kleinen Zimmer:

> Ich war völlig verwirrt und weinte. Die Kings fragten mich: ‚Warum weinst du? Du hast schöne Dinge hier. Geh spielen; geh zur Schule.' Aber ich sehnte mich nach meinem Zuhause, meinen Eltern, den Städten, den Vergnügungen, der Sprache, der Kultur. England war mir fremder als Amerika es jemals war, nach dem Krieg!
>
> Doch dann begann ich, die englischen Zeitungen zu lesen, den *Daily Telegraph* am Morgen und die *Times*. Die Presse war eine absolute Entdeckung für mich! In der Weimarer Republik hatte es eine freie Presse gegeben, aber ich war zu jung gewesen, um mich daran zu erinnern. Hier konnte ich Briefe an den Herausgeber verfolgen. Die *Times* begann tatsächlich mit den Briefen an den Herausgeber auf der ersten Seite, anstatt der Schlagzeilen. Ich las alle Zeitungen: die *Daily Mail*, den *Expert*. Der *Manchester Guardian* war eine meiner Lieblingszeitungen. Sie heißt jetzt *The Guardian*. In den englischen Zeitungen las ich zum ersten Mal von den Gefahren des ‚Herrn Hitler', vor allem für die Juden.
>
> Ich ging zur Schule, aber ich war ein Außenseiter. Man wurde selten ein Freund in England. Man wurde ein Bekannter. Ich fühlte mich fremd, weil ich ein völlig anderes Bezugssystem hatte. Die meisten meiner Schulkameraden waren unpolitisch. Sie interessierten sich vor allem für Sport, mehr als alle, die ich je kennengelernt habe. Sie wollten die schlechten Zeiten hinter sich bringen und um jeden Preis einen Krieg vermeiden. Damit gehörte ich nicht dorthin. Ich gehörte nicht dorthin. Mit der Pubertät wurde ich erst recht ein Außenseiter! Ich sprach Englisch mit deutschem Akzent und zudem mit einem nicht der Upperclass entsprechenden britischen Akzent, somit waren meine Chancen, im Wettbewerb um eine Freundin minimal!

Louis war überrascht von der Armut in England und der relativ schwachen Sozialhilfe und Gesundheitsfürsorge, selbst für Familien der Mittelklasse wie die Kings: „Jeder, den ich traf, hatte furchtbar schlechte Zähne!" Während der 30 Monate in England besuchte er Manchester, Leeds und Birmingham und war entsetzt von den „slums", ein Wort, das er niemals in eine andere Sprache übersetzen konnte. Er las alle Werke von Charles Dickens, im Bestreben, die britische Armut zu verstehen.

Zur gleichen Zeit fing Louis an, den britischen Sinn für Humor zu schätzen, das höfliche Beamtentum und demokratische Institutionen wie die friedlichen Demonstrationen im Hyde Park:

> Was mir an den Engländern gefiel, war ihre ‚stiff upper lip', ihre Entschlossenheit und ihr Humor, der Cockney Humor, mit dem sie sich über sich selbst lustig machen konnten. Ich fühlte mich sehr wohl mit den demokratischen Institutionen in England, der Redefreiheit, der freien Presse und der Hyde Park Corner. Ich besuchte politische Kundgebungen, Hyde-Park-Kundgebungen. Ich war diese Fülle von Redefreiheit nicht gewöhnt, wo sie riefen: ‚Nieder mit dem König!' und ‚Nieder mit dem Premierminister!' und ‚Wir wollen keinen Krieg!' Und ich ging ins Theater, es gab eine Menge Theater. Manches in Cockney, das ich nicht verstand. Aber ich sah Shakespeare im Globe Theatre und *Dantons Tod* von Georg Büchner, ein sehr eindringliches Drama über die Französische Revolution, das ins Englische übersetzt worden war.
>
> England war eine Klassengesellschaft, mehr als ich es gewohnt war, und das war der Grund, warum die Labour Partei zunehmend an Einfluss gewann und immer stärker wurde. Ich fühlte mich zu den Fabiern hingezogen [die britische sozialistische Bewegung], und George Bernhard Shaw wurde mein großer Held. Ich war hellauf begeistert von seinem Stück *Der tapfere Soldat* [eine Operette, deren Textbuch auf Shaws Theaterstück *Helden* basiert] über einen Soldaten, der nicht in den Krieg ziehen will, sowie von *Pygmalion, Haus Herzenstod* und *Major Barbara.*
>
> Ich fing an, amerikanische Literatur zu lesen. Wir lasen amerikanische Literatur in der Schule, nicht nur britische, und ich las *Main Street* und *Babbitt* von Sinclair Lewis. William Faulkner konnte ich nicht lesen; ich fand keinen Zugang zum Leben in Mississippi! Wenn ich entscheiden sollte, welche beiden amerikanischen Autoren für mich zu jener Zeit am wichtigsten waren, so wären das Theodore Dreiser und Upton Sinclair.

Während seines gesamten Englandaufenthaltes wartete Louis voller Sorge auf Nachrichten von seiner Familie. Briefe brauchten über den Seeweg vier bis sechs Wochen und die Neuigkeiten wurden zunehmend schlechter. Als Louis' Eltern ihn nach England sandten, hatten sie geplant, nach Prag zu ziehen. Louis' Vater erlitt jedoch erneut einen Asthmarückfall und wurde in einen „Kurort" oder eine Klinik nahe der österreichischen Grenze geschickt. Mit Inkrafttreten der Nürnberger Gesetze im September 1935 wurden den deutschen Juden ihre Rechte als

Bürger aberkannt. „Wenn ich so zurückblicke, gab es immer noch eine schwache Hoffnung, dass all das hätte gestürzt werden können. Die anderen Länder würden nicht zulassen, dass so etwas mitten in Europa geschah."

Als die Familie von Louis' Mutter anfing, sich von „jüdischen Kontakten" zu distanzieren, wurde es für die Mutter zunehmend schwieriger, alleine klarzukommen. Die Löwys suchten dringend nach einer Fluchtmöglichkeit aus Deutschland. Schließlich bat seine Mutter Louis selbst um Hilfe. Könnte er einen Weg finden, wie sie nach England kämen? Wenn nicht, solle er nach München zurückkehren, um der Familie beim Umzug nach Prag zu helfen. Später würde Louis die wechselseitige Abhängigkeit von Kindern und Eltern als Zweck der Familie definieren:

> Es existierte eine falsche Vorstellung, dass es eine elterliche Verantwortung sei, Kinder von den elterlichen Banden zu befreien, hin zu einer Art ‚mythischen' Unabhängigkeit, anstatt den Kindern zu helfen, sich zu emanzipieren, um den eigenen Eltern zu einem späteren Zeitpunkt ihres Lebens helfen zu können und dadurch zu lernen, wie es ist, wenn man selbst älter ist. Mit anderen Worten, wir sollten unseren Kindern helfen, eine größere wechselseitige Abhängigkeit zu erlernen, keine Unabhängigkeit.[13]

Die Familie King beantragte im Namen der Löwys beim britischen Innenministerium die Immigration, doch die Anforderungen hierfür – 1000 Pfund sowie, noch unmöglicher, Gesundheitszertifikate – überstiegen ihre Mittel. Im Januar 1936 organisierten die Kings Louis' Rückreise nach Deutschland. „Internationales Reisen war komplizierter geworden" seit Louis München verlassen hatte, und die Rückreise dauerte länger, als Louis angenommen hatte, da der Zug nicht durch Frankreich fuhr.

Als Louis München erreichte, fand er seine Mutter verzweifelt und seinen Vater „vollkommen arbeitsunfähig" vor. Louis begann sofort, die Immigration der Familie nach Prag zu organisieren. Im Alter von 15 Jahren übernahm er Verantwortungen, die er später als „filiale Reife" bezeichnen sollte, eine Entwicklungsaufgabe des Erwachsenseins:

Das ist die Zeit, da man Eltern nicht mehr als Fels des Rückhaltes betrachten kann und sie häufig Trost, Unterstützung und Zuneigung von ihren Kindern

13 Louis Lowy, "Adult Children and Their Parents: Dependency or Dependability?" *Long Term Care and Health Services Administration Quarterly*, 1, no. 3 (Herbst, 1977): 244.

benötigen […] wenn sie sich in belastenden und schwierigen Zeiten auf ihre Kinder verlassen können müssen, Rat, Versorgung oder reale Hilfe brauchen. In einer ‚filialen Krise' übernimmt der erwachsene Sohn oder die Tochter nicht die *elterliche* Rolle gegenüber seinen alternden Eltern; er/sie übernimmt vielmehr eine *filiale* Rolle. Das zeigt an, dass man sich auf ihn/sie verlassen kann und er/sie in Bezug auf die Eltern verlässlich ist.

Die gesunde Auflösung dieser ‚filialen Krise' lässt die Auflehnung gegenüber den Eltern, die mit der Adoleszenz beginnt und häufig lange Zeit ungelöst bleibt, hinter sich. Man sieht sie nun, wie reife Erwachsene sie sehen würden, als jemand, der seinen Frieden geschlossen hat mit seinen Eigenheiten, Stärken und Schwächen, Bedürfnissen und Rechten, mit einem Leben, bevor das Kind überhaupt geboren wurde.[14]

Im Februar 1936 unternahm Louis die achtstündige Zugfahrt nach Prag, um eine Wohnung zu finden. Er war überwältigt von der Schönheit der Stadt: „Ich hatte noch nie eine so schöne Stadt gesehen. Ich war als Kind dort gewesen, aber nun sah ich mit den Augen von Kafka die vielen Kirchtürme, dieses Leuchten und das Alter der Stadt." Louis besuchte den jüdischen Friedhof, wo sein Urgroßvater Rabbi Löwy begraben war, und fühlte sich heimisch in der Geschichte der Stadt. Ein erwachsener Cousin, der in Prag lebte, half Louis, eine Wohnung anzumieten, ein Bankkonto zu eröffnen und mit den tschechischen Behörden zu verhandeln. „Alles musste zweisprachig ausgefüllt werden, auf Deutsch und auf Tschechisch."

Wie die Löwys organisierten viele andere deutsche Juden „hoffnungsfrohe Umzüge" nach Prag oder Wien und baten die jüdische Gemeinde um Hilfe. Die Jüdische Kultusgemeinde half den Löwys beim Packen, empfahl einen Spediteur, der die Möbel transportieren würde, und stellte den Kontakt zwischen der Familie und der jüdischen Wohlfahrtsbehörde in Prag her. Louis mag an die jüdischen Gemeindeorganisationen gedacht haben, als er Jahre später in den USA vor der National Conference of Settlements and Neighborhood Centers eine Rede zum Thema Stadtflucht hielt.

In einer Zeit, als wohlhabende Menschen die Städte verließen, glaubte er das Settlement House oder das Nachbarschaftszentrum hat die Verantwortung, für die zu sorgen, die zurückbleiben. Ein Settlement House sollte nicht sagen: 25 oder 50 oder 60 Prozent der Menschen werden wegziehen. Gehen wir also mit

14 Louis Lowy, "Adult Children," 245.

ihnen. Was ist mit denen, die zurückbleiben? Und was ist mit den Menschen, die herziehen? Was ist mit den Neuankömmlingen? Es ist eine ganz eindeutige Pflicht, den Neuankömmlingen zu helfen, sich an die neue Situation zu gewöhnen, dass sie sich nämlich zu Hause fühlen.[15]

## Eine Schnittstelle der Kulturen

Am 2. April 1936, „einem herrlicher Apriltag", bestiegen die Löwys den Zug nach Prag. Sie verbrachten die Nacht in einem Hotel und zogen am nächsten Morgen in ihre neu gemietete 3-Zimmerwohnung nahe der Moldau: „Es war eine typische komfortable europäische Wohnung." Als die Familie sich eingerichtet hatte, freute sich Louis auf das normale Leben eines Jugendlichen. Er fand eine Teilzeitarbeit als Schreibkraft für Englisch in einer Handschuhfabrik und schrieb sich am Mikulansku-Gymnasium ein, der deutschsprachigen Schule.

Nach der Armut, die er im Vereinigten Königreich gesehen hatte, setzte Louis große Hoffnungen auf die Tschechoslowakei als demokratischen Staat, der das beste aus beiden Welten bot, dem Kapitalismus und dem Sozialismus:

> Ich hatte viel gelesen, um mich auf die Tschechoslowakei vorzubereiten. Wie waren die Menschen? Welche politischen Parteien gab es? Ich wollte wissen, wie das Land war und stellte fest, dass es ein relativ demokratisches Land mit einer starken Mittelklasse, einer industriellen Basis war, in dem die Wohlhabendsten 1 bis 2 Prozent [der Bevölkerung] ausmachten und die Ärmsten 1 bis 2 Prozent. Von allen Nachfolgestaaten der Habsburgermonarchie hatte die Tschechoslowakei wahrscheinlich die solideste Basis. Das Land war kapitalistisch, aber es verband Kapitalismus und Sozialismus. Es kam dem heutigen Schweden sehr nahe.

Louis stellte fest, dass die Studenten in Prag „höchst politisiert waren". Im Gegensatz zu seinen Klassenkameraden in England identifizierte sich fast jeder in seiner Schule mit einer politischen Gruppierung: „Es gab die Nazis, die Nicht-Nazis und die Anti-Nazis, die Kommunisten, die Sozialdemokraten und die Liberaldemokraten." Die jüdischen Studenten gruppierten sich politisch als Liberale, Konservative, Zionisten und „Rote Falken, das waren die Demokraten". Louis unternahm gerne Ausflüge mit den Roten Falken, doch es war die Paneuropa-Union, die seine Fantasie am meisten beflügelte:

15 Louis Lowy, "Neighborhood," 5.

> Ich war in erster Linie Sozialist und Anhänger des Humanitarismus, aber hätte man mich gefragt, ‚Wer bist du?', nun, dann ist das ja eine Idee. Ich sah mich als Jude, kein religiöser Jude, aber ein deutschsprachiger Jude, der im Zentrum Europas lebt. Einmal nannte ich mich selbst Mitteleuropäer. Hätte man mich zu der Zeit gefragt, ‚Wer bist du?', so wäre das meine Antwort gewesen.
> In der Tat war ich Mitglied der Paneuropa-Union, eine Organisation, die von [Richard] Coudenhove-Kalergi gegründet worden war. Die Nazis brachten ihn um. Er war ein Intellektueller. Er kam ursprünglich aus Österreich, und er träumte von einem vereinten Europa. Das war immer ein großer Traum und viele von uns, die Kosmopoliten, die Sozialisten waren alle Mitglieder von Coudenhove-Kalergis Paneuropa. Es war ein sozialistisches Ideal, keine kommunistische Vereinigung, sondern ein sozialistisches, humanitäres Ideal zur Erschaffung einer besseren Welt.

Obwohl Louis internationalistische Ideen vertrat, war die Person, die er am meisten verehrte, der tschechische Nationalist Tomáš Garrigue Masaryk, der ehemalige Staatspräsident der Tschechoslowakei:

> Wir studierten die tschechische nationalistische Literatur, und ich stellte fest, dass in der Habsburgermonarchie nicht alles prima gewesen war! Dies war ein Land, das auf dem Weg war, sich letztendlich selbst zu zerstören. Ich lernte von einem tschechischen Standpunkt aus viel darüber, und die Person, die mich in Prag am meisten beeindruckte, war Tomáš Garrigue Masaryk.
>
> Viele jüdische Kinder in Prag wurden ‚Tomas' genannt, weil Masaryk einen jüdischen Vagabunden namens Leopold Hilsner, der des Ritualmordes beschuldigt wurde, verteidigt hatte. Das war 1900, vor der Gründung der Tschechoslowakischen Republik. Hilsner war das, was man einen Schmarotzer nennen würde, ein Taugenichts, aber Masaryk sagte, ‚das ist nicht der Punkt', und als Professor der Universität Prag und als Oberhaupt der tschechischen Delegation im Parlament übernahm er es, diesen Typen öffentlich zu verteidigen, was ihm viel Groll vonseiten der Antisemiten einbrachte. Er setzte sich für Hilsner ein und zu dieser Zeit, im Kontext dieses Zeitgeistes, hatte es so etwas noch nie gegeben! Und dann wurde Masaryk Präsident der Tschechoslowakischen Republik, und er war ein Philosoph! Und ich hatte Platons Konzept über den Philosophenkönig gelesen, und für mich war Masaryk eine der inspirierendsten politischen Figuren.

> Wenn Sie wissen wollen, wer von den lebenden Menschen mich am meisten beeindruckt hat, kein fiktiver Charakter, sondern ein lebender Mensch, dann war das Tomáš Garrigue Masaryk. Es war meine erste Begegnung mit einem Vertreter des Humanitarismus, der für soziale Gerechtigkeit stand und der in der politischen Arena etwas tun konnte, der Sozialpolitik gestalten konnte mit dem Stempel der Macht versehen.
>
> Und er war gerecht. Er galt als enger Freund der Juden. Er war ein nationalistischer Tscheche, aber er respektierte alle ‚Minderheiten'. Es gab 22 Prozent Deutsche in der Tschechoslowakei, was letztlich ihr Untergang war, etwa ein Viertel des Landes. Es gab Ungarn, Slowaken und es gab Juden. Man konnte sich selbst als Tscheche, als Deutscher oder als Jude bezeichnen, und Juden wurden als eine nationale Gruppe angesehen und durch den Genfer Vertrag geschützt. Masaryk war Staatspräsident der Tschechoslowakischen Republik von Januar 1920, als diese gegründet wurde, bis 1935, als er mit 80 Jahren in den Ruhestand ging. Zu seinem Geburtstag am 7. März gab es immer eine große Feier, und ich werde nie vergessen, wie wir alle weinten, als er [am 14. September] 1937 starb und die Menschen die ganze Nacht lang von unten von der Moldau den gesamten Weg bis hoch zur Burg Totenwache hielten.

Louis' Vertrauen in die Politik wurde durch den Spanischen Bürgerkrieg auf die Probe gestellt. Am 17. Juli 1936 erhoben sich die nationalistischen Generäle in der spanischen Armee gegen die Zweite Spanische Republik. Während der drei Jahre andauernden verheerenden Kämpfe zogen Freiwillige aus anderen Ländern, darunter einige Klassenkameraden von Louis, nach Spanien, um die Republik zu verteidigen. Die Nationalisten jedoch wurden durch die Achsenmächte unterstützt und am 1. April 1939 wurde General Francisco Franco als Spaniens Machthaber im Amt eingesetzt. Der junge Louis erwog kurzzeitig, sich den Internationalen Brigaden anzuschließen:

> Spanien war das Banner, die Flagge, um die wir uns alle versammelten. Wir wussten, dass Franco ein Faschist war und dass Mussolini ihn unterstützte und dass Hitler ihn unterstützte. Und so gab es eine Solidaritätsbewegung der Jungen, eine hohe Anziehungskraft, sich den Internationalen Brigaden anzuschließen. Es gab einen lauten Aufschrei von den Linken und den Nazi-Gegnern und unabhängig davon, ob sie Juden waren oder nicht, gab es eine Art Einigkeit unter den Sozialisten, den Deutschsprachigen, Tschechischsprachigen, den Juden, den Bundisten und den Zionisten, sie alle waren vereint.

> Ich äußerte einmal die Absicht, möglicherweise die Freiwilligen in Spanien zu unterstützen. Meine Mutter sagte, ‚Oh, du wirst gar nichts unterstützen! Du bist verrückt! Du bleibst, wo du bist und wir werden die Nazis genau hier aussitzen. Du musst sie nicht bekämpfen!'
>
> Aber diese Dinge hatten einen immensen Einfluss auf mein Denken. Hier wird Menschen wirklich unrecht getan. Sie haben nichts Schlimmes getan und befinden sich in einem Bürgerkrieg, der von den Verbündeten und der Unfähigkeit des Völkerbundes gestützt wird. Es war ein Verlust des Glaubens an das Ideale, an jegliche Ideale, dass etwas dagegen unternommen würde. Masaryk und der Spanische Bürgerkrieg stellten Wendepunkte in meinem Leben dar.

Louis' leidenschaftliches Interesse an Politik hielt ihn nicht vom Studieren ab: „Was mein Leben betraf, so war ich interessiert daran, zu studieren und zu lernen; das war das Wichtigste." Die meiste Zeit widmete er den Vorbereitungen zur *Matura*, den harten Aufnahmeprüfungen für die Universität. Der Lehrplan verlangte Geschichte, Geografie, Mathematik, Musik und Literatur auf Latein, Griechisch, Deutsch, Französisch, Englisch und Tschechisch. Einmal fragte Louis einen Professor, wie er sich auf die Prüfungen vorbereiten solle; „Was müssen wir wissen?" „Alles!", antwortete der Professor. Wie Louis erklärte:

> Es war ein gewaltiges, anspruchsvolles Unterfangen, aber wenn man einmal drin war, lernte man zu lernen, zu lesen, zu konsumieren. Man wusste Bescheid über Montesquieu; über die Amerikanische Revolution. Man las jeden Tag auf Deutsch; deutscher Literatur und Musik wurde ziemlich viel Gewicht beigemessen. Man wurde gedrillt und man lernte und man schrieb Probeklausuren. Es war eine ständige Plackerei, sechs Tage die Woche – rückblickend betrachtet kein System, das ich empfehlen würde! – aber man konnte nicht anders, als zu lernen.

Endlich hatte Louis einen Ort gefunden, an den er gehörte. Prag war für Louis ein Zentrum des Lernens, „eine Schnittstelle deutscher, tschechischer und jüdischer Kultur" und ein Sammelplatz kulturellen und intellektuellen Lebens. „Es war eine Explosion der Kultur. Wenn man das Radio anmachte, hörte man Opern; man hörte Musik, tschechische, russische Musik. Jeder summte Melodien vor sich hin." Louis ging mit seinen Eltern und Freunden in die Oper, ins Konzerthaus und ins Theater. „Abonnements kosteten fast nichts", erinnerte er sich. „Ich nahm in Prag mehr Musik und Theater auf als jemals sonst. Das erste Mal, dass ich Toscanini dirigieren sah, war in Prag: höchst beeindruckend!"

Nach den Vorstellungen gingen sie manchmal in Kaffeehäuser, um die Schauspieler und Musiker um Autogramme zu bitten. Für gewöhnlich jedoch „war die Vorstellung um 11 Uhr zu Ende und man ging nach Hause, zurück an die Bücher, und studierte bis spät in die Nacht." Im Winter ging Louis außerdem gerne mit der Familie zu Hockeyspielen: „Die Tschechen waren sehr gute Hockeyspieler." Sonntags ging er ins Kino, um russische Filme wie *Panzerkreuzer Potemkin* und amerikanische Musicals wie *The Broadway Melody* oder *Alexander's Ragtime Band* anzuschauen.

Am 12. März 1938, er verließ gerade das Opernhaus, erlitt Louis einen „gewaltigen Schock". Die Zeitungsverkäufer riefen: „Hakenkreuz über Wien!" Hitler war in Österreich einmarschiert.

Ein paar Wochen später bestand Louis die *Matura,* die Aufnahmeprüfung für die Universität, und „wusste mit 18 mehr über die Welt der Freien Künste", als jemals später. Die *Matura* berechtigte ihn, sich an der Universität seiner Wahl einzuschreiben, und im April 1938 begann er ein Studium an der Fakultät für Philosophie der Karls-Universität, der deutschen Universität in Prag, eine der ältesten Universitäten Europas.

Die Karls-Universität bestand aus vier Fakultäten, der Juristischen, Medizinischen, Theologischen und Philosophischen Fakultät, und alle waren eher als wissenschaftliche Gemeinschaft, denn als bürokratische Fakultät organisiert. Die Studenten bereiteten ihre Prüfungen ohne einen vorgeschriebenen Lehrplan vor. Es wurden keine Kurse gefordert. „Man war für sich, und dein Leben war die Bibliothek. Manche Professoren gaben, wenn sie so freundlich waren, eine Leseliste heraus", und Studenten der höheren Semester empfahlen Lesestoff und Vorlesungen in ihren Fachbereichen. Jeden Morgen schaute Louis auf dem Schwarzen Brett die Veranstaltungen des Tages durch und entschied, welche Vorlesungen und Seminare er besuchen würde. Am Ende einer Vorlesung unterzeichnete der Professor die kleinen Notizbücher, „eine Art tragbare Dokumentation", die die Studenten bei sich trugen. Abends bummelte Louis gerne an der Moldau entlang, diskutierte mit anderen Studenten und achtete darauf, jeden Professor zu grüßen, der vorbeiging.

Zur Philosophischen Fakultät, an der Louis eingeschrieben war, gehörten die Geistes-, Sozial- und Naturwissenschaften. Zu Beginn konzentrierte sich Louis auf Philologie und Sprachwissenschaften, als Mittel, um andere Kulturen zu verstehen. Zunehmend fühlte er sich jedoch zur Sozial-, Politik- und Wirtschaftsgeschichte hingezogen. Er dachte über die Bedeutung von Armut nach, die

Ursprünge der Wohltätigkeit und die Auswirkungen revolutionärer Bewegungen auf die Armen. „Ich interessierte mich dafür, was in der Welt geschehen war, im philosophischen Unterbau der sozialen Bewegungen verschiedener Länder." Louis reagierte auf die politischen Unruhen um ihn herum, indem er sie zu verstehen versuchte, und viele Jahre später, an der Boston University, fand er es „paradox, dass das Studium der Sozialarbeit nicht die Wirtschaftstheorie und Politische Theorie an erster Stelle einstufte unter den Disziplinen, die die Voraussetzung für die menschliche Existenz sind und das soziale Umfeld des Menschen beeinflussen."[16] Als Teil seiner philosophischen Studien las Louis soziologische und psychologische Theoretiker, deren Werke später in den USA den Lehrplan in der Sozialarbeit inspirieren sollten:

> Ich studierte Geschichte, ich studierte Philosophie, ich studierte soziologische Prinzipien. Ich las Max Weber und hörte zum ersten Mal von amerikanischen Soziologen. Ich studierte Sigmund Freud, als Philosophen, die Philosophie von Freud, Alfred Adler, Carl Gustav Jung und den französischen Kinderpsychiater Jean Piaget. Ich las sämtliche allgemeinen Einführungsvorlesungen Freuds, *Das Unbehagen in der Kultur, Der Mann Moses und die monotheistische Religion.* Das waren völlig neue Ideen! Ich lernte einige Prinzipien der Psychiatrie kennen, das Strukturmodell, das Unterbewusste, die Traumdeutung, den ‚Fall Dora'. Ich war nicht allzu beeindruckt davon, von Freuds philosophischem Grundgerüst, von seinem Verständnis des Menschen generell hingegen schon. Das hinterließ einen tiefen Eindruck bei mir, denn zuvor hatte ich in all meinen Studien nur etwas über die Vernunft gelernt, und hier kam jemand, der das Irrationale, die Unterwelt des Geistes verstand.

Louis verabscheute Gewalt, die nur zu „Elend, Zerstörung und Verlust" führe, und er mied die Studentendemonstrationen, die jeden Sonntag „Blut auf den Straßen" hinterließen. Trotzdem wurde Louis zum Wehrdienst eingezogen, als die Tschechoslowakei im Mai 1938 mobilmachte:

> Ich fing am 1. April 1938 in der Universität an und im Mai ordnete Präsident Edvard Beneš, der Nachfolger von Masaryk, die Mobilmachung an. Beneš war ein anständiger Mensch, aber er hatte nicht das Charisma und das Format eines Masaryk. Er war ein Politiker, ein anständiger Mensch, der dem nicht gewachsen war. Vielleicht hätte auch kein anderer das ge-

16 Louis Lowy, "The Concept of the Social Environment in Social Group Work Practice", Vortrag an der Boston Univ. Alumni Association of the School of Social Work, Boston, o. D.

> schafft. Ich gebe ihm nicht die Schuld. Und so wurden wir an die Front beordert! Ich musste lernen, mit einer Waffe umzugehen. Ich konnte nicht eine Minute daran Gefallen finden!

Die Mobilisierung dauerte nur zwei Wochen. Unter dem Druck der Alliierten demobilisierte die Tschechoslowakei und Louis kehrte dankbar zu seinem Studium zurück. Einen „außerordentlich schönen" Juni lang bereitete sich Louis auf seine Zwischenprüfungen vor, schriftliche und mündliche Prüfungen die auf Deutsch, Englisch und Tschechisch abgehalten wurden. Obgleich er wegen seiner Leistungen in Tschechisch besorgt war, bestand Louis die Prüfungen im Juli 1938 und ging in die viermonatigen Semesterferien.

Louis' Lebensziel war es, Dozent an einem Gymnasium oder an der Universität zu werden, aber der lange Weg zu einer Professur war teuer und er wusste nicht recht, ob er sich das würde leisten können. Als Ausweichplan schrieb er sich an einem Sommerintensivkurs an der Pädagogischen Akademie oder Lehrerbildungsanstalt ein, wo er ein Diplom als Grundschullehrer absolvierte. Hier wurde Louis in die Sozialpädagogik eingeführt, eine Methode, um kleine Gruppen von Kindern durch experimentelles Lernen zu beschäftigen. Einen Tag pro Woche praktizierte Louis Sozialpädagogik in einer staatlichen Grundschule. Er zog es vor, interaktiv kleine Gruppen zu unterrichten und nicht autoritär in einem großen Saal zu lehren: „Es gefiel mir sehr!"

Während er sich auf die Rückkehr zur Universität im Oktober vorbereitete, verschlechterten sich seine Aussichten durch das Weltgeschehen. In der Hoffnung, einen Krieg mit Deutschland zu vermeiden, rief der britische Premierminister Neville Chamberlain eine Versammlung der vier Großmächte – Großbritannien, Deutschland, Italien und Frankreich – in München ein und handelte ein Abkommen aus, das die Tschechoslowakei isolierte. Am 1. Oktober 1938 trat die Tschechoslowakei das industrielle Sudetenland an Deutschland ab. „Der Name München wurde zu einem Ausdruck der Schande", erinnerte sich Louis, und „der 1. Oktober war ein nationaler Trauertag". Bei seiner Rückkehr an die Karls-Universität fand er „ein Nazi-Bollwerk vor", und ging mit dem Wissen in die Weihnachtsferien, dass „es für einen jüdischen Jungen keinen Sinn ergab, weiterzumachen":

> Mein Studium stand gewiss nicht mehr im Vordergrund. Was brachte es, zu studieren? Nun ging es ums Überleben. Die Lebenshaltungskosten stiegen immens. Das Sudetenland, das einer der produktivsten Teile des Landes war, war für die Wirtschaft der Tschechoslowakei nicht mehr

zugänglich, deshalb herrschten Lebensmittelknappheit und Vorkriegsstimmung.

Als Louis sich die Unterstützung seiner Familie zur Aufgabe machte, kamen ihm sein fließendes Englisch und seine Lehrerbegabung zugute. Während seiner Universitätslaufbahn hatte Louis als Englischlehrer ein kleines Einkommen gehabt. Jetzt, da so viele Menschen versuchten, zu emigrieren, war die Nachfrage nach Englischunterricht größer denn je und Louis gab acht bis zehn Stunden Unterricht am Tag. Als kreativer Lehrer ließ er seine erwachsenen Schüler Konversation üben und die jüngeren Schüler Geschichten erzählen. Die Kinder in seinen Klassen führten Engelbert Humperdincks Märchenoper *Hänsel und Gretel* auf Englisch auf. Louis' Ziel war es, den Leuten beizubringen, „wie man lernte und sein Leben lang weiterlernte“:

> Unerwartetes Lernen geschieht als Resultat eines kreativen Prozesses bei der Arbeit. So ein Lernergebnis ist nicht das Resultat im Voraus festgelegter Ziele, sondern vielmehr das Resultat einer befreienden Kraft, die durch eine gute Lern- und Lehrerfahrung entsteht. Es ist das Kennzeichen eines guten Lehrers, diesen kreativen Prozess in Gang zu setzen und den Schülern zu helfen, ein Problem auf ihre eigene neuartige Weise anzugehen.[17]

Louis' Lehrertätigkeit wurde unterbrochen, als der tschechische Präsident Emil Hácha am 14. März 1939 die Herrschaft Hitler überließ. Die Löwys waren nicht mehr Bürger der Tschechoslowakei; sie waren Staatsangehörige des Protektorates Böhmen und Mähren – und des Deutschen Reiches:

> So kam es, dass am 15. März 1939 die Nazis in Prag einmarschierten. An diesem Tag schneite es. Ich erinnere mich, wie Menschen auf dem Altstädter Ring geweint haben, als die Panzer und die deutschen Soldaten einfuhren. Am nächsten Morgen wurde ich von der Gestapo verhaftet.

## Es gibt kein Zurück

Am 16. März 1939 um vier Uhr morgens, hämmerten zwei Mitglieder der SS, der gefürchteten nationalsozialistischen Sturmtruppen, an die Tür der Löwy'schen Wohnung. „Louis Löwy raus!“, schrien sie. „Ich sah diese zwei großen

17 Louis Lowy, "Curriculum Development in Social Work Education", Vortrag an der Boston Univ. School of Social Work, Boston, 5. Februar 1982, 8.

SS-Männer in schwarzer Uniform. Sie zerrten mich nicht hinaus, sie geleiteten mich nur. Sie mussten mich nicht hinauszerren."

Louis musste durch die Stadt zum städtischen Gefängnis marschieren, wo „Tausende und Abertausende andere standen". Das Gefängnis war zu klein, um sie alle aufzunehmen und nach drei Wochen wurden sie nach Pankrác gebracht, dem Gefängnis für Straftäter am Rande der Stadt:
Und so war ich ein Häftling. Ich konnte nicht wirklich sagen, wie ich mich fühlte: taub, taub vor Angst. Ich hatte Angst, was mit mir geschehen würde, abgeschnitten von zu Hause, von jeglicher Kommunikation. Was würden die Nazis tun? Wir hatten keine Angst vor den tschechischen Wachen. Sie hassten die Nazis genauso wie wir. Sie gaben uns Zigaretten; sie hatten selbst Angst.

Wir waren Hunderte von Menschen in einer Zelle; es waren nur provisorische Hallen, in denen wir uns aufhielten. Und irgendwann fing ich an, mit den Leuten zu reden. Ich versuchte es auf Tschechisch, ich versuchte es auf Deutsch. Wir hatten viel Zeit zum Nachdenken und zum Reden! Es gab intelligente Menschen unter uns. Es war eine Elitegruppe, und ich war einer der jüngsten und unwichtigsten für die Nazis, was meinen Status und meine Bedeutung anging.

Ich sprach mit einem Mann der Arnold Marle hieß, er war der Intendant des Deutschen Theaters in Prag. Wie sich herausstellte, war er der Schwiegersohn von Sigmund Freud. Er war orthodoxer Jude. Er spielte niemals am *Shabbos* [Sabbat]; er rauchte niemals am *Shabbos.* Er war sehr religiös. Und wir redeten über die Bühne und über Freud und er erzählte mir ein bisschen über Freuds Alltag. Es gab eine Art Nähe und Freundschaft zwischen uns, obgleich unsere Lage absolut katastrophal war.

Dann kam die Gestapo und vernahm uns einen nach dem anderen. Zuerst auf eine sehr sachliche Art: ‚Wie ist Ihr Name? Welche Tätigkeit haben Sie ausgeübt? Welcher Universität, welcher Organisation gehörten Sie an? Nennen Sie uns Namen von anderen Personen!' Wir fanden sehr schnell heraus, dass sie an Namen und Denunziationen interessiert waren. Dann ließen sie uns zurück in die Zelle gehen, was eine Erleichterung war, man war den Klauen der Gestapo entkommen. Wir verbrachten zwei oder drei Tage in der Zelle, dann holten sie uns erneut raus, jedes Mal ein anderer Vernehmungsbeamter: ‚Haben Sie noch etwas zu sagen?'

Das Gestapo-Hauptquartier lag im Petschek Palais, einem imposanten Gebäude gegenüber dem Deutschen Theater. Bei einem Verhör erwähnte Louis, dass er oft ins Theater ging:

> ‚Sie mögen also die Deutschen, Sie mögen Wagner?', fragte er. Ich sagte, ‚Einige Stücke von Wagner mag ich sehr'. Also sprachen wir über Oper, Musik. Man könnte sagen, er fing ein höfliches Gespräch mit mir an. Ich konnte aus der Mentalität dieser Typen einfach nicht schlau werden! Danach ging ich in meine Zelle zurück. So ging es über Wochen, das Unbekannte zehrte an einem. Wir hatten etwas Suppe und Brot. Dann kamen die Folterer und fingen an, Schläge zu verteilen und Zähne auszuschlagen. ‚Wer war bei Ihnen? Wer gehörte dazu? Okay, Sie gehen so lange zurück ins Gefängnis, bis Sie es uns erzählen!' Nach drei oder vier Tagen kamen sie um 2 Uhr morgens oder um 8 Uhr abends wieder – man konnte die Zeit nach dem Tageslicht schätzen.
>
> Eines Tages reichte man mir ein Stück Papier und sagte ‚Sie können Deutsch. Unterschreiben Sie hier!' Es war ein Geständnis, dass ich ein Staatsfeind sei, der gegen den Staat konspiriert habe, und somit strafrechtlich verfolgt werden konnte. Frag mich nicht, warum, aber ich lehnte es ab zu unterschreiben! Ich hatte das Gefühl, dass der deutsche Sinn für Rechtmäßigkeit das immer unterstützte. Sie wollten, dass es legal war. Er sagte, ‚Sie wollen nicht unterschreiben? Ich zeige Ihnen, was wir mit Ihnen machen werden', und verpasste mir einen Schlag ins Gesicht. ‚Zurück in die Zelle!' Ich erzählte es Marle und er sagte, ‚Weißt du, du hättest unterschreiben sollen. Jeder unterschreibt und vielleicht bringen wir es damit hinter uns.'
>
> Am nächsten Morgen wurde ich aufgerufen: ‚Louis Löwy, vortreten! Hier ist Ihre Kleidung; hier Ihre Hosenträger, verschwinden Sie! Und verlassen Sie bis September das Land! Wenn nicht, wir haben einen langen Arm und finden Sie, wo immer Sie sich verstecken.'
>
> Ich vermute, es wurde zu voll mit so vielen Häftlingen, und sie merkten, dass ich ein kleiner Fisch war, dass ich unwichtig war. Den Nazis ging es zu dem Zeitpunkt nicht um Vernichtung; sie verfolgten eine politische Linie der Okkupation. Sie hatten keine Erfahrung mit einer ihnen feindlich gesonnenen Bevölkerung wie den Tschechen und versuchten, einen Aufstand zu verhindern. Die Österreicher waren gefügsam gewesen, aber bei den Tschechen wussten sie nicht so recht. Vielleicht hatten wir Zellen

organisiert, vielleicht hatten wir Verbündete. Also machten sie auf die Art weiter, die aus ihrer Sicht logisch war – nicht gerecht, aber logisch. Nicht jeder Jude wurde verhaftet, aber wenn man aus Deutschland kam oder in der Universität war, war man automatisch verdächtig.

So kam ich also raus. Es war ein heißer Junitag und ich trug meinen Wintermantel. Ich war bei Schnee verhaftet worden, im März. Ich wusste, dass die Straßenbahnlinie 23 von Pankrác in die Innenstadt fuhr, also nahm ich die. Ich hatte kein Geld, aber der tschechische Fahrer wusste, woher ich kam, und ich fuhr nach Hause. Meine Familie war fassungslos. Sie sagten, ‚Mein Gott, was ist mit Dir passiert?' Meine Mutter hatte zu dieser Zeit einen Nervenzusammenbruch gehabt und lag im Krankenhaus. Mein Vater war schwer krank und mein Onkel aus Pilsen, ein ehemaliger Koch, führte den Haushalt. Er hielt das Haus zusammen.

Ich hatte Angst. Ich hatte zu dieser Zeit mehr Angst, als jemals sonst in meinem Leben, selbst in den Konzentrationslagern. Jedes Mal, wenn es an der Tür klingelte, versteckte ich mich irgendwo, weil die Gestapo gesagt hatte, ich müsse bis September das Land verlassen haben. Ich fing an, wie ein Besessener Briefe nach Amerika zu schreiben. Ich ging zum britischen Konsulat, zum kubanischen Konsulat, zum dominikanischen Konsulat, und überall standen die Menschen endlos Schlange.

Im Juni 1939, als Louis nach Hause zurückkehrte, zeigten die Nürnberger Gesetze im Protektorat ihre Auswirkungen. Als fremde Rasse klassifiziert, wurden die Juden aus den Universitäten, dem Staatsdienst, den Privatunternehmen und ihren Berufen ausgeschlossen und mussten gelbe Abzeichen mit dem Davidstern tragen, wenn sie das Haus verließen. Als die Essensrationierung allgemein für die Bevölkerung in Kraft trat, gab es zusätzliche Einschränkungen für Juden.[18] In Louis Worten:

Die deutschen Gesetze wurden mit weiteren Schikanen, weiteren Einschränkungen angewendet. Man musste sich registrieren lassen. Man musste den gelben Stern tragen. Man durfte nach 20 Uhr nicht mehr ausgehen. Man durfte nicht studieren. Man durfte keine Haushälterin haben. Man durfte nicht auf den Parkbänken sitzen. Man durfte nicht ins Kino gehen. Man durfte nicht einkaufen gehen. Aber wir waren noch

18 Ruth Bondy, *Elder of the Jews: Jakob Edelstein of Theresienstadt* (New York: Grove Press, 1989); David Engel, *The Holocaust: The Third Reich and the Jews* (New York: Longman, 2000); und Ursala Pawel, *My Child Is Back!* (London: Vallentine Mitchell, 2000).

> in der Wohnung! Wir lebten in der Illusion, wir würden dort bleiben, dasselbe Leben weiterleben, unter sehr schwierigen, eingeschränkten Bedingungen, nicht angenehm, aber erträglich.

Adolf Eichmann, der Direktor der Gestapo-Abteilung, die für die Judenvertreibung verantwortlich war, versuchte zunächst, das Reich durch erzwungene Emigration von seiner jüdischen Bevölkerung zu säubern. Nur wenige Länder waren jedoch bereit, jüdische Auswanderer aufzunehmen, vor allem diejenigen ohne Kapital. Louis' Zellengenosse Arnold Marle und seine Ehefrau, Lilly Freud-Marle, flohen nach London, aber von den 118.000 Juden, die im besetzten Böhmen und Mähren lebten, fanden nur 26.000 eine Möglichkeit zur Flucht.[19] Die Löwys gehörten nicht dazu. Am 1. September 1939, Louis' Stichtag, das Land zu verlassen, marschierte Deutschland in Polen ein. Zwei Tage später erklärten Großbritannien und Frankreich den Krieg.

> Dann war Krieg und die Grenzen waren geschlossen. Die Menschen hatten keine Zeit mehr, das Land zu verlassen. Ich hatte Angst, aber irgendwann erholt man sich, man erholt sich, man erholt sich. Mein Leben war der Englischunterricht, wie früher. Wir lebten vom Schwarzmarkt. Essen war knapp, und es war gut, dass ich Geld verdienen konnte, weil alles teuer war.

In den darauffolgenden sieben Monaten, von Oktober 1939 bis April 1940, herrschte eine unheimliche Ruhe in Westeuropa, die unter dem Begriff „Sitzkrieg" bekannt wurde.

> So warteten und warteten wir. Wir hofften, die Engländer würden einmarschieren, die Franzosen würden einmarschieren. Stattdessen marschierte Hitler nach Norwegen, Dänemark, Belgien, Holland und Frankreich ein. Am 14. Juni 1940 wurde Paris eingenommen. Das war ein schwerer Schlag. Es bestand nun die Möglichkeit, dass Deutschland den Krieg gewinnen würde! Deutschland würde in England einfallen und England würde sich unterwerfen. Als Churchill [am 10. Mai 1940] Premierminister wurde, schöpften wir ein bisschen Hoffnung, aber wir wussten, dass England nicht darauf vorbereitet war, diesen Apparat zu bekämpfen, der sämtliche Befürchtungen übertraf.

19 Bondy, *Elder of the Jews*; Martin Gilbert, "What Was Known and When," in *Anatomy of the Auschwitz Death Camp*, eds. Yisrael Gutman und Michael Berenbaum (Bloomington: Indiana Univ. Press, 1994), 539–52; und "Freud-Marle, Lilly," letzter Zugriff 24. Juli 2006, http://www.perlentaucher.de/autoren/18791.html.

Bis Herbst 1941 hatte Eichmann erkannt, dass der Versuch, die Juden durch erzwungene Emigration aus Europa zu vertreiben, fehlgeschlagen war. Die Nationalsozialisten änderten ihre Strategie und verboten den Juden auszuwandern.[20] In Prag verbreiteten sich schreckliche Gerüchte über das Konzentrationslager in Dachau, die selbst Louis' Mutter in der Nervenklinik zu Ohren kamen. „Wir werden alle in Dachau enden", prophezeite sie.

Im November wurde die jüdische Gemeinde in Prag informiert, dass in Theresienstadt, einer von einer Mauer umgebenen Garnisonsstadt in einer malerischen Gegend 30 Meilen nördlich von Prag, ein Ghetto eingerichtet werde. 1780 von Kaiser Joseph II. errichtet und nach seiner Mutter Maria Theresia benannt, zählte Theresienstadt 7000 Einwohner, und hatte eine kleine Militärbasis. Eichmann wählte Theresienstadt wegen seiner Mauer, der Kasernengebäude, des Gefängnisses (der Kleinen Festung) und der Eisenbahnanbindung als Ort für das Ghetto. Er befürchtete jedoch, Theresienstadt könne für sein Vorhaben zu klein sein. Nachdem die tschechischen Einwohner und die Soldaten den Ort verlassen hatten, sollte das Ghetto 50.000 Juden auf einmal beherbergen.

Jakob Edelstein, ein Führer der zionistischen Bewegung Prags, erklärte sich bereit, das Amt des Bürgermeisters oder „Ältesten" des Ghettos zu übernehmen, in der Hoffnung, eine selbstverwaltete, autarke Stadt aufzubauen, in der die tschechischen Juden den Krieg sicher überstehen würden.[21] Die Nationalsozialisten hingegen planten Theresienstadt als Durchgangslager, nicht als Zufluchtsort. Juden aus dem Protektorat und später aus anderen Teilen Europas sollten dort vorübergehend untergebracht werden, bevor sie in die Konzentrationslager und die Vernichtungslager im Osten deportiert würden. Einigen älteren Juden aus Österreich und Deutschland wurde erzählt, sie würden aus Hochachtung vor ihrem internationalen Ansehen oder ihrem Militärdienst in Theresienstadt beschützt werden, und das Leben einiger wurde verschont. Bekanntlich schätzten die Nationalsozialisten das Potenzial von Theresienstadt für Propaganda in der Außenwelt. Wenn das Rote Kreuz oder andere internationale Besucher kamen, wurde vorgetäuscht, das Ghetto sei allem Anschein nach eine menschliche Stadt für die Juden.[22]

20 Engel, *The Holocaust.*
21 Bondy, *Elder of the Jews.*
22 Bondy, *Elder of the Jews.* Siehe auch: "Theresienstadt," Center for Holocaust and Genocide Studies, letzter Zugriff 17. Juli 2006, http://www.chgs.umn.edu; "Theresienstadt," Holocaust Encyclopedia, United States Holocaust Memorial Museum, letzter Zugriff 21. Juli 2006, http://www.ushmm.org/wlc/en; und "Theresienstadt," Yad Vashem: The Holocaust Martyrs' and Heroes' Remembrance Authority, letzter Zugriff: 19. Juli 2006, http://www1.yadvashem.org.

Louis und seine Familie bekamen eine Woche Zeit, um sich auf den Transport nach Theresienstadt vorzubereiten. Am 7. Dezember 1941 sollten sie sich im Stadtzentrum am Messepalast melden. Louis' Mutter wurde aus dem Krankenhaus entlassen; Louis, sein Vater und sein Onkel packten etwas Essen, ein paar Kleider und ein paar Schuhe zusammen – 50 Kilo pro Person waren erlaubt – und schlossen die Wohnung ab, die ihr sicherer Rückzugsort in Prag gewesen war. Auf dem Weg zum Messepalast sah Louis die Überschriften der Zeitungen auf der Straße: „Im Pazifik sprechen die Waffen!" Die Japaner hatten Pearl Harbor bombardiert:

> An jenem Tag, trotz der Tatsache, dass wir einem unbekannten Schicksal entgegengingen, verspürten wir eine gewisse Beschwingtheit: Jetzt befand sich Amerika im Krieg! Und so marschierten wir los. Und dann begann meine Karriere als Sozialarbeiter in Theresienstadt.

# 2 Das Ghetto Theresienstadt

Der Messepalast war eine riesige Halle, in der in besseren Zeiten jeden Frühling und jeden Herbst eine Messe stattgefunden hatte.[1] Louis, der nun 21 Jahre alt war, beobachtete die Menschenansammlung. Eine Gruppe böhmischer Künstler, darunter der Grafiker Bedřich Fritta, trug kein Gepäck bei sich. „Vielleicht dachten sie, es würde ohnehin konfisziert werden.“ Die Wachen waren „Wiener Nazis“, ungefähr in Louis' Alter. Erst als Louis an den Registrierungstisch trat, wurde ihm der Ernst seiner Situation bewusst:

> Das Erste, woran ich mich erinnere, war, dass man seine Kennkarte abgeben musste. Die Kennkarte war ein Dokument, das anstelle eines Reisepasses ausgestellt worden war, da Juden keinen Pass des Protektorates mehr haben durften. Stattdessen bekamen sie ein rotes Dokument mit Namen, Foto und einem ‚J‘ auf der Innenseite. Man musste es immer bei sich tragen. Jeder im Reich, Deutsche und Nicht-Deutsche, musste ständig seine Kennkarte bei sich tragen. Man konnte auf der Straße angehalten werden. Und ich erinnere mich noch an das Gefühl, dass es, wenn man seine Ausweispapiere abgibt, möglicherweise mehr bedeutet, als nur ein Stück Papier abzugeben!

Die Löwys warteten drei Tage im Messepalast, bis sie am 10. Dezember 1941 zum Bahnhof geführt wurden, wo „sie uns in Güterzüge, diese Viehwaggons“, steckten:

> Man sagte uns, dass wir nach Theresienstadt fahren, um das Ghetto aufzubauen, es klang so, als ob wir während des Krieges dort bleiben und für die deutsche Kriegsproduktion arbeiten, Maschinen bauen sollten. Es sei ein Ghetto, dass von Juden geleitet werde oder einem eigenen Jüdischen Rat unter Aufsicht der Nazis, in dem die Juden weiterhin ihre eigenen Kleider mit dem gelben Stern tragen würden.

1 Bondy, *Elder of the Jews.*

> Es gab nur Vermutungen und Gerüchte, was passieren könnte. Wir ahnten nicht, dass das nicht der Plan war, den die Nazis für die Juden vorgesehen hatten. Immerhin waren viele bereits emigriert. Es gab das Warschauer Ghetto, das Ghetto Litzmannstadt, jetzt würden viele ins Ghetto Theresienstadt geschickt werden. Wer hatte schon eine Ahnung? Amerika war gerade in den Krieg eingetreten. Vielleicht war es eine Frage von sechs Wochen bis der Krieg vorbei wäre.

Die Löwys gehörten zu den ersten Familien, die nach Theresienstadt deportiert wurden und kamen dort an, bevor die Unterkünfte und sanitären Einrichtungen bereitstanden oder Lebensmittel und einfache Gerätschaften wie Kochtöpfe geliefert wurden:

> Wir kamen dort an und es war Winter, es gab keine Heizmöglichkeit und kaum Lebensmittel, obwohl wir ein bisschen Essen mitgebracht hatten, wie man uns geraten hatte. Dann richteten sie eine Küche ein, und die Juden betrieben eine Küche und kochten Kartoffeln. Der Lebensstandard sank auf ein Minimum. Wir lebten zusammen in diesen großen Kasernen, ehemalige Militärkasernen, um die 1000 Menschen jeden Alters, Männer und Frauen getrennt, 150 oder 200 Menschen in einem Raum. Mein Vater war bei mir in einer dieser Kasernen. Meine Mutter war da. Ein spezielles Lagerkrankenhaus wurde eingerichtet und man brachte sie direkt dort unter.

Während sie versuchten, sich der neuen Umgebung anzupassen, tauschten die Männer in Louis' Kaserne Erinnerungen über ihre früheren Interessen und Berufe aus. Einige Männer waren während des letzten Kriegsjahres Kriegsgefangene gewesen und als Soldaten durch das Genfer Abkommen geschützt worden. Diesen Schutz gab es nun nicht mehr. Wenige Tage nach ihrer Ankunft befahl SS-Kommandant Siegfried Seidl, der Kommandant des Ghettos, dass alle sich auf dem Marktplatz versammeln sollten:

> Er gab uns Anweisungen. Es sollte uns überlassen bleiben, wie wir auskommen würden. Wir sollten ein paar Lebensmittel bekommen – etwas Brot, etwas Suppe, ein paar Kartoffeln – und ein bisschen Holz, das wir in den Kanonenöfen verheizen konnten. Die Regeln sollten streng eingehalten werden: Jeder, der mit einer Zigarette angetroffen würde, sollte erhängt werden. Es würde keinen Unterricht geben. Jeder, der unterrichtete oder Bücher besaß, würde erhängt werden. Jeder mit einer Zeitung würde erhängt werden. Es würden noch mehr aus dem Reich kommen.

Das war's! Zu jener Zeit war das Rauchen weit verbreitet, nicht wie heute, und das Zigarettenverbot wurde als große Entbehrung angesehen. Alles, was mit geistiger Tätigkeit zu tun hatte, wurde verboten, Zeitungen, Bücher und natürlich das Verbreiten von Informationen [aus der Außenwelt]. Man kam immer an Informationen, vor allem über die tschechischen Wachen, und die Leute trieben Zigaretten auf, aber wenn man erwischt wurde ...

Eines Tages ließen sie uns auf dem Marktplatz aufmarschieren. Sie hatten einen Galgen aufgestellt und wir mussten zuschauen, wie sie sieben Menschen erhängten. Zwei hatten angeblich versucht zu fliehen. Andere wurden im Besitz von Büchern und Lesestoff erwischt. Jeden Tag kamen weitere Züge aus Prag, aus Brünn und anderen tschechischen Städten an, und wir waren damit konfrontiert, das Lager zu organisieren. Wir mussten mit dem Aufbau buchstäblich bei Null anfangen, um zu überleben, das war die Zeit, da ich anfing, mich für die Organisation des Gemeinwesens zu interessieren. Was war zu tun? Es gab Kinder – sieben Jahre, zehn Jahre alt – und Menschen zwischen siebzig und achtzig, einige krank, andere gesund. Da kam mir die Idee, einer Person beim Gehen behilflich zu sein, einer anderen bei der Einnahme der Medikamente, die sie mitgebracht hatte. Und da wir den Kindern keinerlei Unterricht geben durften, sangen wir ein paar Lieder, die wir kannten.

Die jüdischen Verwalter des Ghettos arbeiteten mit begrenzten Mitteln, unter strenger Überwachung durch die Nationalsozialisten. Von den Büros der Magdeburger Kaserne aus teilten sie Essen und Unterkünfte ein, vergaben Arbeiten, organisierten kulturelle Aktivitäten und entwickelten besondere Unterbringungen für Kinder und alte Menschen.[2] Louis wurde Jugendleiter in der Magdeburger Kaserne, wo er sich um einen Raum mit 30 Jungen kümmerte. Er meldete sich freiwillig für die Stelle, im Geiste des „kreativen Altruismus", der Kreativität, „eine notwendige Voraussetzung für effektiven Dienst an anderen Menschen", mit Altruismus, „eine Achtung für und Hingabe an die Interessen anderer durch persönlichen Einsatz, verband." Louis beschrieb den kreativen Altruismus später als die historische Rechtfertigung für die Intervention mittels Sozialer Arbeit.[3] Neben dem Altruismus jedoch war Louis' Motivation das Bedürfnis nach einer sozialen Aufgabe: „Es machte mich wahnsinnig, nichts zu tun zu haben!"

2 Bondy, *Elder of the Jews*; "Theresienstadt," Yad Vashem.

3 Louis Lowy, *Social Work with the Aging*, 56.

## Transporte nach Osten

Louis hatte seine neue Arbeit kaum begonnen, als er und seine Eltern im Januar den Befehl erhielten, sich für den Transport zu versammeln. 1000 Menschen sollten „in den Osten" deportiert werden:

> Das war die schockierendste Erfahrung überhaupt! Das gesamte Lager war entsetzt, denn wir hatten gedacht, wir würden dort bleiben, nicht unter den besten Bedingungen, aber überlebensfähig. Nun erfuhren wir, dass dies ein Durchgangslager war, ein Sammellager, und dass von nun an immer mehr Juden aus bestimmten Regionen Europas hergebracht würden, und dass diese Juden dann weiter ‚nach Osten' transportiert werden sollten. Zu dieser Zeit muss das Lager ungefähr 15 bis 20 Tausend Menschen beherbergt haben, und die Nazis sagten, 1000 Menschen müssten versammelt werden: Männer, Frauen Kinder, es war ihnen egal. Die Auswahl sollte von der jüdischen Leitung getroffen werden, und diese befand sich in der schrecklichen Situation, zu entscheiden, wer gehen und wer nicht gehen sollte. Und ich weiß nicht, aus welchem Grund, aber ich gehörte zu denen, die ausgewählt wurden.
>
> Ich arbeitete dort [in der Magdeburger Kaserne], deshalb hatte ich Kontakt zu Edelstein, dem Judenältesten, der so etwas wie der Bürgermeister des Lagers war. Er sagte, ‚Nun, es gibt eine Chance, dich aus diesem Transport herauszubekommen, weil deine Mutter nicht jüdisch ist, ich schaue mal, was wir tun können. Aber einstweilen müsst Ihr antreten.'
>
> Also gingen wir zum Bahngleis und wurden in den Zug verladen, und in der letzten Minuten zogen sie uns raus, meinen Vater, meine Mutter und mich. Es war eine Art Begnadigung. So kamen wir zurück und machten da weiter, wo wir aufgehört hatten.

Am 20. Januar 1942, ungefähr zu der Zeit, als die ersten Transporte von Theresienstadt losfuhren, trafen sich in Berlin hochrangige Vertreter der Nationalsozialisten, um die Logistik für die „Endlösung", die Massenvernichtung der europäischen Juden, zu planen. Die Wannseekonferenz ordnete die Deportation von Juden in sechs Vernichtungslager an, die im November und Dezember zum Zweck der „Massenvernichtung durch Erstickung" errichtet worden waren.[4] Es ist heute unklar, was die jüdische Leitung in Theresienstadt über die Bestim-

4 Engel, *The Holocaust*, 119.

mungsorte der Transporte „in den Osten" wusste.[5] Louis stellte sich lange, gefährliche Reisen in harte Arbeitslager oder Konzentrationslager vor, die wenige überleben sollten:

> Wir hörten Gerüchte, dass sie in sehr viel schlimmere Lager gebracht würden, deshalb wurde es beinahe lebensnotwendig, in Theresienstadt zu bleiben. Die Nazis hatten die totale Vernichtungsmaschinerie in Auschwitz, Treblinka, Sobibor errichtet, aber das war uns zu dem Zeitpunkt nicht bekannt.

Hunger, Unterernährung und Überfüllung ließen die Ghettobewohner anfällig werden für Durchfallerkrankungen, Hirnhautentzündung, Hepatitis, Typhus, Malaria, Scharlach und andere Infektionskrankheiten. Louis erlitt drei Schübe infektiöser Hepatitis. Da 150 bis 200 Menschen am Tag im Theresienstadt starben, ging Louis „hinaus zu den Begräbnisstätten und half als Freiwilliger. Es gab keine Särge. Es gab nur Lumpen und Säcke." Louis' Mutter starb im August 1942 und er begrub sie mit seinen eigenen Händen.

Im Oktober gab es keinen Platz mehr auf dem Friedhof. Ein Krematorium wurde errichtet, in dem 190 Leichname pro Tag verbrannt werden konnten.[6]

## Hoffnung auf eine Zukunft

Die Züge brachten weiterhin Juden aus Westeuropa nach Theresienstadt und die Garnisonsstadt, die für 7000 Soldaten erbaut worden war, beherbergte nun zeitweilig bis zu 50.000 Menschen:

> In der Zwischenzeit wurde das Lager immer größer. Schließlich kamen keine Züge mehr aus Deutschland, da es kaum noch Juden in Deutschland gab, und die Juden kamen aus Österreich, Frankreich, Dänemark und dem restlichen Europa, außer aus Polen. Offenbar war, rückblickend betrachtet, die magische Zahl 45.000 bis 50.000. Wenn diese Zahl erreicht war, wurden neue Transporte in den Osten organisiert.

Jeder neue Zug nach Theresienstadt brachte Hunderte von Kindern, einige kamen mit ihren Familien, andere allein. Louis tat sich mit anderen jungen Erwachsenen zusammen, um für sie zu sorgen. Im September 1942 richteten die

5 Bondy, *Elder of the Jews*; Gilbert, "What Was Known and When".
6 Bondy, *Elder of the Jews*; "Theresienstadt," CHGS; "Theresienstadt," USHMM; "Theresienstadt," Vad Yashem.

**Bild 4:** Theresienstadt heute. Fotograf unbekannt. Postkarte. Das Gebäude ganz links im Bild war das Haus L414. Mit freundlicher Genehmigung von Edith Lowy.

Jugendleiter unter der Leitung von Fredy Hirsch eine eigene Kaserne für Kinder beziehungsweise ein Jugendheim im Gebäude L414 ein.[7]

Die Jugendlichen in L414, wo Louis arbeitete, sprachen in erster Linie Deutsch, aber später wurde in der Nähe ein zweites Heim für Tschechisch sprechende Kinder eingerichtet. Die Kinder und Jugendlichen in L414 lebten in Räumen mit 20 oder 30 Kindern ihres Alters unter der Obhut von ein oder zwei Jugendleitern. Jungen und Mädchen wurden auf unterschiedlichen Stockwerken untergebracht. Louis war verantwortlich für einen Raum mit etwa 30 Jungen, die zwischen 10 und 14 Jahre alt waren:

> So nahm ich meine Tätigkeiten in der Organisation von Jugendgruppen auf. Was sollten all diese Kinder tun? Sie können nicht schreiben, sie haben keine Stifte, sie haben keine Bücher, also erzählen wir ihnen Geschichten. Ich erzählte ihnen von meiner Reise nach England, von den englischen Welten, die ich kennengelernt hatte. Ich erzählte ihnen vom Marxismus, Leninismus und Sozialismus – die Sachen, die ich wusste.

7 Bondy, *Elder of the Jews*; Pawel, *My Child is Back!*

> Ich brachte ihnen Englisch bei. Ich brachte ihnen Französisch bei. Wir verbrachten den Tag mit Unterricht, mit all den Dingen, die verboten waren, damit, die Welt wieder aufleben zu lassen, die die Älteren unter uns noch in Erinnerung hatten: die Musik, die Kunst, die Literatur. Wir stellten eine Art inoffiziellen Lehrplan zusammen, doch in der Zwischenzeit gingen die Transporte immer weiter.

Nach Ursula Pawel, einer Jugendleiterin für Mädchen, war Louis ein „mitfühlender, intelligenter und begabter junger Lehrer", der von den Kindern unter seiner Obhut geliebt wurde.[8] Als Vaterfigur verstand er, dass „Liebe und Zuneigung die wichtigsten Werte in einer Eltern-Kind-Beziehung sind" und dass die Liebe für den Elternteil nicht weniger wichtig ist als für das Kind.[9] Später lehrte Louis, dass institutionelle Einrichtungen niemals die Familie ersetzen können, weder für Kinder noch für ältere Erwachsene:

> Für diejenigen, denen nahe Familienangehörige fehlen, müssen wir überlegen, einen Stellvertreter zu finden, Menschen, die entweder freiwillig mitarbeiten oder ausgebildet sind, dieselbe Art von Geborgenheit zu geben und dieselbe Art von Anteilnahme zu zeigen wie Familienangehörige; die die individuelle und persönliche Zuwendung bieten können, für die es keinen Ersatz gibt.[10]

Die Jugendleiter in L414 ermutigten ihre Schützlinge, aber sie konnten sie nicht vor dem ständigen Hunger oder den Epidemien und den Transporten bewahren, die beinahe allen Kindern aus Theresienstadt den Tod brachten. Dennoch leisteten sie den Nationalsozialisten auf die radikalste Art, die möglich war, Widerstand, indem sie jüdische Kinder auf die Zukunft vorbereiteten.

Viele der Jugendleiter waren Zionisten, sie sangen Lieder und erzählten Geschichten, die einem neuen Leben in Palästina freudig entgegensahen. Louis war kein Zionist, sondern ein Sozialdemokrat, der an die demokratische Partizipation als Mittel für eine sozial gerechte Welt glaubte. Gruppenaktivitäten könnten Kinder nach Louis' Auffassung auf die Demokratie vorbereiten, indem sie „den Wert und die Würde des Individuums" respektierten und jedem Mitglied die Sicherheit vermittelten, dass „sein Beitrag für die ganze Gruppe wertvoll ist."[11] Noch grundsätzlicher ausgedrückt, „kann die Gruppe das bieten, was das Ego

8 Pawel, *My Child is Back!*, 52.
9 Lowy, *Adult Education*, 129.
10 Lowy, *Social Policies*, 214.
11 Lowy, *Adult Education*, 13–14.

braucht – Hoffnung und ein Gefühl von Zukunft."[12] Später beschrieb Louis, dass die Jugendleiter in Theresienstadt, unabhängig von ihrer politischen Gesinnung, die grundlegenden Auffassungen der Sozialarbeit teilten: Dass die Menschen wachsen und sich im Laufe ihres Lebens entsprechend ihrer Umgebung ändern können, und dass die Umgebung „für nützliche Aktivitäten angepasst werden kann".[13]

Louis befasste sich hauptsächlich mit Bildung als Quelle persönlicher und sozialer Erfüllung und als Mittel, um Hoffnung auf eine Zukunft zu wecken. Sein Leben lang hatte er sich mit Leid beschäftigt und versucht, dieses zu verstehen. Er hatte sich der Literatur, Geschichte, Philosophie und den Künsten zugewandt, um Gründe zu finden für die „Bettler überall" und das „Blut in den Straßen" von Prag. Jetzt als Jugendleiter nutzte er die Bildung, um andere zu fördern und zu ermutigen. Obwohl die Nationalsozialisten offiziellen Unterricht verboten, schöpfte Louis aus seinen Erfahrungen an der Pädagogischen Akademie vor dem Krieg, wo er kleine Gruppen von Kindern durch erfahrungsgeleitetes Lernen unterrichtet hatte. Er zog von Raum zu Raum im Gebäude L414 und unterrichtete Englisch, Französisch, Geschichte, Philosophie und Literatur mithilfe von Spielen, Geschichten und Theaterstücken.

Edith „Ditta" Jedlinsky war 15 Jahre alt, als sie und ihre Mutter Hilda im Oktober 1942 aus Wien nach Theresienstadt kamen, und sie traf Louis, als sie ins Gebäude L414 zog. Louis und Ditta sollten nach dem Krieg im Displaced-Persons-Lager Deggendorf heiraten. Wie Ditta sich erinnerte:

> Louis war immer sehr aktiv und fing an zu unterrichten, was verboten war, strengstens verboten. Er bildete informelle kleine Klassen und er brachte uns Englisch und Geschichte bei. Als ich ihn das erste Mal traf, kam er in unseren Raum mit 25 Mädchen und gab uns eine Englischstunde über die Uhrzeit, über die Uhr und die Armbanduhr. Ich bemerkte, dass er schöne Hände hatte, die er benutzte, wenn er Dinge erklärte. [...] Louis brachte uns Geschichte bei – ich erfuhr von Napoleon – und wir lernten vor allem Englisch. Wir hatten keine Bücher und wir hatten kein Papier, keine Stifte. Es war alles mündlicher Unterricht. Wir nahmen es sehr ernst.[14]

12 Lowy, *Social Work with the Aging*, 291.

13 Lowy, *Adult Education*, 207; Lowy, *Social Work with Aging*, 239.

14 Wenn nicht anders angegeben, stammen die Zitate von Edith Lowy aus einem narrativen Interview mit der Autorin am 12. und 19. August 2004 in Lowys Haus in Newton Highlands, MA.

## Änderung der Regeln

Die außergewöhnliche Geschichte von Theresienstadt nahm eine entscheidende Wendung, als im November 1942, etwa ein Jahr nach Errichtung des Ghettos, das Internationale Rote Kreuz um Erlaubnis zur Besichtigung bat. Das Rote Kreuz wurde bis Juni 1944 hingehalten, aber die erste Anfrage entfachte Adolf Eichmanns Interesse, Theresienstadt für Propagandazwecke zu nutzen. Mit seinen vielen Musikern, Schauspielern, Künstlern und Intellektuellen könnte Theresienstadt für sein blühendes kulturelles Leben bekannt werden und der Welt demonstrieren, wie menschenfreundlich die Nationalsozialisten Juden behandelten. Mit diesem Ziel vor Augen änderten die Nationalsozialisten die Regeln des Ghettolebens. Die Bewohner konnten nun in einer Leihbücherei Bücher ausleihen oder in einem Laden Waren einkaufen, die den Neuankömmlingen abgenommen worden waren. Musiker konnten ihre Instrumente zurückfordern. Künstler durften an genehmigten Projekten arbeiten, wie dem Entwurf einer Ghetto-Währung.

Theresienstadt wurde eine Touristenattraktion für nationalsozialistische Würdenträger und SS-Funktionäre, was ein paar Vorteile für die Juden brachte. Als der Augenarzt Richard Stein ins Ghetto deportiert wurde, um einen SS-Funktionär zu operieren, durfte er auch Juden behandeln, darunter Louis, der sich eine ernsthafte Augeninfektion zugezogen hatte, die ihn mehrere Monate lang blind gemacht hatte. Dr. Stein operierte Louis und rettete sein Augenlicht.

Dennoch wurden verbotene Aktivitäten weiterhin mit der Todesstrafe geahndet. Bedřich Fritta, der böhmische Künstler, den Louis am Messepalast hatte ankommen sehen, gehörte zu den zahlreichen Künstlern, die heimlich die Zustände im Ghetto in Malereien und Zeichnungen dokumentierten. Sie schmuggelten ihre Kunstwerke aus Theresienstadt heraus oder versteckten sie in den Wänden der Kaserne. Im Juni 1944 wurde Fritta verhaftet und in der Kleinen Festung gefoltert, bevor er nach Auschwitz deportiert und getötet wurde. Einige seiner versteckten Werke wurden nach dem Krieg wiederentdeckt.[15]

## Der Tanz des Todes

Im Alter von 15 Jahren erlebte Ditta Jedlinsky die schwindelerregenden Widersprüche in Theresienstadt als „den Tanz des Todes“:

15 Hass, Leo, “The Affair of the Painters of Terezín,” in *Seeing through “Paradise”: Artists and the Terezín Concentration Camp* (Boston: Massachusetts College of Art, 1991), 63–70.

Theresienstadt war ein sehr seltsamer Ort. Ich nannte es immer ‚den Tanz des Todes'. Wir hatten alle unsere Teenagerliebeleien, Schwärmereien und Aktivitäten, aber dann trat die Realität auf den Plan, Transporte fanden statt und Menschen verschwanden. Und wenn es keine Transporte gab, gab es Epidemien. Es gab Typhus, es gab Hepatitis, es gab Scharlach, es gab die Ruhr. Sie kamen in Wellen und die Menschen starben während der Epidemien in Massen. Louis' Mutter starb an der Ruhr in Theresienstadt. Es war wirklich ein seltsamer Ort, denn solange es keine Krankheiten oder Transporte gab, konnten wir Teenager so tun, als sei das Leben ganz normal. Wir hatten nicht viel zu essen, genau genommen litten wir Hunger, aber wir sprachen nicht darüber; darüber sollte nicht gesprochen werden. Ich erinnere mich, wie eines Tages jemand ein paar Kartoffelschalen brachte und anschließend betrat jemand anders den Raum. Wir schaufelten die Kartoffelschalen unters Bett. Wir schämten uns so sehr dafür, Kartoffelschalen zu essen! Heute ist es ‚in', fünf Dollar für eine Portion Kartoffelschalen zu bezahlen. Aber zu der Zeit, gab es nichts anderes. Ich weiß nicht mal, wie wir zu den Kartoffelschalen kamen, denn die Kartoffeln bekamen wir nicht!

Es war ein sehr seltsamer Ort. Es war wie ein Tanz des Todes, der letztlich für die meisten von uns als Katastrophe endete. Aber während wir dort waren, schmückten wir die Decke des Raumes; wir unternahmen alles Mögliche, um es normaler zu machen. Und Louis leistete zweifellos seinen Beitrag, indem er unterrichtete, die Theaterstücke mit uns einstudierte und all das. Wir hatten freie Zeit und gingen aus und ich besuchte meine Mutter. Es gab Konzerte, Theater, auf hohem Niveau, denn es gab eine ganze Menge Künstler und Profis unter den Gefangenen. Und die Nazis übten offensichtlich Nachsicht. Sie eröffneten Läden und die Läden wurden mit den Waren bestückt, die sie den Menschen abgenommen hatten, als sie im Lager ankamen. So hatten wir eines Tages Papiergeld – ich glaube, ich habe noch etwas davon oben – und einmal ging ich mir eine Bluse kaufen. Und dann kam ich raus und ein Mädchen sah mich und sagte, ‚das ist meine Bluse!' Und ich sagte, ‚nein, ich habe sie gerade im Laden gekauft'. Es war offensichtlich ihre Bluse, aber jetzt war es meine, denn ich hatte sie gekauft. Das alles war ziemlich verrückt. Es gab ein Kaffeehaus ohne Essen, aber mit einem Orchester.

Es ist furchtbar schwer, selbst für mich, die ich dort war, ist es schwer zu verstehen, dass all das aufeinandertreffen konnte. Man hatte all die Annehmlichkeiten des kulturellen Lebens und all die Entbehrungen eines

> Lebens im Gefängnis und die drohende Gefahr der Deportation und des Todes, und all das gleichzeitig. Es war völlig schizophren! Aber wenn man Teenager war und all diese Erfahrungen miterlebte, konnte man die andere Seite leicht ignorieren. Bis es dich traf, bis du ebenfalls krank wurdest oder deportiert.

Ditta wusste noch, wie der vierzehnjährige Werner „Vern" Drehmel mit einem Fußball unter dem Arm nach Theresienstadt kam. Vern kam im März 1943 aus Hamburg, wo sein Vater gestorben und seine Mutter in einem Krankenhaus untergebracht worden war. Sie wurde im Mai 1943 umgebracht. Wie Vern sich erinnerte:

> Ich traf Louis, der einen Raum in L414 betreute, dem ich zugeteilt worden war. Ungefähr 30 Jungen lebten dort. Ich vermute, ich war der letzte, der dort untergebracht wurde, denn ich schlief neben Louis. Wer also war Louis? Er war freundlich; er hieß uns willkommen. Ich bewunderte ihn sehr. Er schien viel zu wissen, war sehr ruhig, interessierte sich dafür, mehr über mich zu erfahren, und ich vermute, auch über die anderen Jungen in der Gruppe. Wir entwickelten schließlich ein paar Routinen, Routinen, die uns von der Ghettoverwaltung auferlegt worden waren. Diejenigen, die körperlich leistungsfähig waren, sollten sich morgens bei einer Arbeitszuteilungsstelle melden und würden dann an die verschiedenen Orte geschickt, wo unsere Arbeit gebraucht wurde. Ich erledigte verschiedene Arbeiten, wie zum Beispiel Kartoffeln sortieren im Keller des Kommandantenhauses. Es bot die Gelegenheit, Kartoffeln zu stehlen. Ich trug zwei Hosen, bei der einen waren die Hosenbeine am Knöchel zugebunden, die andere trug ich über dieser zugebundenen Hose. Interessanterweise ist das der einzige Job, an den ich mich erinnere, denn er war mit großer Angst verbunden!
>
> Was auch immer während des Tages geschah, nachts saßen wir auf Stühlen um Louis herum und lasen häufig Dramen, vor allem deutsche Autoren wie Schiller, ein sehr romantischer, freiheitsliebender Dramatiker, und Goethe. Es war nicht wirklich wichtig, wen wir lasen, denn es war illegal und ein bisschen gefährlich, als ich zum ersten Mal dort hinging. Jeder übernahm eine Rolle und las den jeweiligen Part. Es war wie ein Theaterstück im Sitzen. Das war das offizielle Lernen, an das ich mich besonders erinnere und das Louis uns bot. Aber es gab noch so viel mehr, was ich lernte, und ich kann nicht genau sagen, wie. Wir lernten über Louis' Erfahrungen in England. Louis erzählte uns, dass es in London

einen Ort gab, die Speaker's Corner im Hyde Park, wo man alles sagen konnte, was man wollte, solange es wahrheitsgemäß war. Man konnte gegen die Regierung des Premierministers wettern, Stimmzettel benutzen, nicht Gewehrkugeln.

Louis erzählte uns von der Verfassung der Vereinigten Staaten und wir lernten die Präambel und die Bill of Rights auswendig. Das taten wir ohne offizielle Texte; wir hatten den Text der Verfassung der Vereinigten Staaten nicht in Theresienstadt! Es war alles ein mündliches Teilen von Informationen und Wissen. Und es stand für mich völlig außer Frage, ich wollte in die Vereinigten Staaten gehen und dort als freier Mensch leben.

Die Überlegenheit der Deutschen und der deutschen Waffen und Jagdflieger war alles, was ich jemals gesehen oder gehört hatte, bis ich nach Theresienstadt kam, was die Rettung für meine Entwicklung als Mensch war. Louis war mein Freund; er war mein Lehrer. Er war der wichtigste Mensch für meine persönliche Entwicklung. Er half mir, politisches Gedankengut, soziales Gedankengut zu entwickeln. Er berührte sicherlich auf eine sehr ursprüngliche Weise meine Vorstellung davon, ein ehrlicher Mensch zu sein, der ein ehrliches Leben lebt. Und ich vermute, er berührte viele andere Kinder auf die gleiche Art, die nicht das Glück hatten, zu überleben.

Louis vermittelte uns einen Sinn für Widerstand, der jedoch immer durch einen Sinn für Gerechtigkeit dem anderen gegenüber gemildert wurde. Er schrieb zum Beispiel Zitate aus Schillers Gedichten heraus, große Papierbanner, die wir an die Betten hefteten, um uns das Gefühl von Widerstand und Mut zu geben:

*Der Mensch ist frei geschaffen, ist frei / Und würd' er in Ketten geboren.*[16]
*Dem Verdienste seine Kronen/Untergang der Lügenbrut!*[17]

Manchmal ließen wir es drauf ankommen! Die SS kam zur Inspektion vorbei. Wir wussten nie, wann sie kommen würden. Zum Glück begriffen sie nie, dass die Banner auf sie gemünzt waren. Sie fühlten sich geschmeichelt, dass wir Schiller mochten!

16 Friedrich von Schiller, *Die Worte des Glaubens,* 1797, http://gutenberg.spiegel.de/buch/gedichte-9097/97, letzter Zugriff 11. Dezember 2017.
17 Friedrich von Schiller, *An die Freude,* 1785, http://gutenberg.spiegel.de/buch/gedichte-9097/27, letzter Zugriff 11. Dezember 2017.

> Die Nazis hatten all diese Macht. Sie sahen für uns wie Halbgötter aus, mit ihren spiegelblanken Stiefeln, den Uniformen, den polierten Knöpfen. Louis brachte uns bei, dass diese Menschen nicht besser waren als wir, und dank Louis war ich idealistisch genug zu glauben, dass das Böse nicht überleben kann. So wusste ich, dass das Leben lebenswert war! Ich wusste, dass die Deutschen den Krieg verlieren würden, und folglich wollte ich da sein, wenn es passierte.[18]

Von all seinen Aktivitäten in Theresienstadt war Louis vor allem für seine Inszenierungen von Kindertheaterstücken bekannt. Zu Beginn hatten die Kinder und Jugendlichen in Louis' Theaterklassen ihre Rollen im Geheimen gelesen, aber im Frühling 1943 wurde es ihnen gestattet, die Stücke öffentlich aufzuführen, und Louis' Theaterproduktionen lockten ein riesiges Publikum auf die Stehplätze im Dachboden von L414.

Louis schöpfte aus seinen Erinnerungen an die Oper, die Kinderliteratur und das deutsche Theater, er entwarf und inszenierte Stücke, die auf Puccinis Oper *Turandot,* Schillers Theaterstück *Maria Stuart* und Erich Kästners Kinderbuch *Emil und die Detektive* basierten. Mehr als 60 Jahre später erinnerten sich die Überlebenden, die ich traf, lebhaft an ihre Rollen in diesen Produktionen. Ditta, die die Kennedy in *Maria Stuart* war, erinnerte sich:

> Wir studierten Theaterstücke ein, klassische Stücke, die wir aufführten, und ich gehörte zur Besetzung! Wir gaben die *Maria Stuart* von Schiller und andere Stücke, und es war ein phänomenales Unterfangen unter den gegebenen Umständen. Schließlich führten wir die Stücke auf dem Dachboden des Heimes auf. Einer der Jungen übernahm die Lichttechnik, er ging herum und klaute überall Glühbirnen. Jeder aus dem Lager konnte kommen und zuhören und zuschauen. Es war schrecklich aufregend!

Vern Drehmel, der auch in Maria Stuart mitspielte, war von dem Prolog berührt, den Louis für diese Gelegenheit schrieb:

> Louis schrieb einen schönen Prolog für das Stück, der den Bezug zu unseren Verhältnissen herstellte, die Ungerechtigkeiten usw. Ich spielte Mortimer, der ein Romantiker war, ein Möchtegernliebhaber von Maria

18 Wenn nicht anders angegeben, stammen die Zitate von Vern Drehmel aus einem narrativen Interview mit der Autorin am 11. und 12. Januar 2007 in Drehmels Haus in Sea Ranch, CA.

> Stuart. Ditta spielte auch mit. Sie war eine Amme. Wenn ich an das Stück denke, denke ich immer noch an meinen Auftritt! Als wir 1978 zum [Deggendorf] Treffen gingen, gab es dort Leute, die älter waren als ich und sie erinnerten sich an das Stück, vor allem an meine Sterbeszene! Das Ganze war gut besucht, und wir fanden uns alle großartig! Louis schaffte es wirklich, dass wir an das glaubten, was wir taten.

Reinhard Frank war 14 Jahre alt, als er im Juni 1943 in Theresienstadt eintraf. Er traf Louis zum ersten Mal, als er bei *Emil und die Detektive* mitspielte:

> Mein erster bewusster Kontakt mit Louis war bei der Inszenierung eines Theaterstückes auf der Grundlage von Erich Kästners *Emil und die Detektive.* Es war ein sehr bekanntes Kinderbuch. Das ganze Stück spielt in Berlin und irgendwie stieß ich dazu, weil ich aus Berlin war. Ich übernahm eine Rolle mit dem Namen ‚the Bull', die es im Buch nicht gibt.[19]

Kurz nach dem Krieg, als der Autor Erich Kästner erfuhr, dass seine Geschichten in Theresienstadt inszeniert worden waren, machte er Mitglieder der Besetzung ausfindig. Der daraus resultierende Essay *Wert und Unwert des Menschen* wurde im Februar 1946 in der *Neuen Zeitung* veröffentlicht: „In Theresienstadt, schrieb mir neulich jemand, führten dreißig Kinder mein Stück ‚Emil und die Detektive' auf. Von den dreißig Kindern leben noch drei."[20]

Mit der Zeit erweiterte Louis seinen Unterricht, um Programme zur Erwachsenenbildung aufzunehmen, einschließlich Unterricht in Englisch, Französisch und Geschichte.[21] Eine Liste der kulturellen Aktivitäten im Juni 1944 führt drei Vorträge von Louis an.[22] Seine Ausführungen über Koedukation in Theresienstadt, die er am 13. Juni hielt, sind nicht erhalten; sein Vortrag „Erziehungsfragen in Theresienstadt" hingegen, den er am 18. Juni hielt, stellte, unter den gegebenen Umständen, eine radikale Philosophie der Erziehung vor. Junge Menschen seien nicht in ihrem Geist oder in ihrer Persönlichkeit gefangen, solange sie eine „gründliche Kenntnis der Weltkulturen" erlangten, eben jener Kultur, die der Nationalsozialismus zu zerstören versuchte.

19 Wenn nicht anders angegeben, stammen die Zitate von Reinhard Frank aus einem narrativen Interview mit der Autorin am 4. November 2006 in Franks Haus in Cambrigde, MA.

20 Erich Kästner, „Wert und Unwert des Menschen" in *Werke II. Wir sind so frei.* (München: Carl Hanser Verlag, 1998). Er bezieht sich auf Erich Kästner, *Emil und die Detektive* (Hamburg: Cecilie Dressler Verlag, 1929).

21 Pawel, *My Child is Back!*

22 „Allgemeine Vorträge: Programm, 22. Juni 1944", Terezín Memorial, Terezín, Czech Republic; Elena Makarova, Sergei Makarov und Victor Kuperman, Victor, eds., *University Over the Abyss: The Story Behind 520 Lecturers and 2,430 Lectures in KZ Theresienstadt 1942–1944*, 2nd ed. (Jerusalem: Verba Publishers, 2004), 486.

**Bild 5:** Plakat zur Theateraufführung von F. Schiller, *Maria Stuart* (PT 4019). Künstler unbekannt. September 1943. Mit freundlicher Genehmigung von Památník Terezín (Terezín Memorial), Hermann's Collection, Copyright Zuzana Dvořáková. Auf der Besetzungsliste sind auch Louis Löwy, Werner (Vern) Drehmel und Ditta Jedlinsky (in falscher Schreibweise) aufgeführt.

> Das Problem der Bildung ist schwierig; das Problem der Bildung in Theresienstadt ist mehr als nur kompliziert. Die Lebensbedingungen in Theresienstadt haben einen immensen Einfluss auf die Entwicklung junger Menschen, und Ausbildungsarbeit erfordert hier eine noch stärkere Betonung aller relevanten Faktoren. Das Ziel ist, hier und anderswo, eine unvoreingenommene Person auszubilden, von starkem Charakter, die in der Lage ist, ihre Lebensaufgabe zu erkennen und sich in die Gesellschaft einzufügen. Die Situation hier ist ein enormes Hindernis für das Erreichen dieses Zieles, aber der Lehrende sollte es niemals aus dem Blick verlieren. [...]
>
> Die Jugendlichen hier sind gesund und voller Lebensenergie. Wir als Lehrende sollten diese Energie ausnutzen und die jungen Menschen auf weitere kreative Aktivitäten und Fortschritte vorbereiten. Eine Grundvoraussetzung hierfür ist die genaue Kenntnis der Weltkulturen. Auch wenn wir keine Perfektion erlangen, müssen wir alles versuchen, ihr so nahe wie möglich zu kommen. Ich habe versucht, diese schwere Aufgabe anzugehen und auch etwas zu ihrer Realisierung beizutragen. Möge der Geist dieser Arbeit zukünftig Früchte tragen![23]

Im seinem folgenden Vortrag „Erziehungsarbeit in Theresienstadt" am 22. Juni gab Louis einen Überblick über das „systematische Kulturprogramm", das er während des vergangenen Jahres von Juni 1943 bis Juni 1944 angeboten hatte.[24] Der Lehrplan hatte sich auf sechs Bereiche konzentriert: Literatur, Musik, Geschichte, Sprachen, Erziehungsfragen und die Selbstständigkeit der Jugendlichen. Louis hatte seine Schüler zur aktiven Teilnahme an „Literarischen Abenden" verpflichtet, mit Lesungen von Gedichten Goethes, Schillers und Shakespeares; „Ausgewählte Weltliteratur" mit Lesungen der Werke von Ben Spanier, Claire Arnstein, Marianne Offer und Ernst Raden; und „Lesungen aus Theaterstücken", darunter Schillers *Maria Stuart* und *Wallenstein*, Shakespeares *Hamlet* und *Othello* und Goethes *Faust* und *Egmont*.

Louis hatte sich möglicherweise an Künstler und andere Lehrende gewandt, als er „Musikalische Abende" mit Werken von Bach, Händel, Haydn, Beethoven, Mozart und Mendelssohn-Bartholdy plante. Indem er „Themen der Welt- und Kulturgeschichte" untersuchte, ermutigte er Jugendliche, sich an „lebendigen Diskussionen mit soziologischen Beobachtungen" zu beteiligen. Die Sprach-

23 Makarova, Makarov und Kuperman, *University Over the Abyss*, 150.
24 Louis Lowy, "Educational Work in Terezín: A Sketch of a Study Program," 22. Juni 1944, in Makarova, Makarov & Kuperman, *University Over the Abyss*, 150–51.

studien hatten „geografische Beobachtungen in Form von ‚Reisen um die Welt'" beinhaltet. Die Jugendlichen hatten Diskussionen über „Erziehungsfragen" übernommen und hielten Vorträge über die „berufliche Selbstständigkeit der Jugend", über Themen wie „Wissen ist Macht", „Frag mich 500 Mal" und „Bücher lesen".

Den Zuhörern in Theresienstadt war klar, dass wenigen von Louis Schülern erlaubt sein würde, das „Kulturprogramm" von Anfang bis Ende zu verfolgen. Dennoch hatte Louis sein wichtigstes Ziel zumindest in Bezug auf einige der jungen Menschen erreicht, nämlich, den Glauben an eine Zukunft zu bewahren. Klaus Scheurenberg, ein Überlebender von Theresienstadt, erinnert sich in seiner Autobiografie:

> Meine Losung hieß: Alle für einen – einer für alle. Pathetisch vielleicht, aber wir waren ja trotz allem in einem begeisterungsfähigen Alter. – Es begann mit dem ‚Morgenkaffee'. [...]
>
> Unser Frühstück war wie ein Ritual. Wir begannen unseren Tag gemeinsam, konnten miteinander unsere Probleme besprechen und uns gegenseitig aufrichten. Das Gefühl, da sind Freunde, die hören dir zu, helfen dir, du bist nicht alleine, gab uns Mut und Kraft. Wir steckten auch die Jungen in den anderen Zimmern an. Ich hielt Vorträge über meine Zeit bei den Zionisten. Wir beschlossen, abends noch etwas zu tun. Wir wollten nicht nur müde sein und lernten Englisch. Englisch-Unterricht im KZ? Tatsächlich! Wir verkrochen uns auf den Dachboden und stellten Wachen auf, damit man uns nicht überraschte. Ein junger Mann namens Louis Löwy, später Professor in den USA, gab Unterricht. Ich besitze aus dieser Zeit ein Büchlein, wie es ein Buchhalter benutzt, um Vorgänge zu notieren, die er später ins Hauptbuch übertragen will. Es geht bequem in die Hosentasche. Ich weiß nicht, wann und wo ich es gestohlen habe. Heute ist es für mich von unvorstellbarem Wert. Nicht nur die Namen der Bewohner des Hauses sind in ihm verzeichnet – stichwortartig habe ich darin Schicksale festgehalten von Menschen, die mir begegnet sind. – Wenn ich mir heute die Zimmerlisten ansehe, werde ich schwermütig. Von 80 Jungen leben nur noch sechs. – Ebenso lese ich in diesem Büchlein: Here are the englisch Books. Here is the answer you will send to them ... Schlimm, alles habe ich falsch geschrieben, Louis hat es verbessert. Eindringlich machte er uns klar, daß wir überleben könnten und dann unbedingt Englisch brauchten. Wir lernten mit Feuereifer. Wenn wir konnten, sprachen wir miteinander englisch. Als der Krieg vorbei war

> und ein amerikanisches Auto unseren Oberrabbiner Leo Baeck abholte, begrüßte ich den Fahrer, einen amerikanischen Soldaten, in der Aufregung mit ‚Good bye' ...[25]

Am 23. Juni 1944, einen Tag nach Louis' Vortrag „Erziehungsarbeit in Theresienstadt", erhielt eine Delegation des Internationalen Roten Kreuzes endlich die Erlaubnis, das Ghetto zu besichtigen. Sorgfältige Vorbereitungen prägten den Höhepunkt der nationalsozialistischen Propagandakampagne.[26] In den Wochen vor dem Besuch ordnete SS-Obersturmführer Karl Rahm, der jetzt der Kommandant des Ghettos war, die Deportation von 7500 Ghettobewohnern an, um den Eindruck der Überfüllung zu mindern. Ditta und ihre Mutter wurden im Mai zur Deportation bestimmt. Louis und Ditta hatten Freundschaft geschlossen, „mehr als Freundschaft", in Dittas Worten: „Wir versprachen, einander nach dem Krieg zu finden, aber wir fragten uns wirklich, ob wir uns jemals wiedersehen würden."

Louis sagte seine Kindertheaterproduktion von Molières *Der eingebildete Kranke* ab, als die Hälfte der Besetzung deportiert wurde. Rahm hatte für die Delegation des Roten Kreuzes, bestehend aus Vertretern des Internationalen Roten Kreuzes, des Dänischen und des Deutschen Roten Kreuzes, eine andere Art von Theater vorbereitet.[27] Auf einer bis ins Detail inszenierten Route besichtigten die Delegierten Straßen mit Namen statt Nummern, Gebäude mit Vorhängen vor den Fenstern, Rasenflächen und Blumenbeeten, und Bewohner, die genau vorgeschriebene Rollen spielten. Der Trick war aus Rahms Sicht so erfolgreich, dass er Kurt Gerron, einem berühmten Schauspieler im Ghetto, befahl, einen Film zu drehen, *Der Führer schenkt den Juden eine Stadt*. Gerron wurde kurz nach Fertigstellung des Filmes, der in den neutralen Staaten verbreitet wurde, nach Auschwitz deportiert und umgebracht.

Der Nutzen der Propaganda von Theresienstadt reichte bis nach Auschwitz-Birkenau, wo Eichmann im September 1943 die Einrichtung eines speziellen „Familienlagers" für Juden aus Theresienstadt anordnete. Im Gegensatz zu anderen Häftlingen in Auschwitz-Birkenau wurde den Häftlingen des Familienlagers der Terror der täglichen Selektionen erspart und sie wurden animiert, Postkarten ins Ghetto zu schicken, auf denen stand, es gehe ihnen gut. Am 7. März, einen

25 Klaus Scheurenberg, *Ich will leben. Ein autobiographischer Bericht.* Berlin: Verlagsbüro Charlottenburg, 1988, S. 158 f.

26 Bondy, *Elder of the Jews*; Pawel; "Theresienstadt," USHMM.

27 Bondy, *Elder of the Jews*, 439.

Tag nachdem Häftlinge beruhigende Postkarten geschrieben hatten, wurden Tausende von Insassen aus dem Familienlager in die Gaskammern geschickt.[28]

Der Besuch des Roten Kreuzes in Theresienstadt war das Todesurteil für das Familienlager. Nachdem sie Rahms falsche Versprechungen, es werde keine weiteren Deportationen aus dem Ghetto geben, akzeptiert hatten, erstatteten die Delegierten des Dänischen Roten Kreuzes einen günstigen Bericht über die Lebensbedingungen der dänischen Juden in Theresienstadt. In der Folge lehnte das Dänische Rote Kreuz die Gelegenheit ab, das Theresienstädter Familienlager in Auschwitz-Birkenau zu besichtigen. Nachdem es nicht mehr für Propagandazwecke benötigt wurde, wurde das Familienlager Ende Juni 1944 aufgelöst. Von den 18.000 Häftlingen wurden 15.000 umgebracht, darunter sämtliche Kinder.[29]

Louis konnte nie glauben, dass irgendjemand durch die Theresienstädter Propagandakampagne getäuscht wurde:

> Die Nazis sahen sich irgendwie genötigt, diese Show zu inszenieren. Sie schufen diesen Schauplatz, um dem entgegenzusteuern, was zu diesem Zeitpunkt über ihr reales Vorgehen allgemein bekannt war. Ich denke, die [Rote Kreuz] Delegation ließ sich nicht hinters Licht führen.

Am Ende sprach die Sterblichkeitsrate von Theresienstadt für sich. Von den 140.000 Juden, die ins Ghetto gebracht wurden, starben 33.000 dort. Von den 87.000, die aus dem Ghetto deportiert wurden, wurden 83.000 ermordet. Von den 15.000 Kindern, die in Theresienstadt lebten, diejenigen, die mit anderen Worten zu jung für körperliche Arbeit waren, überlebten nur 150.[30]

Louis unterrichtete weiterhin in Theresienstadt bis Jom Kippur (dem Versöhnungstag), am 27. September 1944, als er nach Auschwitz deportiert wurde. Vern Drehmel und Reinhard Frank folgten kurze Zeit später. Louis' Vater starb beim letzten Transport von Theresienstadt nach Auschwitz am 28. Oktober 1944.

Viele Jahre später, anlässlich des 70. Geburtstages von Louis, erinnerte sich Vern, welche Bedeutung Louis für die Jugendlichen von L414 gehabt hatte:

28 Nili Keren, "The Family Camp," in Gutman und Berenbaum, *Anatomy of the Auschwitz Death Camp*, 439–40; und Laurence Rees, *Auschwitz: The Nazis and the 'Final Solution'* (London: BBC Books, 2005).

29 Bondy, *Elder of the Jews*; Rees, *Auschwitz*; und Miroslav Karney, "The Vrba and Wetzler Report," in Gutman und Berenbaum, *Anatomy of the Auschwitz Death Camp*, 539-52.

30 Bondy, *Elder of the Jews*; "Theresienstadt," CHGS; "Theresienstadt," USHMM; "Theresienstadt," Vad Yashem.

Ich stand kurz vor der Pubertät, elternlos, verwirrt, ohne Perspektive. Louis war ein junger Mann. Er war der Erwachsene, verantwortlich für ungefähr 30 Kinder, mit denen ich mir nach meiner Ankunft in Theresienstadt in einem Zimmer ein Zuhause einrichtete. Jeder von uns war entweder kurz zuvor von seinen Eltern getrennt worden oder Waise; jeder war aus seinem Zuhause, dem Kreis der Familie, der Schule, der Spielkameraden, der Gemeinschaft herausgerissen worden.

Wir waren im Ghetto angekommen, ohne zu wissen für wie lange oder was uns erwartete. Die Menschen starben an Unterernährung oder Typhus. Die Lebensbedingungen waren extrem. Gab es irgendeine Zukunft? Würden wir am Ende überleben?

Unter diesen Umständen leistete Louis seinen allerbesten Beitrag in sozialer Gruppenarbeit. Er half uns, einen Sinn für Gruppenzusammenhalt zu entwickeln, für Identität, gegenseitige Fürsorge; unter Androhung der Todesstrafe für seinen Unterricht teilte er mit uns sein umfangreiches Wissen über Literatur, Theater und Dichtung, und half uns so, uns über unsere Situation zu erheben, von eben jener Freiheit, Unabhängigkeit und Würde, die uns verwehrt wurde, zu träumen und zu kosten. Er half uns, uns wichtig zu fühlen, stolz. Im Gegensatz zu denjenigen, die die Waffen trugen, erwarben wir Wissen und hatten alle begonnen, an das Schillerzitat zu glauben: ‚Wissen ist Macht'. Wir entwickelten ein Selbstgefühl.

Ich verdanke mein Überleben als Mensch – und hoffentlich als guter Mensch – Louis. Ich hatte das große Glück, ihm zu begegnen und mit ihm verbunden zu bleiben bis zum Tag unserer Erlösung.[31]

31 Vern Drehmel an Louis Lowy, 14. Juni 1990.
3. Flucht aus Auschwitz

# 3 Flucht aus Auschwitz

Louis Lowy hatte nie das Gefühl, seine Erinnerungen an Auschwitz in Worte fassen zu können: „Ich kann darüber sprechen, davon erzählen, aber ich habe es nie geschafft, das, was passiert ist, zu verarbeiten." Sein ganzes Leben lang suchte er Trost in der Bildung. Er glaubte, wenn nicht an Gott, so doch an die Möglichkeit des menschlichen Fortschritts, wie sie in der Geschichte, Philosophie, Literatur, den Künsten zum Ausdruck gebracht wird. Als sich die Türen des Güterwaggons in Auschwitz-Birkenau öffneten, war Louis durch nichts, was er studiert hatte, nicht einmal durch Dante, auf das vorbereitet, was ihn erwartete:

> Dann befanden wir uns in diesen Zügen und die Türen öffneten sich in Auschwitz und der furchtbarste Gedanke, der mir in Erinnerung blieb, ist: Dieser Tag! Der Anblick, der Geruch, der Gestank, die Schornsteine, das Geschrei, die Ankunftsrampe und die Bestie, die losgelassen wurde! Es war die Hölle. Es war Dantes Inferno: ‚Die ihr hier eintretet', aber Dante hatte nicht zu beschreiben vermocht, wie die Hölle war[1]. Mengele stand dort. Ich sehe sein Gesicht noch vor mir.
> Wir wurden aus diesen Viehwaggons rausgeworfen und in Reihen aufgestellt, und sie brüllten: ‚Links! Rechts! Links! Rechts!' und niemand wusste, was das in Wahrheit bedeutete. Also gingen manche nach links und manche nach rechts. Ich wurde von niemandem getrennt, weil ich mit niemandem gekommen war. Einige kamen mit ihren Ehefrauen, Ehemännern.
>
> Es war ein absoluter Schock. Wir waren derart fassungslos, dass wir unser Zeitgefühl, unser Raumgefühl, unserer Orientierung, unseren Verstand verloren. Man verlor jegliches Gefühl der Kontrolle darüber, wer man war, was man war und wie man war. Man verlor das eigene Selbstgefühl

1 Der vollständige Vers aus Dantes „Göttlicher Komödie" lautet: „Lasst, die ihr eintretet, alle Hoffnung fahren!" (Anm. der Ü.)

vollständig. Es ist sehr schwer zu beschreiben, denn was ist Selbstgefühl? Man wusste nicht mehr, wer man war oder wer die nächste Person war, die aus dem Waggon geworfen wurde oder wer diese Bestien waren, die an der Eisenbahnrampe standen? Sie trugen Uniformen und sie brüllten herum, und sie hatten Peitschen und Waffen. Sie zerstörten jegliches Seinsgefühl.
Dann wurden wir in die Baracken getrieben. Es war schon Herbst und sehr kalt, elendes polnisches Matschwetter. Und dann gibt es eine Leerstelle. Würde man mich fragen, was als nächstes passierte, ich könnte es nicht sagen.

## Verlust des Selbst

Die Ungeheuerlichkeit von Auschwitz war unmöglich zu erfassen, selbst für die Häftlinge, die dort lebten und starben. Von 1942 bis 1944 wurden 1,1 Millionen Juden aus allen von den Nationalsozialisten besetzten Teilen Europas nach Auschwitz deportiert, 1 Million kam dort um. Von 200.000 nichtjüdischen Häftlingen wurden 110.000 umgebracht, die meisten von ihnen Polen, Roma und russische Kriegsgefangene.[2]

Ab Juni 1944, nachdem das Familienlager Theresienstadt aufgelöst worden war, wurden die Transporte von Theresienstadt nach Auschwitz-Birkenau geschickt, eines der drei Hauptlager auf dem Gelände des Konzentrationslagerkomplexes Auschwitz. Louis und andere Neuankömmlinge wurden aus den Zügen gezerrt und einem verwirrenden „Selektions"-Prozess unterzogen. Die meisten Häftlinge wurden „nach rechts" geschickt, zu vier großen Gaskammern und Krematorien, Einrichtungen, die für die systematische Massenvergasung mit Zyklon B errichtet worden waren. Die Häftlinge, die die SS-Wachmänner für die Zwangsarbeit auswählten, wurden „nach links" geschickt, zu einer scheinbar endlosen Reihe von Holzbaracken, umgeben von elektrischem Stacheldraht.

Auschwitz-Birkenau war als Lager für die „Untermenschen" im System der nationalsozialistischen Rassenklassifizierung geplant worden. Ursprünglich von und für sowjetische Kriegsgefangene erbaut, war in den Baracken weniger Platz pro Häftling vorgesehen als in den „Standard-Konzentrationslagern" in Deutsch-

2 "Auschwitz," *Holocaust Encyclopedia*, US Holocaust Memorial Museum, letzter Zugriff 8. Aug. 2006, http://www.ushmm.org/wlc/article.php?lang=en&ModuleId=10005189; Yisrael Gutman, "Auschwitz–An Overview," in Gutman und Berenbaum, *Anatomy of the Auschwitz Death Camp*, 5–33; Franciszek Piper, "The Number of Victims," in Gutman und Berenbaum, *Anatomy of the Auschwitz Death Camp,* 61–76; und Rees, *Auschwitz.*

land.[3] Riesige Holzhütten beherbergten 744 Häftlinge auf drei Reihen von Holzpritschen, 4 Häftlinge pro Pritsche oder 1.2 m$^2$ pro Person. Sobald sie auf ihren Pritschen lagen, konnten sich die Häftlinge nicht mehr bewegen und wenn jemand starb, was oft geschah, konnten seine Bettnachbarn den Leichnam nicht entfernen.[4] Die Latrinen waren „kaum mehr als offene Kloaken, durch einen Schuppen abgegrenzt", und eine Latrine diente für 7000 Häftlinge, von denen fast alle unter Ruhr oder Durchfall litten.[5] Durch den Schock und die Verzweiflung blieben Louis nur bruchstückhafte Erinnerungen an seine ersten Tage in Auschwitz-Birkenau:

> Einmal pro Woche oder dreimal oder fünfmal pro Woche fand eine Selektion statt. Die Leute mussten sich in Reihen aufstellen und sie [die SS-Wachmänner] wählten jede dritte oder jede fünfte Person aus – wer weiß, was sie für ein System hatten? – um sie in die Gaskammern zu schicken. So wartete man von Selektion zu Selektion und versuchte zu überleben. Einige arbeiteten in Sonderkommandos außerhalb. Sie marschierten in Reihen hinaus, und der Rest blieb den ganzen Tag in diesen Baracken und hatte nichts zu tun. Es war ein Leben geprägt von Hunger, und das Überleben war eine Vollzeitbeschäftigung. Überleben bedeutete, seine Suppe zu essen, vielleicht noch etwas mehr Suppe oder ein bisschen mehr Brot durch Tauschgeschäfte zu bekommen. Manchmal bekamen die Toten noch ihre Brotrationen und die Leute stürzten sich wie die Geier darauf.

Vern Drehmel wurde kurz nach Louis von Theresienstadt nach Auschwitz-Birkenau deportiert, im späten September 1944, begleitet von zwei jungen Waisenkindern, die seine Cousins waren:

> Zwei meiner Cousins waren im selben Transport nach Auschwitz wie ich. Sie waren sechs und acht Jahre alt. Und als wir nach Auschwitz kamen, wurde ich nach links geschickt und die beiden nach rechts. Wir waren ungefähr 1600 Menschen in diesem Transport aus Theresienstadt. Ungefähr 30 wurden nach links geschickt, alle anderen nach rechts. Ich protestierte. Ich sagte, ‚Verzeihung, ich möchte dorthin [nach rechts] gehen, zu meinen Schützlingen!' Zu mehreren war man sicherer und ich wollte zu

3 "Subcamps of Auschwitz," Auschwitz-Birkenau Memorial Museum, letzter Zugriff 28. Feb. 2008, http://www.auschwitz-muzeum.oswiecim.pl/html; Robert Van Pelt, "A Site in Search of a Mission," in Gutman und Berenbaum, *Anatomy of the Auschwitz Death Camp,* 93–156; und Rees, *Auschwitz.*

4 Rees, *Auschwitz;* Van Pelt, "Site in Search of a Mission."

5 Van Pelt, "Site in Search of a Mission," 131; Terrence Des Pres, *The Survivor: An Anatomy of Life in the Death Camps* (New York: Simon and Schuster, 1976).

> meinen kleinen Cousins. Sie wurden in jener Nacht umgebracht. Ich war immer gut darin, die Aufmerksamkeit der Leute auf mich zu lenken und der Sport war eine gute Möglichkeit. Ich war Fußballfan. Wenn man mit einem Wachmann ein gemeinsames Interesse wie den Fußball hat, ist man nicht mehr das ‚gottverdammte Judenschwein'. Also fing ich an, mich mit einem Wachmann über Fußball zu unterhalten, und dann fragte ich, ‚Wohin gehen all diese Menschen? Meine kleinen Cousins sind erst sechs und acht Jahre alt.' Und er sagte, ‚Sie gehen in die Bäckerei. Heute Abend wirst du es erfahren.' Er meinte damit, ich würde den Rauch sehen.

Wenige Tage später, als Vern Louis erblickte, war er erschrocken über die Veränderung in seinem Lehrer und Freund:

> Ich erfuhr, dass Louis in einer bestimmten Baracke war und ermogelte mir irgendwie beim Kapo [dem Aufsichtshäftling], der für die Baracke verantwortlich war, die Erlaubnis, meinen Freund zu besuchen. Dort fand ich Louis, er saß auf dem Boden, katatonisch, er atmete, doch er war tot.

Reinhard Frank, ein anderer Jugendlicher aus Theresienstadt, kam etwa zur selben Zeit nach Auschwitz-Birkenau wie Vern. Auch Reinhard war bestürzt über Louis' Erscheinung:

> An meinem ersten oder zweiten Tag in Auschwitz sah ich Louis und Vern auf diesem schlammigen Weg vor der Baracke stehen, in der wir untergebracht waren. Alles, woran ich mich erinnere, sind Louis und Vern, die dort stehen, sich gegenseitig festhalten, sich umarmen, weinen. Ich hatte Louis noch nie so gesehen, so anders, so gebrochen, so vollkommen verstört.

Louis war nie in größerer Gefahr gewesen. Hätte Vern ihn nicht ausfindig gemacht, wäre er vielleicht das geworden, was im Lager als *Muselmann* bezeichnet wurde, ein Häftling, der die Kraft oder den Willen zu leben verloren hatte. Diese Häftlinge waren die Hauptopfer bei den Selektionen der SS.[6] Glücklicherweise erhielt Vern die Erlaubnis, in Louis' Baracke umzuziehen, und mit dem jüngeren Freund unter seiner Obhut fand Louis wieder zu seinem alten Ich zurück. In späteren Jahren bezeugten viele Überlebende der Vernichtungslager, dass sie um

6 Gutman, "Auschwitz–An Overview"; Primo Levi, *Survival in Auschwitz: The Nazi Assault on Humanity* (New York: Collier Books, 1986); and Rees, *Auschwitz*.

eines geliebten Menschen willen durchgehalten hätten, und so erging es Louis und Vern.[7] Wie Vern sich erinnerte:

> Louis brauchte mich ebenso wie ich ihn brauchte, und ab diesem Zeitpunkt übernahm Louis wieder seine angemessene Rolle mir gegenüber. Das war sein Leben. Er musste sich um andere kümmern, er musste anderen etwas geben. Er vertraute auf das Unterrichten, das seine Lebensaufgabe war. Von da an waren wir bei jedem Anwesenheitsappell zusammen, standen nebeneinander.

Louis und Vern standen beieinander, als sie für die Arbeit in einem Nebenarbeitslager registriert und tätowiert wurden und trugen für den Rest ihres Lebens zwei aufeinanderfolgende Identifikationsnummern auf ihren Armen: Louis B12743 und Vern B12744. Als Louis wieder ein Ziel vor Augen hatte, gab ihm das Anlass zur Hoffnung:

> Ich wollte tätowiert werden, weil das Tätowieren bedeutete, dass man nicht sofort für die Gaskammer selektiert wurde. Es garantierte nicht die Zukunft, aber für den Moment war man als Nummer registriert und konnte daher zur Arbeit abberufen werden.

Auch das Brummen der Alliiertenflugzeuge über ihren Köpfen ließ Louis und Vern Mut schöpften:

> Wir hörten die Flugzeuge der Alliierten. Sie flogen so weit oben am Himmel, dass man sie kaum sehen konnte, aber wir hörten den Unterschied anhand der Motorengeräusche. Man hörte kaum noch deutsche Messerschmitts. Der Luftraum wurde vollständig von den Amerikanern, den Briten und den Russen kontrolliert. Und wir hofften, sie würden Bomben auf uns abwerfen.

Das Kriegsministerium der Vereinigten Staaten lehnte Vorschläge von europäischen und amerikanischen jüdischen Führungspersönlichkeiten ab, die Gaskammern und Bahnlinien in Auschwitz-Birkenau zu bombardieren. Im Sommer und Herbst 1944 flog die US-Luftwaffe jedoch massive Bombenangriffe gegen Rüstungsfabriken in der nahen Umgebung von Oberschlesien.[8]

7 Rosenbloom, "Implications," 571; und Elie Wiesel, *Night*, überarbeitete Ausgabe, (New York: Hill and Wang, 2006).

8 Rees, *Auschwitz*; David S. Wyman, "Why Auschwitz Wasn't Bombed," in Gutman und Berenbaum, *Anatomy of the Auschwitz Death Camp*, 569–87.

## Vernichtung durch Arbeit

Zwischen Mitte und Ende Oktober waren Louis, Vern und Reinhard unter denjenigen, die eingeteilt wurden, Auschwitz-Birkenau zu verlassen und am Wiederaufbau der Munitionsfabrik Gleiwitzer Hütte mitzuarbeiten. Sie marschierten mit dem Arbeitstrupp etwa 48 km nach Gleiwitz III, einem Außenlager, das sich außerhalb der Industriestadt Gliwice (Gleiwitz) befand. Eine ehemalige Lagerhalle diente als Baracke, in der 600 Häftlinge auf Strohsäcken in Holzgestellen auf dem Boden schliefen. Die Häftlinge erhielten jeder eine Decke, ein wahrer Luxus für sie, doch wie Louis am Morgen erfuhr, hatten die Wachen „eine Obsession" fürs Bettenmachen. Wie Reinhard erläuterte, „mussten die Betten jeden Morgen perfekt gemacht werden. Jemand kam mit einer Holzlatte und stellte sicher, dass sie absolut glatt waren. Versuch das mal bei einem Heusack!" Louis zufolge „bekam man Peitschenhiebe, wenn irgendwo eine Falte war".

Gleiwitz III wurde entsprechend der SS-Strategie *Vernichtung durch Arbeit* geführt, einer Strategie, die erfolgreicher darin war, Häftlinge zu töten, als die industrielle Produktion anzukurbeln.[9] Wie die meisten Häftlinge hoben Louis, Vern und Reinhard Gräben aus und ebneten das Gelände ein, sie arbeiteten draußen bei Temperaturen unter Null ohne angemessene Ernährung, Kleidung oder Gerätschaften.[10] Reinhard, der in einem anderen Arbeitstrupp als Louis und Vern arbeitete, erinnerte sich an Schläge durch die Wachen:

> Es gab verschiedene Formen der Bestrafung für das Stehlen eines Handtuches, was ich getan hatte, denn es war kalt. Man musste auf allen Vieren über Sandhaufen kriechen und sie schlugen dich oder holten die Hunde.

Trotz der unmenschlichen Bedingungen in Gleiwitz III waren Louis, Vern und Reinhard froh, dort zu sein. In Reinhards Worten „war das die Rettung, was uns betraf. Sobald wir Auschwitz verlassen hatten, waren wir nicht mehr den täglichen Selektionen ausgesetzt." Nun fürchteten sie sich am meisten vor Verletzungen oder Krankheit, denn jeder Häftling, der mit seiner Arbeit im Rückstand war, wurde zurück nach Auschwitz-Birkenau geschickt und getötet.

Gleiwitz zu überleben, bedeutete für Vern und Reinhard zu lernen, sich vor jedem, selbst vor den anderen Häftlingen, in Acht zu nehmen. In ihren früheren

9 Shmuel Krakowski, "The Satellite Camps," in Gutman und Berenbaum, *Anatomy of the Auschwitz Death Camp*, 50–60; Piper "The Number of Victims"; Rees *Auschwitz*.

10 Krakowsky "The Satellite Camps"; Piper "The Number of Victims".

Leben in Deutschland und Theresienstadt hatten sie niemals das kennengelernt, was als Gefahr der Baracken von Gleiwitz in Erscheinung trat: die Feindseligkeit zwischen deutschen und polnischen Juden. In Verns Worten: „Die polnischen Juden hatten es auf uns abgesehen! Sie nannten und *Jeckes* [Jacken], weil wir vor dem Krieg immer Jacken getragen hatten.“ Louis mit seiner Sprachbegabung knüpfte eher Beziehungen zu Häftlingen von unterschiedlicher Herkunft. Er schnappte genug Jiddisch auf, um mit den osteuropäischen Juden zu kommunizieren und sein Sinn für Humor half, kulturelle und Klassenunterschiede zu überbrücken.

In der Regel jedoch hielt sich Louis zurück. Er riet, „Verhalte dich so unauffällig wie nur irgend möglich. Steh in der Mitte, niemals an der Seite, niemals vorne. Versuche, einen Platz zu finden, wo keiner dich beachtet und vor allem, melde dich niemals freiwillig!“ Es war daher aus purer Verzweiflung, dass Louis eines Morgens beim Anwesenheitsappell die Hand hob, als die Wachen fragten, ob irgendjemand ein technischer Designer war: „Ich wusste nicht mal, was ein technischer Designer war! Ich wusste nur instinktiv, dass ich den Winter im Freien nicht überleben würde und dies war eine Möglichkeit, der Kälte zu entkommen.“

Wie es der Zufall wollte, wurde Louis eingeteilt, einem Bauingenieur zu helfen, der kaum mehr über technisches Design wusste als Louis:

> Sie suchten drei oder vier von uns jungen Leuten aus und ich wurde ausgewählt, ein technischer Designer zu sein. Ich dachte nicht über die Konsequenzen nach. Was würde geschehen? Ich weiß nicht, wie man entwirft. Ja, ich hatte auf dem Gymnasium Mathematik und Geometrie gelernt, aber von mir zu verlangen, dass ich etwas entwarf [...].
>
> Ich ging dorthin ins Büro, und ich sehe ihn noch vor mir, Ingenieur Vittma, blond, zwischen 30 und 40, in Zivilkleidung, und ich dachte: ‚Er sollte in der *Wehrmacht* sein! Er muss es irgendwie hingedreht haben, nicht eingezogen zu werden!‘ Er hatte durch Beziehungen eine Arbeit drinnen, fernab der Front. Er sprach Deutsch mit mir. „Mensch“, sagte er, was typisch Norddeutsch war, „das und das muss erledigt werden“, und als ich ihm auf Deutsch antwortete, war er schlichtweg sprachlos! „Wieso kannst du so fehlerfrei Deutsch sprechen?“ Er war polnische und russische Arbeiter gewöhnt und ich glaube, er hatte noch nie einen Juden gesehen.
> Er begann, sich mit mir zu unterhalten, weil er jemanden hatte, der seine Sprache sprach. Er erzählte vom Krieg, wie schrecklich es für seine

> Familie war, die ausgebombt wurde. Er fragte ziemlich ausführlich, wie ich hierher gekommen war, und ich erzählte ihm ein bisschen aus meinem Leben. Und ich muss ohne jede Zweideutigkeit sagen, er wusste nicht, dass seit der Römerzeit Juden in Deutschland gelebt hatten oder dass die Juden nicht alle Teufel waren, wie man sie darstellte. Hier stand ich, ein Mensch, der in der traditionellen deutschen Kultur aufgewachsen war, und er konnte es einfach nicht fassen!
>
> Wir trafen uns jeden Morgen, er brachte die Zeitung mit und wir lasen über die Ardennenoffensive [16. Dezember 1944 bis 25. Januar 1945]. Gelegentlich ließ er eine Zeitung oder ein Stück Brot im Papierkorb.
> Und was machte ich dort? Alle Arten sinnloser Beschäftigungen am Schreibtisch. Selbst ich konnte sagen, dass dieser Typ von Tuten und Blasen keine Ahnung hatte! Er verstand vermutlich so viel von Technik wie ich! Er zeigte mir Entwürfe von Schrauben und lauter solche Sachen. Was konnte ich mit einem Entwurf anfangen? Er sagte, „Wir brauchen einen neuen Kalender für nächstes Jahr." Er konnte keinen Kalender auftreiben, also entwarf ich einen. Wahnsinn! Das schaffte ich! Er suchte Aufgaben für mich, weil er selbst geschäftig erscheinen wollte. Er hatte Angst, dass man ihn ohne diesen bequemen Posten einziehen würde, jetzt, wo die Russen vor der Tür standen.

Weihnachten 1944, als alle sich der „Russen vor der Tür nur zu bewusst waren", veranstaltete die Fabrik Gleiwitzer Hütte eine Feier für ihre Zwangsarbeiter. Für Vern war es ein unglaublicher Tag:

> Am Weihnachtstag durften wir plötzlich heiß duschen! Eine heiße Dusche! Ist das ein Scherz? Das kann doch nicht wahr sein! Und dann wurden wir alle in die Kantine geführt, wo große Spruchbänder hingen, auf denen auf Deutsch stand: „Frohe Weihnachten! Gleiwitz III begrüßt seine Gäste zur Weihnachtsfeier!" Waren wir Gäste? Dann gab es ein besonderes Mahl. Zu dem Zeitpunkt müssen sie gewusst haben, dass der Krieg zu Ende ging und wollten uns Honig ums Maul schmieren.

Auf Louis' Empfehlung hin wurde Vern ebenfalls zur Arbeit in der Fabrik eingezogen, wo er noch weniger als Louis auf seine Aufgaben vorbereitet war:

> Ich kam in den Lagerraum, wo sie ihre Werkzeuge aufbewahrten. Ich hörte, dass das einer der besten Arbeitsplätze war, die sie hatten, aber ich konnte das eine Werkzeug nicht vom anderen unterscheiden. Ich erwies

> mich als unfähig, was mein Wissen über Werkzeuge anging! Also schickten sie mich in die Fabrikhalle. Jetzt war ich in der Herstellung. Ich musste eine Stahlschneidemaschine bedienen. Wir stellten Kontakte für die Seeminen der Deutschen Marine her. Man musste wissen, was man tat und ich wusste es nicht!
>
> Dann irgendwann im Januar brach die Panik aus, weil deutsche Marineoffiziere kamen, um unsere Ware zu prüfen und es war unmöglich, dass sie irgendwie akzeptieren würden, was ich hergestellt hatte! Und siehe da, wir hörten die schweren Geschütze der russischen Armee. Die Russen waren kurz davor, ihre Winteroffensive nach Krakau zu starten. Für uns, und vor allem für mich, hätte es keinen günstigeren Moment geben können, denn es hinderte die Marineinspektoren daran, unsere Arbeit abzulehnen.

Auschwitz stellte den privaten Fabriken in Oberschlesien 1944 schließlich 40.000 Zwangsarbeiter zur Verfügung, die zwar fehlerhafte Produkte herstellten, aber der SS, den privaten Unternehmern und dem Staat Millionengewinne einbrachten.[11] Das System brach am 17. Januar 1945 jäh zusammen, als die SS in einer chaotischen Flucht vor der vorrückenden Roten Armee die Gaskammern und Krematorien, die Lagerbücher und Verzeichnisse und, so weit wie möglich, sämtliche Beweisstücke dessen, was sie in Auschwitz den Menschen angetan hatten, vernichtete. Auf Befehl von Reichsführer SS Heinrich Himmler sollten sämtliche Häftlinge des Konzentrationslagers evakuiert oder getötet werden. Diejenigen, die laufen konnten, sollten westwärts in die Konzentrationslager nach Österreich und Deutschland geführt werden. Diejenigen, die zu schwach waren, um evakuiert zu werden, sollten erschossen werden.

## Todesmarsch

Bei Temperaturen unter null Grad, mit wenig Essen und ohne Wasser brachen die Häftlinge von Gleiwitz III vor Tagesanbruch zum „Todesmarsch“ auf. Häftlinge, die den Schritt verlangsamten oder sich bückten, wurden erschossen, und Hunderte von Leichen säumten die Straße. Wie Louis sich erinnerte:

> Wir marschierten tagelang, hörten Luftbombardements und Maschinengewehrfeuer und sahen, wie sich die deutschen Truppen zurückzogen wie Napoleon vor Moskau. Einige der Nazis warfen ihre Waffen weg. Einige

11 Piper "The Number of Victims"; Rees, *Auschwitz*, 180.

> warfen ihre Uniformen weg. Einige der SS-Wachen, die uns anführten, hatten Angst erwischt zu werden und rannten davon. Andere waren fanatisch und erschossen jeden, der nicht mehr weiterlaufen konnte. Nachts schlossen sie uns in verschiedenen Lagern ein oder schickten uns ins Freie.

Reinhard Frank war sich der vorrückenden sowjetischen Armee lebhaft bewusst:

> Es war einer der kältesten Winter während des Zweiten Weltkrieges und Schall überträgt sich bei extremer Kälte viel besser und weiter. Wir hörten die große Artillerie ganz deutlich, deshalb wussten wir, dass die russische Front sehr nahe sein musste.
> Jede Nacht wurden wir woanders eingesperrt. Die Gegend, in der wir uns befanden, Oberschlesien, war voll von allen möglichen Arten von Lagern: Konzentrationslager wie Auschwitz-Birkenau, Arbeitslager, die Außenlager von Auschwitz-Birkenau waren [wie Gleiwitz III], Arbeitslager für ausländische Arbeiter, Kriegsgefangenenlager und Stammlager, das waren Lager für Kriegsgefangene ausländischer Luftstreitkräfte. Die ganze Gegend war voll, ein Lager neben dem anderen. Und jede Nacht wurden wir in einem anderen Lager eingesperrt.
> Nach einer Woche oder so kamen wir in ein Dorf namens Blechhammer, das ein größeres Zentrum mit verschiedenen Lagern war. Es war von der US-Luftwaffe mehrmals bombardiert worden, weil es dort Chemiefabriken gab. Wir wurden in einem Lager mit Holzbaracken eingesperrt, kein Konzentrationslager, sondern ein Lager für ausländische Arbeitskräfte.

Louis und Vern marschierten mit Kurt Kohorn, einem jungen Mann aus Pilsen, den Louis zum ersten Mal in Theresienstadt getroffen hatte. Die drei stützten einander physisch und emotional und bemühten sich, Schritt zu halten. Es schien Louis, als würden sie im Kreis laufen, denn sie hatten die Oder mehrmals überquert. In der Nacht schließlich, als sie Blechhammer erreichten, hatte Louis entschieden, dass er nicht mehr weitergehen könne. Wie Louis sich erinnerte:

> Als wir Blechhammer erreichten, das immer noch unter der Herrschaft der Nazis stand, sagte ich zu Vern und Kurt, ‚Ich kann nicht mehr. Ich kann physisch nicht mehr. Ich bleibe lieber hier und lasse mich erschießen oder lege mich in den Schnee und erfriere.' Und Vern und Kurt waren kaum in besserer Verfassung. Und am nächsten Tag, als man uns befahl, uns in Reihen aufzustellen, um weiterzumarschieren, blieben wir zurück. Wir versammelten uns nicht mehr.

Was würden sie mit uns machen? Uns erschießen? Es gibt einen Punkt, da ist es einem völlig egal. Selbst wenn dein Überlebenswille stark ist, gibt es einen Punkt, wo der Überlebenswille aufhört oder wo ein anderer Impuls, die Sehnsucht nach Erlösung vom Leiden, die Oberhand gewinnt. Und sie war es, die in diesem Moment die Oberhand übernahm. Wir hatten gehört, dass der beste Weg zu entkommen, sei, sich in den Schnee zu legen und zu erfrieren. Es ist ein sehr gnädiger Tod und wir versuchten es. Doch die Nazis dachten sich, ‚Lasst uns lebend hier rauskommen!' Sie versuchten, so schnell wie möglich wegzukommen, deshalb waren sie weniger gründlich. Sie ließen uns zurück. Das war unsere Befreiung.

Am selben Morgen beschloss auch Reinhard, sich zu verstecken:

Am Morgen, als wir zum Anwesenheitsappell antreten und das Lager verlassen sollten, entschied jeder einzelne von uns, Louis, Vern, ich und ein paar andere, völlig unabhängig voneinander, nicht zum Appell zu erscheinen. Wir wussten, dass die Russen nur ein paar Kilometer entfernt sein konnten. Viele hatten dieselbe Idee zum selben Zeitpunkt: ‚Jetzt oder nie', sozusagen. Ich versteckte mich unter einem Gebäude. Die Deutschen versuchten schließlich, jeden zu schnappen, den sie konnten. Beim Anwesenheitsappell stellten sie fest, dass etliche fehlten, doch sie zündeten ein paar Gebäude an und verschwanden.
Und dann ging ich herum. Ich traf Louis und ich traf Vern. Wir beschlossen, in einer der vielen Holzbaracken, die es in diesem Lager gab, zu bleiben. Am Ende waren wir zu siebt: Louis, Vern, Kurt Kohorn und noch drei andere: zwei Brüder mit Namen Georg und Heinz Schindler, und ein dritter, der Gerhard Steinhagen hieß. Sie waren Berliner und hatten sich im Lager getroffen. Von irgendwoher kannte Louis die anderen, die sich unserer Gruppe anschlossen.

Wie Vern sich erinnert, entkam die Gruppe gerade rechtzeitig dem Todesmarsch:

Ich kann dir sagen, bei allem, was ich durchgemacht habe, hatte ich in erster Linie großes Glück! Wir erfuhren später, dass unsere Lagerinsassen aus Gleiwitz in der folgenden Nacht alle an der Oder, die ungefähr einen Tagesmarsch entfernt lag, erschossen und getötet wurden. Sie konnten nicht mehr Schritt halten, konnten ohne Nahrung nicht mehr laufen. Also wurde die ganze Gruppe erschossen. Es gab immer ein paar Überlebende bei diesen Massenmorden und sie erzählten, was geschehen war. Wir haben es gerade noch rechtzeitig geschafft.

Vom Todesmarsch befreit, erwischte es die sieben jungen Männer im „Niemandsland" zwischen den deutschen und den russischen Linien. Sie vernahmen überall um das Lager Artilleriefeuer und gerade, als alles ruhig schien, explodierte eine Granate vor ihnen. Vom 20. bis 27. Januar durchkämmten SS-Einheiten das Gebiet, mit der Anweisung, jeden überlebenden Häftling zu erschießen.[12] Louis erinnerte sich an die Rückkehr der SS-Patrouille: „Wir hörten noch einmal Schüsse, instinktiv duckten wir uns und sie schossen auf uns." Alle blieben ruhig im Schnee liegen, als seien sie tot. Vern schaute neugierig auf und Louis drückte seinen Kopf herunter und hielt ihn unter einem Tuch. Die SS-Patrouillen kamen mehrmals zurück, wie Vern sich erinnerte:

> Im Januar 1945 war mein Geburtstag. Ich hatte meinen 16. Geburtstag im Wald von Blechhammer. Es gab einen Lagerraum, in dem wir Nahrungsmittel vermuteten. Dort war noch nicht eingebrochen worden und wir waren begierig darauf. Die Leute strömten in Massen herein, andere Leute, die in den Konzentrationslagern gewesen waren. Und Louis sagte, ‚Wir gehen da besser nicht hin, die Leute werden sich gegenseitig umbringen beim Versuch hineinzugelangen.' Also warteten wir. Und die Nazis kamen zurück und steckten das Gebäude in Brand und die Menschen verbrannten darin. Und als wir aus unserem Versteck kamen, sahen wir Menschen, die neben den verbrannten Leichnamen ihr Essen kochten.

Laut Reinhards Erinnerung an den Vorfall brachte die SS Maschinengewehre in Stellung und erschoss die Menschen, als sie aus dem brennenden Gebäude flohen. Anschließend luden sie die Leichen auf Lastwagen und fuhren davon.

## Befreiung

Am 27. Januar, als die sowjetische Armee Auschwitz schließlich befreite, hatte die letzte SS-Patrouille geschätzt 8000 Häftlinge lebend im Komplex des Konzentrationslagers und der umliegenden Gegend zurückgelassen.[13] Das Artilleriefeuer stoppte und Louis und seine Gruppe kamen vorsichtig aus dem Lager, in dem sie sich versteckt hatten:

> Wir wagten uns aus dem Lager und schauten uns um und sahen viele Leichen, Deutsche, Juden, Polen, Russen. Wir waren wie Aasfresser in einer verlorenen Welt. Bald stießen wir auf dieses Lager, das, wie wir fest-

12 Rees, *Auschwitz*, 264.
13 Rees, *Auschwitz*.

stellten, ein ehemaliges Kriegsgefangenenlager für britische Kriegsgefangene gewesen war. Es gab Baracken, aber in besserem Zustand als in den anderen Lagern, mit Stockbetten. Die Nazis hatten die Genfer Konventionen bei den britischen und den amerikanischen Kriegsgefangenen beachtet, aber nicht bei den Russen oder Polen. Es gab Rote-Kreuz-Pakete mit Marmelade und Zigaretten. Es gab Dosen mit Kondensmilch und Essenskonserven. Es gab britische Armeedecken und britische Kampfkleidung, diese Montgomery-Uniformen mit Epauletten. Sie sahen aus wie die Kampfbekleidung der meisten Alliierten, nicht die der Amerikaner, aber die der Briten, der Niederländer, der Französischen Legion, der Tschechischen Legion und der Polnischen, alle trugen diese Arten von Uniformen, sie hatten nur unterschiedliche Abzeichen auf der linken Schulter. Wir legten also unsere Häftlingskleidung ab und zogen britische Uniformen und Stiefel an, die wir fanden.

Das Lager war verlassen, verlassen wie Robinson Crusoe, und wir blieben dort, schweigend in den Wäldern Polens. Und als wir diesen Ort übernahmen und uns niederließen, übernahm ich gewissermaßen die Führung der Gruppe. Wir organisierten uns: Wer würde sich um die Wasserversorgung kümmern? Wer würde Nahrungsmittel suchen? Wir ließen Schnee schmelzen – Schnee ist schwarz, wenn er geschmolzen wird – und wir fanden eine riesige Menge Weintrauben aus Bulgarien. Wir aßen Weintrauben und schauten hinaus und da war Leere.

Vern, der Fußballspieler, freute sich, ein Paar Fußballschuhe zu finden:

Ich fand ein Paar Fußballschuhe, mein erster Luxusartikel! In diesen geretteten Stiefeln spielte ich Fußball. Ich lief in ihnen durch ganz Europa. Ich nahm sie mit in die [Vereinigten] Staaten. Wie sehr ich diese Schuhe liebte!

Reinhard übernahm die Verantwortung fürs Kochen, wie er sich erinnerte:

Ich wurde der Koch der ganzen Gruppe. Beinahe hätte ich alle vergiftet! Ich fand eine tote Kuh auf dem Feld. Ich schnitt sie auf und kochte sie und uns wurde schrecklich übel. Zusammen mit Vern fand ich ein Vorratslager mit hunderten Flaschen Mineralwasser. Es war wunderbar, das zum Kochen zu verwenden, weil man gefrorene Kartoffeln kochen konnte, die eigentlich ungenießbar waren, aber wir kochten alles, was wir finden konnten. Ich benutzte auch Wasser aus einem Vorratstank in der

> Nachbarschaft. Er war zugefroren. Ich hackte jeden Tag ein Loch und nahm einen Eimer. Und eines Tages kam ich dorthin und es waren russische Soldaten dort, die wissen wollten, was ich da mache. Mit den wenigen russischen Worten, die ich konnte, sagte ich ihnen, ‚Ich hole Wasser'. Also zeigten sie mir, wo das Eis geschmolzen war. Drei oder vier Leichname schwammen darin. Ich konnte es nicht ändern! Unsere Essgewohnheiten waren nicht übermäßig hygienisch!

Die Freiheit war fragil, wie Louis sehr genau wusste, und die Sowjetische Armee stellte für die kleine Gruppe eine neue Bedrohung dar. Wie Louis sich erinnerte:

> Tagelang passierte nichts, abgesehen von der Angst, dass die Deutschen zurückkommen könnten. Und dann, eines Tages, als wir nur herumsaßen, sahen wir eine russische Patrouille die Straße heraufkommen. Ich sprach Tschechisch und Russisch und konnte mich verständigen. Sie sagten, sie suchten nach Nazi-Armbinden. Wir zeigten ihm unsere Tätowierungen und einer der russischen Offiziere war Jude. Er sagte auf Russisch, ‚Sie sind Juden?' Und dann sagte er zu mir, ‚Bleibt hier und wartet. Wir sorgen für euch', und sie ließen uns alleine und marschierten davon.

Louis erfuhr, dass die Russen im nahegelegenen Katowitz ein ehemaliges Arbeitslager der Nationalsozialisten übernommen und es in ein Flüchtlingslager umgewandelt hatten:

> Und das war der Moment, wo ich sagte, ‚Wir gehen in kein Lager, egal ob Russisch oder was auch immer. Wir gehen unseren eigenen Weg.' Also verschwanden wir aus Blechhammer. Wir flohen zu Fuß. Wir waren schon in besserer Verfassung und gingen schließlich nach Katowitz, einer polnischen Stadt mit einem Bahnhof, die nicht sehr weit entfernt war. Aber als wir nach Katowitz kamen, waren die Russen dort, und sie trieben uns zusammen und steckten uns in ein Flüchtlingslager. Es gab zu essen, aber das Lager war bewacht. Und ich sagte, ‚Wir werden nicht hierbleiben.'

Die Literatur war wie immer Louis' Bezugspunkt und er plante eine Flucht wie in *Der Hauptmann von Köpenick*, einem bekannten Stück des deutsch-jüdischen Schriftstellers Carl Zuckmayer.[14] Der Held des Stückes ist ein armer Schuster, der zum Hauptmann von Köpenick wird, nachdem er eine gebrauchte Militä-

14 Carl Zuckmayer, *Der Hauptmann von Köpenick (*Berlin: Maerchen, 1931).

runiform gekauft hat. Er zieht die Uniform an, befiehlt einem Trupp von Soldaten, das Rathaus einzunehmen und entkommt anschließend mit der Stadtkasse:

> Eines Nachts waren Vern und ich an der Reihe, Wache zu stehen. Wir [Häftlinge] mussten nachts abwechselnd Wache stehen, denn die Russen waren zu wenige. Sie gaben uns zum Wachestehen Gewehre, aber wir wussten nicht, wie man schießt. Und ich sagte, ‚Lasst uns *Der Hauptmann von Köpenick* spielen. Lasst uns eine geordnete Gruppe von Soldaten aufstellen und aus dem Lager marschieren!' Also stellten wir sieben uns in unserer britischen Kampfkleidung auf, marschierten zum Haupttor und ich salutierte. Ich sagte auf Tschechisch zu der Wache, ‚Wir marschieren auf Befehl des Kommandanten zum nächsten Lager' und er salutierte und ließ uns ziehen!
>
> Sobald wir das Lagergelände hinter uns gelassen hatten, lachten wir! Wir fanden den Weg zur Eisenbahnstation in Katowitz und kletterten in einen Zug, der dort abgestellt war. Es war Nacht und wir konnten nicht viel sehen. Wie sich herausstellte, befanden wir uns in einem Kohlezug! Wir machten es uns auf den Kohlen bequem und am nächsten Morgen sahen wir einander an und alle sahen aus wie Bergarbeiter! Schließlich

**Bild 6:** Landkarte Mitteleuropa, 1945: Von Januar bis Mai 1945 führt Louis Löwy die jungen Männer quer durch Europa. Landkarte von Joseph Stoll, Syracuse University Cartographic Laboratory.

> setzte sich der Zug in Bewegung und wir fuhren mit, wohin wussten wir nicht. Und wir beschlossen, alle sieben zusammenzubleiben: Vern, Kurt, Reinhard, ich und die drei anderen aus Deutschland.

Die kleine Gruppe Überlebender vertraute auf Louis und seine Fähigkeit, sie in Sicherheit zu bringen. Da er vier Sprachen fließend beherrschte, war Louis der Sprecher der Gruppe geworden. Nach Louis' Darstellung „waren alle vor allem von mir und Kurt abhängig, weil wir Tschechisch sprachen und sie sprachen nur Deutsch, und Deutsch zu sprechen war in jenen Tagen ein Todesurteil." Mit seinen 24 Jahren war Louis der Älteste der Gruppe, die anderen waren zwischen 20, wie Kurt Kohorn, und 16, wie Vern Drehmel und Reinhard Frank. Louis war außerdem derjenige, der am gebildetsten war und am weitesten gereist, da er in England gelebt und seine eigene Familie vor dem Krieg von München nach Prag geführt hatte. Wichtiger als Wissen und Erfahrung für seine Rolle als Führungsperson war nach Louis' Auffassung jedoch seine Gemütsverfassung:

> Ich war in meiner Geistesverfassung wahrscheinlich stärker als die anderen, nicht physisch, aber was meine Entschlossenheit anging. Sobald ich dieses Gefühl von Freiheit, dieses Gefühl von Ungezwungenheit hatte, ging ich wissentlich törichte Risiken ein. Die Russen waren gewiss nicht harmlos, aber ich dachte, ‚Was kann dir schon passieren, nachdem du Auschwitz überlebt hast? Nichts!'

Der Kohlezug brachte die Gruppe weiter nach Polen und während sie fuhren, stellte Louis einen Plan auf. Sie würden weiter Richtung Osten fahren, weg von der Westfront, nach Budapest, Bukarest und von dort nach Konstanza am Schwarzen Meer.[15] Wenn der Krieg noch nicht vorüber wäre, würden sie von dort aus versuchen, Palästina zu erreichen. Sie würden ihre britischen Uniformen als hilfreiche Verkleidung nutzen, um jeweils die Nationalität anzunehmen, die eine sichere Weiterreise garantieren würde. Als sie in einer kleinen Stadt in Polen ausstiegen, gaben sie sich beispielsweise als tschechische Partisanen aus, wie Vern sich erinnerte:

> Als wir nach Polen kamen, entschieden wir zuallererst, nicht jüdisch zu sein. Dank unserer britischen Uniformen gaben wir uns als tschechische Studenten aus, die von den Deutschen inhaftiert worden waren. Wir reisten als tschechische Katholiken. Das bedeutete, die Suppenküchen

15 Reinhard hat die Route anders als Louis und Vern in Erinnerung. Nach Reinhards Schilderung reiste die Gruppe erst auf der Rückreise von Bukarest nach Prag durch Budapest.

der Kirchen standen uns offen! Und wir empfingen viele Segenswünsche als Tschechen auf dem Rückweg in die Tschechoslowakei. Nur Louis und Kurt sprachen fließend Tschechisch. Alle anderen mussten schweigen. Wir konnten ein paar Sätze, genug, um durchzukommen, aber wir konnten auf keinen Fall ein Gespräch auf Tschechisch führen.

Reinhard erinnerte sich an die Schwierigkeiten, die sie hatten, die falschen Identitäten zu wahren:

Unseren ersten Halt in Polen machten wir, um Papiere zu bekommen. Wir gingen zum polnischen Roten Kreuz – ich weiß nicht mehr, in welcher Stadt. Das erste Dokument, das wir bekamen, war ein Stück Papier mit ein paar russischen Wörtern, die ‚Flüchtling' bedeuteten. Alle außer Louis und Kurt waren deutsche Juden, und wir entschieden – ich vermute, die Idee kam von Louis – dass es in Polen zu gefährlich wäre, wenn wir Namen hätten, die zu Deutsch klangen. Außerdem fühlte man sich als Jude ganz und gar nicht wohl. Also änderte ich meinen Namen in meinem Dokument von Reinhard zu Reiner und war ein tschechischer Partisan auf dem Weg nach Hause.
Manchmal wurden wir bei polnischen Familien untergebracht. Wir teilten uns auf. Louis entschied, wer mit wem ging, normalerweise war es nur für eine Nacht. Ich erinnere mich, wie ich mit Kurt Kohorn zusammen war und Kurt wusste genau, wie viele Wörter ich auf Tschechisch und Polnisch gelernt hatte. Wir wurden bei einer Familie mit Kindern untergebracht und man gab uns etwas zu essen und ein Bett für die Nacht. Kurt half den Kindern bei den Schularbeiten und ich konnte natürlich nicht ganz still sein, also sagte ich in schlechtem Tschechisch ein paar Sachen und Kurt unterbrach mich ständig, weil er wusste, dass ich nicht mehr sagen konnte. Diese Leute schauten Kurt andauernd an und dachten, ‚Wie unhöflich er ist!'

Die Gruppe reiste mit dem Zug und zu Fuß durch Polen und sie sammelten immer mehr Besitztümer an: Decken, Essenskonserven und sogar Bücher, die sie gefunden hatten. Wie Vern sich erinnerte:

Im Februar 1945 war es so eisig und windig, dass die Menschen auf den Straßen stürzten. Wir hatten jetzt dieses ganze Zeug. Wir schleppten diesen ganzen Kram. Und nachdem wir ein paar Tage gereist waren, sahen wir ein Haus mit einem Handkarren davor. Ein Handkarren! Es war, als hätten wir einen Rolls Royce gefunden! Du stapelst alles darauf und ziehst und schiebst und es ist überhaupt keine Arbeit! Wir gingen voller Freude darauf zu. Und heraus kommt diese ältere Frau mit einem Tuch um den Kopf und einer Schürze, die sie sich vors Gesicht hält und heult und heult, ‚Wie könnt ihr uns das wegnehmen? Wir brauchen ihn, um die Ernte einzufahren!'

Wir schauten uns nur an. Und Louis meinte, wir könnten ihn nicht nehmen. Wir könnten ihr das nicht antun. Wenn ich zurückdenke, es herrschte Krieg. Diese Menschen waren unsere Feinde gewesen. Und trotzdem konnten wir den Handkarren nicht nehmen. Ich schreibe das Louis zu. Er hatte diesen Sinn für Gerechtigkeit und Menschen mit Respekt zu behandeln.

## Als Vagabunden durch Europa

Während der Krieg im Westen weiter wütete, zog ein „Meer von Flüchtlingen" durch Osteuropa, wie Vern sich erinnerte:

> Osteuropa war ein Meer von Flüchtlingen aller Art und unterschiedlichster Herkunft. Sie mussten alle irgendwo bleiben, deshalb wurden sämtliche ehemaligen Armeekasernen und Fabriken von den Menschen auf der Flucht besetzt. Wir reisten in Güterzügen. An allen großen Durchgangsstationen gab es Menschen, die in alle Himmelsrichtungen reisten. Die Züge fuhren nach Westen voll mit Waffen und Truppen, und die leeren Züge fuhren anschließend nach Osten. Auf die sprangen wir auf, und hofften stets, sie würden in unsere Richtung fahren. Die Menschen sprachen immer mit einem, sagten dir, wo man dieses und jenes finden konnte, wo Menschen schliefen, wo sie Essen bekamen. Wir hatten nie Geld.
>
> Vier oder fünf Mal wurden wir tatsächlich verhaftet! Wir hatten Papiere, aber nicht immer die richtigen Papiere. Die Russen hatten hier das Kommando. Wenn sie etwas sahen, das einen Stempel trug, war es offiziell. Die meisten russischen Soldaten waren Analphabeten. Sie konnten nicht lesen, aber das machte nichts, solange das Papier einen Stempel trug. Doch manchmal hatten wir Pech und einer konnte lesen und unsere Papiere waren nicht das, was sie sehen wollten! Einmal gaben wir vor, Amerikaner zu sein und einer der Russen sagte, er habe einen Cousin in Chicago. Ob wir seinen Cousin in Chicago kannten? ‚Nein', sagte Louis, ‚wir sind nicht aus Chicago. Wir sind aus New York!'

Obwohl die Gruppe kein Geld hatte, waren die Bauern bereit, Brot und Käse gegen Neuigkeiten über den Krieg einzutauschen, besonders für gute Nachrichten, wie Reinhard sich erinnerte:

> Louis hatte diese großartige Idee, dass die Menschen gerne gute Nachrichten hören wollten. Also ging er zu den Bauern und sagte, wenn sie uns etwas Brot und Milch geben würden, würden wir ihnen gute Nachrichten überbringen. Er sagte ihnen, dass der Krieg nach unserer Einschätzung in den nächsten vier Wochen zu Ende sein werde. Und sie gaben uns Brot und Käse und wir legten uns in die Felder.

Alle nahmen zu, wurden größer und stärker durch das bäuerliche Essen. Wie Louis sich erinnerte:

> Wir streiften als Vagabunden durch Osteuropa. Die Züge fuhren nicht nach Fahrplan, aber sie fuhren und fuhren und wir fuhren dorthin, wohin die Züge fuhren. Alles war im Fluss. Wir erzählten den Bauern Lügenmärchen und sie gaben uns Lebensmittel. Die Bauern hatten immer Lebensmittel. Wir nahmen schnell zu. Ich habe nie so gut ausgesehen!

Viele Fremde boten ihre Gastfreundschaft an. In der Slowakei wohnten sie bei den Roma in einem Romalager. In Debrezin, Ungarn, lud eine Operndiva Louis zu sich nach Hause ein. In Budapest nahmen jüdische Familien sie auf. Wie Louis sich erinnerte:

> Budapest war vollkommen zerstört, aber es gab jüdische Gemeinden dort und wir gaben uns als Juden zu erkennen. In Budapest setzten wir uns in einen Zug, der in Szeged endete und als wir ankamen, waren dort überall russische Soldaten. Wir waren uns der Gefahr bewusst, die sie für uns darstellten! Aber sie hatten nur ein Ziel: ‚Nach Berlin!' Also sagten wir zu ihnen: ‚Ja! Nach Berlin!' Und sie waren sehr erfreut, dass andere Antifaschisten sie anfeuerten!

Ihr nächster Zwischenstopp war Oradea, an der rumänischen Grenze, eine Stadt, die wie durch ein Wunder vom Krieg verschont zu sein schien. Wie Vern sich erinnerte:

> Wir schafften es nach Oradea, das als das Klein-Paris des Balkans bekannt war. Wir waren die ersten Überlebenden, die in diese Stadt zurückkehrten. Die sozialistische Partei bekam Wind von uns. Einer der Vorsitzen-

> den besuchte uns und lud uns in den Sozialistischen Club ein. Wir traten durch ein großes Foyer mit einem Flügel ein und ein Pianist spielte Glenn Millers *In the Mood.* Das war meine erste Begegnung mit amerikanischem Swing. Fantastisch! Es ist schwer vorstellbar, wie es war, diese mitreißende amerikanische Musik auf einem Klavier zu hören! Der Typ ist großartig, dachte ich. Sie servierten uns Essen und gaben uns eine Wohnung mit einem Dienstmädchen. Und das war der Sozialistische Club!
>
> Am nächsten Tag gingen wir zur Mittagszeit in den Sozialistischen Club. Wir hatten in der Wohnung gefrühstückt. Kann sein, dass diese Dame für uns kochte, ich weiß es nicht mehr. Wir waren auf dem Rückweg zur Wohnung, schauten Sehenswürdigkeiten an und sahen diese Patisserie, ein großer prächtiger Laden mit großen Schaufenstern voller Süßigkeiten und Schlagsahne und Butter. Wir hatten Ewigkeiten keine Sahne und Butter gesehen und hier schien es sie zu geben! Wir mussten sie haben! Und zwischen uns und den Süßigkeiten war eine Glasscheibe und kein Geld in unseren Taschen. Wir standen dort völlig hingerissen darüber, dass solche Dinge noch existierten.
>
> Und irgendjemand kam vorbei, erkannte uns und lud uns ein. Wir aßen 56 süße Stückchen! Die Folge war, dass wir süchtig nach diesen Leckerbissen wurden. Wir gingen jeden Tag an diesem Laden vorbei. Und dann sagte Kurt oder jemand anders, ‚Ich rieche die Ankunft eines Nutznießers!' Wir waren Schnorrer par excellence!

Louis hatte den Eindruck, „eine dunkle Wolke" habe sich über die Gruppe gelegt, als sie am 12. April erfuhren, dass Präsident Roosevelt gestorben war. Als er das schwarz verhüllte Zeitungsfoto sah, fragte sich Louis, ob der neue amerikanische Präsident Harry Truman gesondert Frieden schließen würde.

Es war an der Zeit, entschied Louis, die Reise nach Osten fortzusetzen, so weit weg vom Krieg wie möglich, nach Bukarest und dann weiter zum Hafen von Konstanza. Wenn der Krieg nicht vorbei wäre, wenn sie Konstanza erreicht hätten, würden sie nach Palästina übersetzen. Nach Bukarest zu reisen, war jedoch eine Herausforderung. Der einzige Zug war für Diplomaten und Militäroffiziere reserviert.

Reinhard zufolge war es Gerhard Steinhagen, der flotteste der Gruppe, der die Situation rettete, indem er sich mit der Tochter des Bahnhofsvorstehers anfreundete. Wie Reinhard sich erinnerte:

> Der Zug kam von woanders her. Irgendwie überredete die Tochter des Bahnhofsvorstehers ihren Vater, ein Abteil zu reservieren. Und als der Zug in den Bahnhof einlief, stellte er das Signal auf Rot, um ihn zu stoppen. Wir stiegen ein und wurden in ein Abteil geführt, das Platz für acht Personen auf zwei Sitzbänken bot. Es war eine schöne Zugfahrt über die Karpaten. Auf halber Strecke klopfte ein hochrangiger russischer Militär – oder war er Rumäne? – jedenfalls ein hochrangiger Offizier an die Tür unseres Abteils und fragte, ob wir ihm gestatten würden, den freien Platz zu belegen!

Die Gruppe erreichte Bukarest am 28. April, einem Freitagabend, und Louis war beeindruckt vom Reichtum der Stadt und der jüdischen Gemeinde, die hier überlebt hatte: „Es war eine Offenbarung!" Obwohl sie von jüdischen Familien willkommen geheißen wurden, erregte die Gruppe sofort das Misstrauen der britischen Behörden, wie Vern erklärte:

> Bukarest war eine beeindruckende moderne Stadt mit breiten Boulevards, Straßenbahnen, ziemlich lebhaftem Handel, wie es schien. Als wir an unserem ersten Tag in unseren britischen Kampfanzügen herumliefen, hielt ein britischer Truppenwagen an, und wir wurden zum Kaffee in der britischen Gesandtschaft eingeladen. Louis, mit seinem einwandfreien, charmanten Englisch sagte, „Ist das nicht ein Witz? Wir überleben Auschwitz und werden von unseren britischen Alliierten verhaftet!" Sie korrigierten uns. „Wir verhaften Sie nicht; wir laden Sie nur zum Kaffee ein." Es blieb uns nichts anderes übrig, als ihre Einladung anzunehmen!
>
> Sie brachten uns zum Gesandtschaftsgebäude. Es gab ein großes Treppenhaus und ein britischer Offizier kam die Treppe herunter und rief; ‚Chaverim!' – das ist das hebräische Wort für ‚Kameraden'. Er gehörte zur Jüdischen Brigade der Britischen Armee! Und dieser Offizier brachte uns zum Kommandeur der Gesandtschaft, der uns sagte, es tue ihm leid, dass wir Uniformen tragen müssten, wo wir doch Zivilisten seien. Für uns war es natürlich ein Segen, eine Uniform zu tragen; sie verschaffte uns überall freien Zutritt!
>
> Wie sich herausstellte, hatte man uns aufgegriffen, weil in der Nacht zuvor in den Keller der Gesandtschaft eingebrochen und Uniformen gestohlen worden waren. Und so dachten sie, wir hätten vielleicht etwas damit zu tun.
>
> Der Kommandeur stellte ein Formular aus, das wir zu Joint [American Jewish Joint Distribution Committee] bringen sollten, um Zivilkleidung

> zu bekommen, aber es war *Shabbos* [Jüdischer Sabbat] und sie hatten nicht geöffnet. Wir bekamen am nächsten Tag Zivilkleidung.
> Wir hatten sogar Koffer mitgebracht. Sie waren vor allem mit deutscher Literatur gefüllt, die wir irgendwo auf dem Weg erworben hatten – Schiller, Goethe, Heine. Also packten wir unsere Uniformen in die Koffer. Natürlich warfen wir die Uniformen nicht weg, weil sie uns vielleicht noch von Nutzen sein würden.

Louis fand das tschechische Konsulat in Bukarest und er und Kurt, die beiden tschechischen Staatsbürger in der Gruppe, ließen sich dort registrieren und gaben der Welt damit offiziell bekannt, dass sie noch lebten. Als sie von Hitlers Selbstmord am 30. April erfuhren, beabsichtigten Louis und die Gruppe immer noch, zum Hafen von Konstanza weiterzureisen:

> Doch dann kam der 8. Mai und wir hörten King George und Truman und Stalin und Churchill im Radio. Es war der VE-Day [Victory in Europe Day, der Tag der Befreiung]. Es war die Befreiung. Und wir sagten, ‚jetzt gehen wir nicht nach Palästina. Wir gehen nach Hause nach Prag!'

Die Gruppe holte noch einmal ihre britischen Uniformen heraus und spielte erneut *Der Hauptmann von Köpenick*. Wie Vern sich erinnerte:

> Es war der Tag der Befreiung, nun konnten wir also zurückkehren und sehen, wer von unserer Familie und unseren Freunden überlebt hatte. Aber wie kommt man von Bukarest nach Budapest? Im Diplomatenzug! Wir gingen zum Bahnhof in Bukarest. Wir stellten uns in zwei Reihen zu je drei Personen auf, Louis vorneweg. Vor uns befand sich eine Reihe Fenster und Stahlgitter. Und als der Fahrkartenverkäufer uns sah, gab Louis laut den Befehl, ‚Wir sind in der Britischen Armee und müssen zurück nach Budapest!' So bekamen wir unsere Fahrkarten nach Budapest auf Kosten der britischen Gesandtschaft!
> Wir schafften es nach Budapest und ab dort gab es keine Personenzüge mehr, nur noch Güterzüge. Also nahmen wir unsere Koffer und stiegen in einen Güterzug Richtung Westen.
> Wir fuhren die Donau entlang. Wir hatten jetzt eine Menge Gepäck, das wir beschützen wollten, also musste einer von uns nachts Wache stehen, während die anderen schliefen. Diesmal war Kurt an der Reihe. In einer schönen Mondnacht rumpelte der Zug die Donau entlang zu einer Haltestelle. Es hätte märchenhaft sein können.

Stattdessen stoppten ein paar russische Soldaten mit Maschinenpistolen den Zug. Sie suchten nach Waren. Sie kamen zu unseren Koffern und nahmen die beiden schwersten, aber das waren die mit den Büchern! Sie dachten, es wäre Alkohol oder irgendwas Gutes. Wir waren unglücklich darüber, dass sie sie mitnahmen, aber auch froh, dass das alles war, was sie nahmen.

Natürlich hatten wir lange zuvor schon gehört, was die russischen Soldaten mit Büchern machten und wir fanden es falsch. Sie hatten diesen groben russischen Tabak und gingen in irgendwelche Häuser, nahmen Bücher, rissen die Seiten heraus und benutzten sie als Zigarettenpapier. Wir nannten diese Zigaretten ‚Handgranaten'. Das war das einzige, wofür sie Bücher benutzen.

Schließlich erreichten wir Prag. Louis hing sehr an Prag. Seine Augen wurden feucht. Er sang ein Lied über ‚Prag, du bist so wunderschön!' Doch von den Menschen, auf die wir gehofft hatten, hatte niemand überlebt.

**Bild 7:** Louis Löwy in britischer Uniform, Bukarest, April 1945. Fotograf unbekannt. Mit freundlicher Genehmigung von Edith Lowy.

**Bild 8:** Reinhard Frank in britischer Uniform, Bukarest, April 1945. Fotograf unbekannt. Mit freundlicher Genehmigung von Edith Lowy.

Louis, Vern und Reinhard betrachteten ihr Überleben von Auschwitz als großes Glück. Wie Vern gerne sagte: „Ich bin der größte Glückspilz auf Erden." Louis hatte sich darauf vorbereitet, als Häftling zu sterben, aber nachdem er dem Todesmarsch entkommen war, fand er die Bestimmung, seine kleine Gruppe durch Europa zu führen, von Blechhammer nach Budapest, von Budapest nach Bukarest und von Bukarest den ganzen Weg zurück nach Prag. Später sollte Louis „aktives Erdulden" als Teil der Sozialarbeit unterrichten:

Wir erdulden diese Welt zunehmender Paradoxe und fahren trotzdem mit unseren täglichen Aktivitäten fort und üben unsere beruflichen Tätigkeiten aus. Wir sollten jedoch nicht nur passiv erdulden, sondern auch lernen, aktiv zu erdulden, Unglück und Schwierigkeiten auszuhalten, die Oberhand zu bewahren angesichts einer Flut von Unannehmlichkeiten, ein Hammer zu sein, statt eines Ambosses, standhaft zu bleiben angesichts derart entmutigender Widersprüche und sich nicht einschüchtern zu lassen durch das ungeheure Ausmaß der Probleme und Krisen. Aktives Erdulden bedeutet, die Verzweiflung durch Hoffnung zu ersetzen, fortzufahren, statt aufzugeben, fortzubestehen, statt sich angesichts von Schwierigkeiten zu ergeben, und zu helfen, unsere Klienten, unsere Gruppenangehörigen, unsere Mitglieder und uns selbst durch gegenseitige Hilfe zu unterstützen.[16]

16 Louis Lowy, "Of Enduring and Curing, of Caring and Daring," Vortrag Hooding Ceremony, Boston Univ. School of Social Work, Boston, 21. Mai 1979.
4. Der Sozialpolitiker

# 4 Der Sozialpolitiker

„Returning" – „Rückkehr" – war der Titel von Louis Lowys erster Publikation nach dem Krieg. In der ersten Ausgabe der *Deggendorf Center Revue*, der Zeitung des Displaced-Person-Lagers Deggendorf, definierte Louis „das Problem der Juden", die niemals nach Hause zurückkehren konnten:

> Der furchtbare Krieg ist zu Ende. Hitlers Faschismus ist besiegt. Die Menschheit wurde vom Joch der Sklaverei befreit. Die Ideen und die Opfer des Kampfes wurden gerechtfertigt, doch für diejenigen, die gerettet wurden, bleiben viele Probleme bestehen [...] Eines der größten Probleme ist das Problem der Juden.
> Die Herrschaft der Nationalsozialisten brachte die Juden an den Rand des Ruins. Einige wenige Juden wurden gerettet. Diese wenigen müssen nun welterschütternden Fakten ins Auge sehen: Nicht nur haben wir Familien und liebe Freunde verloren, die niemals ersetzt werden können, nicht nur verursacht die Reflexion kontinuierlich Trauer in unseren Herzen, sondern auch unsere Sicht auf die Gegenwart und die Zukunft sind so unklar wie niemals zuvor.[1]

Louis schrieb aus persönlicher Erfahrung. Als er Prag im Mai 1945 erreichte, stellte er fest, dass der tschechische Nationalismus die tolerante kosmopolitische Kultur, die er in Erinnerung hatte, überschattet hatte. Prager Bürger hatten Volksdeutsche aus der Stadt verbannt und mit der Zustimmung der Alliierten vertrieb die Tschechoslowakei nun fast drei Millionen Volksdeutsche aus dem Sudetenland. Ironischerweise war das Klima gegenüber den deutschsprechenden Juden nicht weniger feindlich als gegenüber den Volksdeutschen,[2] und falls irgendjemand aus Louis' Familie oder seinem Freundeskreis es zurück nach Prag geschafft hatte, so fand er diejenigen nicht:

1 Louis Lowy, "Returning," *Deggendorf Center Revue*, no. 1 (Anfang Nov. 1945) 1.
2 Mark Wyman, *DP: Europe's Displaced Persons, 1945–1951* (Philadelphia: Balch Institute Press, 1989).

> Sobald wir hörten, dass der Krieg vorbei war, wollte ich zurück nach Prag, und die anderen in der Gruppe, wohin sollten sie gehen? Sie folgten. Prag befand sich im Zustand der Revolution. Da es eine tschechische Stadt war, gab es tschechischen Nationalismus, Hymnen. Ich suchte Menschen und keiner war mehr da. Prag war für mich ein lebender Friedhof. Ich ging zur Jüdischen Kultusgemeinde und ließ mich registrieren und stellte fest, dass jeder, den ich gekannt hatte, verschwunden war. Vern und ich schauten bei meiner alten Wohnung vorbei, in der Zwischenzeit war sie übernommen worden, zuerst von den Nazis und jetzt von tschechischen Familien. Ich ging zum Friedhof, um das Grab meines Großvaters zu besuchen und dann sagten wir, ‚Was sollen wir tun? Wohin sollen wir gehen?' Und wir gingen zurück nach Theresienstadt. Wir nahmen den Zug und ich erinnere mich, dass dich dachte, ‚Das ist traurig, deine einzige Heimat ist nun Theresienstadt.'

## Alle waren fort

Weniger als ein Jahr, aber gefühlt ein ganzes Leben war vergangen, seit Louis aus Theresienstadt deportiert worden war, und er verlor nicht die Hoffnung, Verwandte und Freunde zu finden, die er zurückgelassen hatte: „Ich suchte nach meinem Vater und wusste, ich würde ihn nicht finden. Jeder suchte, und wir wussten, dass es vergeblich war, aber wir glaubten, es gäbe noch ein paar Menschen dort, die nie aus Theresienstadt deportiert worden waren."

In Theresienstadt hatten nur wenige Häftlinge, 17.000 von 140.000, überlebt. Einige ältere deutsche Juden, die vor dem Krieg berühmt gewesen waren, hatte man verschont; Eichmann hatte sie in Reserve gehalten als mögliche Bereicherung für seine Propagandakampagnen. Darüber hinaus waren 13.000 Häftlinge in Gegenrichtung zu den gefürchteten „Transporten nach Osten" in den letzten Wochen des Krieges durch die Todesmärsche und Transporte aus Auschwitz, Ravensbrück und anderen Konzentrationslagern ins Ghetto zurückgekehrt.[3] Sie waren „wandelnde Skelette", in Ruth Bondys Worten, und am 10. Mai, als die sowjetische Armee Theresienstadt befreite, grassierte eine Typhusepidemie unter den Bewohnern.[4]

Louis und seine Gruppe wurden in das immer noch unter Quarantäne stehende Ghetto „hineingeschmuggelt":

3 Bondy, *Elder of the Jews*; "Theresienstadt," CHGS; "Theresienstadt," USHMM; "Theresienstadt," Yad Vashem.
4 Bondy, *Elder of the Jews*, 447.

> Also gingen wir zurück nach Theresienstadt, inzwischen hatten wir Gott sei Dank anständiges Essen, Rote-Kreuz-Pakete, und wurden in Häusern und Kasernen untergebracht. Die Stadt war besser verwaltet als vor dem Krieg, aber im Grunde nicht viel anders, außer dass keine Nazis mehr da waren und die Russen eine sehr wohlwollende Administration waren. Der russische Kommandant, der übrigens Jude war, war sehr nett. Er war sehr besorgt darum, was mit der jüdischen Bevölkerung geschehen würde.

Der sowjetische Kommandant M. A. Kuzmin war besorgt um die Zukunft der Juden in Theresienstadt, die, wie die meisten Juden, die überlebt hatten, nicht nur ihre Familien und ihr Zuhause verloren hatten, sondern auch ihre Heimatländer.[5] Den mitteleuropäischen Juden war durch die Nürnberger Gesetze die Staatsbürgerschaft aberkannt worden und diejenigen, die ihre Heimatstädte und -orte besuchten, beschrieben diese oft in denselben Worten wie Louis als „lebende Friedhöfe", in denen sie sich nie wieder willkommen, sicher und geborgen fühlen würden. Den osteuropäischen Juden begegnete man mitunter mit gewalttätigem Antisemitismus, wenn sie versuchten, in ihre Heimat zurückzukehren. Als im Juli 1946 in Kielce, Polen, 42 Juden bei einem Pogrom getötet wurden, flohen Tausende, die in Polen und der Sowjetunion repatriiert worden waren, in die westlichen Besatzungszonen in Deutschland, Österreich und Italien.[6]

Die alliierten Besatzungsmächte hatten sich seit 1943 auf die erwartete Flüchtlingskrise vorbereitet, als die US-Armee den Begriff „displaced persons"[7] (oder DPs) erfand, um darunter die Flüchtlinge einzuordnen, die Anspruch auf Schutz durch die Alliierten hatten.[8] Die amerikanische, britische, französische und sowjetische Armee waren übereingekommen, die Verantwortung für die Hilfe und Repatriierung von Displaced Persons in den von ihnen kontrollierten Sektoren in Deutschland und Österreich zu übernehmen, und die Nothilfe- und Wiederaufbauverwaltung der Vereinten Nationen (United Nations Relief and Rehabi-

5 Tereza Štěpková, Terezín Initiative Institute, http://www.terezinstudies.cz/eng/main, E-Mail an die Autorin, 4. Juni 2008.

6 Jewish Displaced Persons, 2008, letzter Zugriff 30. Juni 2011, http://www.ushmm.org/museum/exhibit/online/dp/menu.htm (letzter Zugriff 12. Mai 2008); George Vida, *From Doom to Dawn: A Jewish Chaplain's Story of Displaced Persons* (New York: Jonathan David Publishers, 1967); und Zorach Warhaftig, *Uprooted: Jewish Refugees and Displaced Persons after Liberation* (New York: Institute of Jewish Affairs of the American Jewish Congress and World Jewish Congress, 1946).

7 Anmerkung des Verlags: Der Begriff Displaced Person (DP; engl. für eine „Person, die nicht an diesem Ort beheimatet ist") wurde im Zweiten Weltkrieg vom Hauptquartier der alliierten Streitkräfte (SHAEF) geprägt. Als „DP" wurde in dieser Zeit eine Zivilperson bezeichnet, die sich kriegsbedingt außerhalb ihres Heimatstaates aufhielt und ohne Hilfe nicht zurückkehren oder sich in einem anderen Land neu ansiedeln konnte. (https://de.wikipedia.org/wiki/Displaced_Person, letzter Zugriff 7.11.18)

8 UNRRA (1950). The History of the United Nations Relief and Rehabilitation Administration, Volume 1. Columbia University Press: Author. P. 192.

litation Administration, kurz UNRRA), das erste von den Vereinten Nationen ins Leben gerufene Organ, wurde 1943 gegründet, um das Militär bei seiner Hilfe zu unterstützen.[9] Wie Louis erklärte:

> Es gab Millionen von Flüchtlingen. Sie waren nicht nur Juden. Sie waren Russen, Polen, Ungarn, was auch immer, aus ganz Europa. Wenn man als Displaced Person registriert war, hatte man eine Identität, einen legalen Status, der jede Staatsbürgerschaft ersetzte, die man zuvor gehabt hatte. Man stand unter dem Schutz der UNRRA. Man hatte ein Anrecht auf Verpflegung und man hatte vor allem das Recht, in den DP-Lagern zu leben.

Das Oberste Hauptquartier der Alliierten Expeditionsstreitkräfte (Supreme Headquarters Allied Expeditionary Force, kurz SHAEF) unter General Dwight D. Eisenhower war primär für den Schutz der Displaced Persons in den amerikanischen Besatzungszonen in Deutschland und Österreich verantwortlich, einschließlich der Bereitstellung von „Transport, Unterkunft, Benzin, Essen, medizinischer Versorgung und Sicherheit".[10] Der Gesandte des Präsidenten, Earl G. Harrison, lobte die „außerordentliche Leistung" der SHAEF bei der Repatriierung von 4 der 6 Millionen Displaced Persons innerhalb von 3 Monaten nach dem Tag der Befreiung.[11]

In ihrer jahrelangen Planung für die Kriegsflüchtlinge hatten die Alliierten es jedoch versäumt, Vorbereitungen zu treffen für eine vertriebene jüdische Bevölkerung, die obdach- und staatenlos war und keinen Ort hatte, an den sie hätte gehen können. Von 6 Millionen Displaced Persons im Sommer 1945 waren nur 100.000 Juden, überwiegend aus Westeuropa, hinzu kamen 150.000 polnische und osteuropäische Juden, die bis zum Jahresende nach Deutschland und Österreich kamen.[12] Jüdische Flüchtlinge flohen weiterhin aus Osteuropa, obwohl es

9 Jewish Displaced Person Project; United Nations Relief and Rehabilitation Administration, *Operational Analysis Papers, No. 13: U.N.R.R.A. Displaced Persons Operation in Europe and the Middle East* (London: UNRRA European Regional Office, Division of Operational Analysis, Dez. 1946); und Mark Wyman, *DP*.

10 Dwight D. Eisenhower to President Truman concerning Jewish Displaced Persons, 18. Sept. 1945 (Brief, 3 Seiten), the Eisenhower Presidential Library and Museum, letzter Zugriff 16. April 2008, http://www.eisenhower.archives.gov/dl/holocaust/holocaustpage.html.

11 Earl G. Harrison, "Mission to Europe to Inquire into the Condition and Needs of Those among the Displaced Persons in the Liberated Countries of Western Europe and in the SHAEF area of Germany – with Particular Reference to the Jewish Refugees – Who May Possibly Be Stateless or Non-Repatriable," August, 1945 (11 Seiten), Eisenhower Presidential Library and Museum, letzter Zugriff 16. April 2008, http://www.eisenhower.archives.gov/dl/holocaust/holocaustpage.html; und Judah Nadich, "After Liberation the Jews had Old and New Problems," in *Rabbi Judah Nadich, Writings* (17. Okt. 2007). Die betreffende Website wurde entfernt, das Dokument ist auf Anfrage beim Autor erhältlich.

12 Harrison, "Mission to Europe," 9; Jewish Displaced Person Project; UNRRA, *Operational Analysis*.

wenige Länder gab, die bereit waren, sie aufzunehmen, und der Prozentsatz an jüdischen Displaced Persons in den UNRRA-Lagern stieg von 6 Prozent 1945 auf 25 Prozent 1947.[13]

Im ersten Sommer nach der Befreiung 1945 blieben viele Juden, die in Konzentrationslagern inhaftiert gewesen waren, in denselben Lagern, jetzt DP-Lager[14], hinter Stacheldraht. Unter den wenigen Besuchern befanden sich jüdische Militärgeistliche, die, entsetzt über die dortigen Zustände, die amerikanischen Kriegsberichterstatter und jüdisch-amerikanischen Führungspersönlichkeiten in ihrer Heimat alarmierten.[15] Präsident Harry S. Truman reagierte auf die negative Berichterstattung. Am 22. Juni ernannte er Harrison als seinen Sondergesandten „um Erkundungen einzuziehen über die Zustände und Bedürfnisse der Displaced Persons [...] im SHAEF-Gebiet in Deutschland – unter besonderer Berücksichtigung der jüdischen Flüchtlinge, die möglicherweise staatenlos und nicht repatriierbar sind."[16]

Harrison war eine erstklassige Wahl. Als Dekan der University of Pennsylvania School of Law und als amerikanischer Repräsentant des Intergovernmental Committee on Refugees genoss er das Ansehen des Außenministeriums der Vereinigten Staaten und der breiteren Diplomatenkreise. Nach seinen Besuchen von Displaced-Persons-Lagern im Juli und August 1945 verfasste Harrison einen Bericht, der „in amerikanischen Regierungskreisen zu Hause und in den amerikanischen und alliierten Militärkreisen in Europa wie ein Bombe einschlug."[17] In Harrisons Worten:

> Im Allgemeinen leben 3 Monate nach dem Tag der Befreiung und länger noch nach der Befreiung einzelner Gruppen viele jüdische Displaced Persons [...] bewacht hinter Stacheldrahtzäunen, in Lagern unterschiedlicher

13 Yosef Grodzinsky, *In the Shadow of the Holocaust: The Struggle Between Jews and Zionists in the Aftermath of World War II* (Monroe, Maine: Common Courage Press, 2004), 118.

14 Anmerkung des Verlags: In den sog. Displaced Persons Camps wurden ehemalige ausländische ZwangsarbeiterInnen und sonstige ihrer Heimat vertriebene nichtdeutsche AusländerInnen, die bei Kriegsende von den Alliierten im Deutschen Reich vorgefunden wurden, notdürftig untergebracht. Später wurde die Aufnahme in den Camps eingeschränkt auf solche nichtdeutsche Personen, die nicht in ihre seit 1944/45 kommunistisch beherrschten Heimaltländer zurückkehren wollten.
In der Bundesrepublik Deutschlang blieben von 9 Mio. sog. „displaced persons" nach der Repatriierung durch die UNRRA (United Nations Relief and Rehabilitation Administration) und durch Auswanderung mithilfe der IRO (International Refugee Organisation) rd. 100.000 Flüchtlinge zurück. Sie wurden durch das Gesetz über die Rechtsstellung heimatloser AusländerInnen vom 25.3.1951 den deutschen Staatsangehörigen gleichgestellt, außer im Wahlrecht und in der allgemeinen Wehrpflicht (Aus: Joachim Wieler, Susanne Zeller (Hrsg.): Emigrierte Sozialarbeit. Portraits vertriebener SozialarbeiterInnen. Lambertus Verlag 1995, S. 111).

15 Harrison, "Mission to Europe," Judah Nadich, *Eisenhower and the Jews*; Vida.

16 Harrison, "Mission to Europe."

17 Nadich, *Eisenhower and the Jews*, 34.

> Bezeichnungen (von den Deutschen für Zwangsarbeiter oder für Juden erbaut), darunter einige der berüchtigtsten Konzentrationslager, unter beengten, häufig unhygienischen und im Allgemeinen grauenvollen Bedingungen, ohne jede Beschäftigung, ohne die Möglichkeit, außer heimlich, mit der Außenwelt zu kommunizieren, darauf wartend, darauf hoffend, dass in ihrem Interesse ein Wort zur Unterstützung, zum Handeln eingelegt werde [...] In vielen Lagern und Zentren, einschließlich derer, in denen ernsthafte Fälle von Unterernährung auftreten, herrscht ein ausgeprägter und ernsthafter Mangel an medizinischer Versorgung. [...] Viele der jüdischen Displaced Persons hatten Ende Juli keine andere Kleidung als ihre KZ-Häftlingsbekleidung, eine ziemlich scheußliche Art gestreifter Schlafanzug, während andere, zu ihrem Leidwesen, gezwungen waren, deutsche SS-Uniformen zu tragen. Es ist fraglich, welche Kleidung sie mehr hassen.[18]

Als „erstes und offensichtlichstes Bedürfnis" der jüdischen Displaced Persons rief Harrison dazu auf, den „gegenwärtigen Status der Juden" als nationale Gruppe anzuerkennen, anstatt sie nach ihren früheren Nationalitäten einzuteilen.[19] Die Juden, die aus den ehemaligen Konzentrationslagern in andere UNRRA-Einrichtungen gebracht worden waren, lebten oft mit feindlich gesinnten nichtjüdischen Bewohnern zusammen, die mit den Nationalsozialisten sympathisiert hatten. Nach Ansicht der britischen, französischen und einiger US-amerikanischer Militärkommandeure wie General George Patton sollten die jüdischen Displaced Persons als Teil ihrer nationalen Gruppen behandelt und entsprechend repatriiert werden – deutsche Juden nach Deutschland, polnische Juden nach Polen – ungeachtet ihrer aberkannten Staatsangehörigkeit in diesen Ländern oder der Verfolgung, die sie erlitten hatten.[20] Harrisons Schlussfolgerung wurde in der amerikanischen Presse vielfach zitiert:

> Nach dem momentanen Stand der Dinge scheinen wir die Juden so zu behandeln, wie die Nazis es getan haben, nur dass wir sie nicht vernichten. Viele von ihnen leben in Konzentrationslagern unter unserer militärischen Bewachung statt der SS-Truppen. Man ist geneigt, sich zu fragen, ob die Deutschen bei diesem Anblick nicht vermuten, dass wir der Politik der Nazis folgen oder sie zumindest billigen.[21]

18 Harrison, "Mission to Europe," 1–2.

19 Harrison, "Mission to Europe," 3; Nadich, *Eisenhower and the Jews*; Nadich, "After Liberation."

20 Jewish Displaced Persons Project; Harrison, "Mission to Europe"; Nadich, *Eisenhower and the Jews*; Nadich, "After Liberation"; Leo W. Schwarz, *The Redeemers: A Saga of the Years 1945–1952* (New York: Farrar, Straus and Young, 1953); Vida, *From Doom to Dawn*; und Warhaftig *Uprooted*.

21 Harrison, "Mission to Europe," 7.

Präsident Truman telegrafierte Eisenhower und „drängte auf eine schnelle Verbesserung der Lage", und Eisenhower antwortete, dass „alle Angelegenheiten in Harrisons Report behoben würden, so schnell wie unter den schwierigen Umständen irgend möglich."[22] Eisenhower präzisierte, dass „Personen jüdischen Glaubens [...], die keine Staatsangehörigkeit haben oder die nicht in ihre Herkunftsländer zurückkehren möchten, mit Ausnahme der Russen, in separaten Zentren zusammengeführt würden" und dass „Teams, die Erfahrung in der Fürsorge von Juden haben, aufgestellt würden" (die sowjetische Strategie war, alle Sowjetbürger einschließlich der Juden zu repatriieren). Zusätzlich wurden Militärkommandeure angewiesen, angemessene Unterbringung einzufordern, bewaffnete Wachen aus den Lagern abzuziehen und den jüdischen Displaced Persons die Freiheit zu gewähren, ein- und auszugehen. Ein Central Tracing Bureau beschleunigte die Suche nach Familienangehörigen und es wurde geplant, dass ab Oktober 1945 für die DP-Lager „die UNRRA die höchste operative Verantwortung übernehmen sollte".[23]

Eisenhower versicherte Truman außerdem, dass die jüdischen Displaced Persons aus den ehemaligen Konzentrationslagern umgesiedelt würden, sobald sie aus der Quarantäne kämen und reisefähig seien. In einer Anordnung an seine untergebenen Kommandeure schloss Eisenhower: „Es soll alles unternommen werden, um den Displaced Persons zu vermitteln, dass sie von der Tyrannei befreit wurden."[24] Als Patton es ablehnte, sich an die Anordnungen zu halten, wurde ihm das Kommando über die 3. Armee entzogen.

Letztendlich lag das Schicksal der jüdischen Displaced Persons, wie Eisenhower erkannte, außerhalb der Militärkontrolle. Es waren die Politiker der Welt, die entscheiden würden, ob die Einwanderung nach Palästina, in die USA, nach Großbritannien und in andere Länder erlaubt würde. Der Harrison Report forderte besonders Großbritannien auf, die Einwanderungsbescheinigungen nach Palästina zu erhöhen.[25] Dennoch war Eisenhower entschlossen, das Verhalten der US-Armee in Bezug auf die Behandlung der jüdischen Displaced Persons zu verbessern.[26] Er überarbeitete einen früheren Beschluss und ernannte einen

22 Dwight D. Eisenhower to President Harry Truman Concerning the Harrison Report and Jewish Displaced Persons, 14. Sept. 1945 (Telegramm, 2 Seiten), the Eisenhower Presidential Library and Museum, letzter Zugriff 16. April 2008, http://www.eisenhower.archives.gov/dl/holocaust/holocaustpage.html.

23 Nadich, *Eisenhower*, 39–40.

24 Dwight D. Eisenhower to President Truman Concerning Jewish Victims of Nazi Persecution, 8. Okt. 1945 (Brief, 4 Seiten), Eisenhower Presidential Library and Museum, letzter Zugriff 16. April 2008, http://www.eisenhower.archives.gov/dl/holocaust/holocaustpage.html, 3; Eisenhower to President Truman, 18. Sept. 1945; Nadich, *Eisenhower and the Jews*.

25 Harrison, "Mission to Europe," 4.

26 Eisenhower to President Truman, 14. Sept. 1945.

speziellen Berater für jüdische Angelegenheiten, ein Posten, für den er den obersten jüdischen Militärkaplan in Europa, Rabbi Judah Nadich, wählte.[27] Nadichs Nachfolger wurde im Oktober 1945 der zivile Berater Richter Simon Hirsch Rifkind. Wie Nadich sich erinnerte: „Ich war ständig damit beschäftigt, jüdische Überlebende in den DP-Lagern zu besuchen [...], um mehr über ihre Situation zu erfahren und was sie selbst wünschten [...] Eisenhower sollte kurze Zeit später Beschlüsse erlassen, die auf meinen Empfehlungen basierten. Ich kann mich an keine Empfehlung erinnern, die er nicht wohlwollend behandelte."[28]

Unter diesen unbeständigen politischen Umständen führte Louis Lowy Mitglieder einer jüdischen Gemeinschaft von Theresienstadt, das unter sowjetischer Besatzung stand, in die amerikanische Besatzungszone. Die jüdischen Bewohner von Theresienstadt hatten ein Komitee gegründet, um die Auflösung des Ghettos zu planen, und Louis stellte sich Rabbi Leo Baeck, dem Vorsitzenden des Dissolution Committees, als freiwilliger Mitarbeiter vor. Reinhard Frank und Vern Drehmel zufolge übernahm Louis die Verantwortung, mit der 3. Armee in Kontakt zu treten. Louis erwähnte diesen Vorfall nicht in seinem narrativen Interview und Reinhard und Vern lieferten etwas unterschiedliche Darstellungen. Wie Reinhard Frank sich erinnerte, kommunizierte Louis mit dem US-Militär über Radio Prag:

> Wir entschieden frühzeitig, dass wir aus dem russischen Einflussbereich heraus wollten. Wir wussten, dass General Patton bis nach Pilsen vorgedrungen war und ich erinnere mich, dass ich mit Louis nach Prag reiste. Aus irgendeinem Grund war häufig ich derjenige, der mit Louis irgendwohin reiste. Und er ging zum Sender von Radio Prag und sprach im Radio einen Appell aus, der General Patton erreichen sollte, und sagte es gebe in Theresienstadt viele jüdische Menschen, die Verwandte im Westen haben und von der russischen in die amerikanische Besatzungszone ziehen möchten. Ich erinnere mich nicht, wie er es schaffte. Jedenfalls schickte General Patton einen seiner Offiziere nach Theresienstadt, und dann wurde entschieden – es war unter Louis' Leitung, dass dies geschah – dass jeder, der Verwandte in der westlichen Welt hatte, von Theresienstadt in die amerikanische Besatzungszone gebracht werden sollte.

Laut Verns Erinnerung ging Louis nach München, um die US-Armee zu kontaktieren:

27 Nadich, *Eisenhower and the Jews.*
28 Nadich, "After Liberation."

Wir befanden uns auf russischem Territorium, doch die meisten der Überlebenden in Theresienstadt wollten in den Westen gehen. Die US-Armee war in Bayern, was an der tschechischen Grenze liegt. Louis fuhr hin und schaffte es, mit den US-Militärbehörden Verbindung aufzunehmen und setzte sie in Kenntnis darüber, dass es eine Gruppe von mehreren hundert jüdischen Überlebenden gab, die den Wunsch hatten, in die Vereinigten Staaten oder nach Großbritannien auszuwandern. Louis war klein – ohne Kleidung wog er, glaube ich, nie mehr als hundert Pfund – und hier steht dieser kleine Typ und zieht hinaus in die Wildnis. Er wusste, wo München war; er wusste, wie München war, da er in frühen Jahren lange dort gelebt hatte. Da er die englische Sprache so wunderbar beherrschte, vermittelte er ein Gefühl von Autorität, die Autorität, den Standpunkt anderer Menschen zu repräsentieren. Er war entschlossen in seinem Auftreten, wie er es immer war.

Welche Rolle Louis beim Aufruf zu helfen auch gespielt haben mag, kurz nachdem die Quarantäne im Juni 1945 aufgehoben wurde, erreichte ein UNRRA-Hilfsteam Theresienstadt. Zum Personal der UNRRA gehörten amerikanische, britische und französische Zivilisten, von denen keiner Deutsch sprach, die Sprache des Großteils der jüdischen Bevölkerung. Wie Louis sich erinnerte:

Die Leute von der UNRRA trugen Uniform, olivfarbener Wollstoff, wie eine Militäruniform ohne Knöpfe. Die Alliierten organisierten die Rückkehr der Menschen in ihre Heimat und die UNRRA richtete in der amerikanischen und der britischen Besatzungszone Displaced-Persons-Lager ein, beispielsweise in Berlin. Und ich sagte, ‚Schaut, ich bin bereit zu arbeiten. Ich spreche Deutsch, Tschechisch, Englisch und Französisch.' Und sie sagten, ‚Ja, wir brauchen jemanden, der helfen kann.' Also arbeiteten Kurt, Vern und ich als freiwillige Mitarbeiter. Wir interviewten etwa 500 Menschen, die keinen Ort hatten, an den sie hätten gehen können. Und dann meldeten wir uns als freiwillige Leiter für die Transporte zu den mysteriösen Displaced-Persons-Lagern.

Vern erinnerte sich an die Reise in die amerikanische Besatzungszone als eine „erste Reise in die Freiheit“:

Am Ende kam eine ganze Reihe von Lastwagen nach Theresienstadt, gefahren vom Personal der UNRRA, und brachte uns in die amerikanische Besatzungszone. Das war ein Riesensprung in die Freiheit, denn es war extrem schwierig, mit den russischen Behörden zu verhandeln. Sie hiel-

> ten sich nicht an Vorschriften. Es hing von individuellen Entscheidungen ab: Der Hauptmann hat dies gesagt, der Kommandant das. Es war unberechenbar. Also organisierte Louis, dass wir in die amerikanische Zone umzogen, und Hunderte von Menschen drängten sich auf den Lastwagen auf unserer ersten Fahrt in die Freiheit. Die Vereinigten Staaten waren das Land der Freien.

Als sie durch den Bayerischen Wald fuhren, beobachtete Louis seine Mitreisenden:

> Die UNRRA organisierte Lastwagen, die von den Briten gefahren wurden, also fuhren wir auf britischen Lastwagen durch die schöne Landschaft. Auf der Fahrt sahen wir vor allem GIs und die besiegte deutsche Bevölkerung. Sie sahen hungrig aus. Und es war interessant: Keiner von uns hatte das Bedürfnis, ihnen etwas zuleide zu tun, sie zu verletzen oder sie anzuschreien. Keiner tat es. Keiner! Es war eine Genugtuung für uns, dass sie nun besiegt waren, aber niemand zeigte sichtbare Anzeichen von Rache. Außerdem denke ich, interessierte es niemanden so richtig. Wir wollten raus hier und ein neues Leben beginnen.

Schließlich erreicht der Konvoi Winzer, wo in einer alten deutschen Kaserne ein Lager eingerichtet worden war. Louis erinnerte sich:

> Als wir Winzer erreichten, konnten wir sehen, dass etwas zu Essen bereitstand, aber das Lager war nicht gut vorbereitet. Das Lager wurde von den Franzosen geleitet, einem französischen Oberst. Er war Antisemit, und ich verwende dieses Wort nicht leichtfertig! Er nannte Menschen ‚Jude', anstatt bei ihrem Namen. ‚Du, Jude!', rief er mich, *‚Assemblez les Juifs!'* [Ruf die Juden zusammen!]. Und ich sagte, ‚ich verstehe *assemblez les Juifs*' nicht. Er merkte, dass ich kein Feigling war. Man musste etwas Mut zeigen. Wer war dieser Oberst schon für mich, nach den Nazis?

Wie es im Sommer 1945 noch üblich war, wurden die Juden aus Theresienstadt in einem Lager untergebracht, in dem die meisten Bewohner Nichtjuden waren. Letzten Endes war der Großteil der Bevölkerung im Lager Winzer Ukrainer, die Zwangsarbeiter der Nationalsozialisten gewesen waren.[29] Die Neuankömmlinge aus Theresienstadt wurden nicht nur durch physisches Elend im Lager geplagt,

29 "Winzer," DP Camps in Germany, http://www.dpcamps.org/dpcampsGermanyW-Wi.html, letzter Zugriff 16. Mai 2008.

sondern auch durch das gegenseitige Misstrauen zwischen der jüdischen und der nichtjüdischen Bevölkerung. Wie Vern sich erinnerte:

> Wir landeten in einem DP-Lager der UNRRA in Winzer mit hauptsächlich osteuropäischen, nichtjüdischen Bewohnern. Es waren Polen dort, Russen, Tschechen, Serben, Ukrainer – Menschen, die den Juden nicht wohlgesinnt waren. Sie dachten, dass jeder Jude, der überlebt hatte, heimlich entwischt war und eigentlich tot sein sollte, wären die Deutschen gründlicher gewesen! Wir fühlten uns äußerst unwohl dort.
> Ich kann nicht sagen, wie viele Tage wir dort verbrachten, aber es waren nicht viele, dank der Verhandlungen, die Louis führte. Louis schaffte es, mit einem Rabbi Kontakt aufzunehmen, der zu Eisenhowers Belegschaft gehörte, ein Rabbi mit sehr guten Verbindungen [möglicherweise Rabbi Judah Nadich], der eigentlich dafür verantwortlich war, uns aus dieser misslichen Lage zu befreien und uns an einen eigenen Standort nach Deggendorf zu verlegen.

Louis' Leitung in Winzer wurde später in der *Deggendorf Center Revue* in einer Hommage gewürdigt:

> Beginnend mit der Zeit unserer Ankunft in Winzer und Deggendorf hast Du als unser ‚Außenminister' bereits Dein Können unter Beweis gestellt und, wenn auch die örtliche Verlegung unserer Transporte nicht gelang, so war es doch Dein Verdienst, daß mit der Abberufung des MMLA-Teams [Mission militaire de liaison administrative] und mit dem Eintreffen der UNRRA hier im Lager erträgliche Lebens- und Wohnbedingungen geschaffen wurden.[30]

Nach ein oder zwei Wochen im Lager Winzer begrüßte Louis die Gelegenheit, nach Deggendorf umzuziehen, wo ein DP-Lager speziell für Juden eingerichtet wurde. Wie Louis sich erinnerte:

> Kurze Zeit später wurde die UNRRA intern neu organisiert. Die Amerikaner und die Briten übernahmen die Leitung der UNRRA, und die Amerikaner sagten, ‚Es wird einen Transport nach Deggendorf geben.' Wir erschauderten jedes Mal, wenn wir das Wort ‚Transport' hörten, aber ich sagte, ‚Das sind keine Nazitransporte mehr; das sind amerikanische und britische Transporte. Sie sind unsere Freunde.' Die Amerikaner

30 Josef Königer, "Lieber Freund und Kollege Löwy, *Deggendorf Center Revue*, no. 11 (15. April 1946): 1.

> zeigten uns ein paar Landkarten und ich sah, dass Deggendorf an der Donau lag, etwa 100 Kilometer nördlich von München. Das war für mich schon eine Beruhigung, denn die Donau führte irgendwohin.

Louis beschrieb die Stadt Deggendorf als „eine kleine Garnisonsstadt mit einer bunten mittelalterlichen Geschichte", doch diese Geschichte war vor allem für die Judenverfolgung bekannt. Ein berühmter Holzschnitt in der *Nürnberger Chronik* zeigt „Die Judenverbrennung in Deggendorf zur Zeit des Schwarzen Todes, 1348–1350", als Stadtbewohner die Juden für den Ausbruch der Pest verantwortlich machten.[31] Unter dem Regime der Nationalsozialisten befand sich in der Kaserne Deggendorf sowohl eine Militärschule für Unteroffiziere der Wehrmacht als auch ein Konzentrationslager.[32]

Für die Juden aus dem Lager Winzer hingegen war die Kaserne in Deggendorf, die nun von der UNRRA beschlagnahmt war, ein willkommener Anblick. Reinhard erinnerte sich an „große, massive Backsteingebäude in einer parkähnlichen Umgebung. Wir hatten sogar ein Schwimmbad dort! Wir teilten uns die Zimmer. Es gab nicht genug Platz für uns alle." Wie Louis sich erinnerte:

> Wir waren die ersten 500, die dort ankamen, alle Überlebende aus Theresienstadt, und wir gingen hinein und übernahmen die Alte Kaserne und diese Kaserne war zweckmäßig. Die Donau war in der Nähe. Es gab keine Zugverbindung, um herzukommen; die Fahrten wurden alle mit dem Lastwagen unternommen. Amerikanische und britische Lastwagen. Dann kam der erste UNRRA-Direktor, ein Amerikaner namens Carl Atkin. Er war Jude. Er sagte, ‚Wer ist der Verantwortliche hier?'
> Ich sagte, ‚Das bin ich. Ich habe den Transport aus Winzer hergeführt.'
> Er sagte, *‚Du bis a Yid? Gey gezunt!'*. Und er umarmte mich.
> Carl Atkin erzählte mir später, dass er Jude sei und aus Hollywood, Kalifornien, komme. Er hatte im Schuhbusiness gearbeitet. Nachdem er die Armee verlassen hatte, meldete er sich als Freiwilliger bei der UNRRA. Er sprach kein Deutsch, was natürlich ein großer Nachteil war. Im Übrigen habe ich herausgefunden, dass die Armee der Vereinigten Staaten vollkommen abhängig war von den deutschen Dolmetschern, wohingegen die russischen Offiziere so fließend Deutsch sprachen wie vermutlich niemand sonst. Die Amerikaner mussten sich auf die Deutschen verlassen. Sie waren hilflos wie ein Neugeborenes!

31 Ruth Gay, *Safe among the Germans: Liberated Jewsb after World War II (*New Haven: Yale Univ. Press, 2002), 95–96.

32 Gay, *Safe among the Germans*; Nadich, *Eisenhower and the Jews*; und Schwarz, *The Redeemers.*

> Folglich war Carl Atkin erfreut, dass ich Deutsch sprach. Ich konnte mich verständigen. Und er sagte, ‚Schau mal, Louis, wir müssen das Ganze hier aufziehen. Du wirst der *Macher* sein.
>
> Ich sagte, ‚Was heißt das?'
> ‚Du wirst für das Lager verantwortlich sein. Du kennst diese Menschen; du kennst ihre Sprache, ihre Gewohnheiten, ihre Eigenarten. Ich gebe dir alle Vollmacht, bis auf die höchste Vollmacht für die Sicherheit des Lagers, jede Unterstützung, die du brauchst, im Rahmen der Vorschriften der UNRRA und der Armee.'
> Und ich sagte, ‚Ich schaue, was ich tun kann.' Und so hatte ich das Lager aufzubauen! Es war eine Selbstverwaltung: ‚Lasst diese Menschen ihr eigenes Ding machen.' Ich hatte drei UNRRA-Mitarbeiter im Büro der Fürsorge: zwei Amerikaner, eine Sekretärin, einen Hilfsbuchhalter und eine Sozialarbeiterin, Miss Powers, die Britin war.
>
> Und da habe ich meine Erfahrungen in der Gemeinwesenorganisation gesammelt. Die UNRRA besorgte das Essen und stellte nach Armeeart Betten in die Kaserne. Aber ansonsten war es ein trübseliges Dasein. Was sollten die Menschen den ganzen Tag über tun? Es gab 500 Menschen jeden Alters. Und dann brachte die UNRRA 300 weitere Menschen aus Theresienstadt.

Die Juden im Deggendorf Center fühlten einander aufgrund ihrer gemeinsamen Geschichte in Theresienstadt eng verbunden, wie Vern sich erinnerte:

> Wir hatten die Erfahrung von Theresienstadt gemein. Eine zusätzliche Erfahrung war, dass viele Menschen genau wie wir nach dem Krieg nach Theresienstadt zurückgekehrt waren, um zu schauen, wer von unseren Angehörigen noch da war. Theresienstadt war naturgemäß der Ort, an den wir zurückgingen. Es war ein Ort, wo wir immer noch, bis zu einem gewissen Grad, Individuen waren, menschliche Wesen, die den Mühlen des Terrors entkommen waren. Es gab 800 Menschen dort. Das waren die Bewohner, die Louis ins gelobte Land Deggendorf führen würde.

Im August 1945 kam eine neue Gruppe ins Deggendorf Center: 300 polnische Juden mit einer anderen Sprache, Kultur und historischen Erfahrung als diejenige der Juden aus Theresienstadt. Wie Carl Atkin vorhergesagt hatte, schöpfte Louis aus seiner Menschenkenntnis, „ihrer Sprache, ihren Sitten und ihren Eigenheiten", um den Neuankömmlingen zu helfen, sich zu Hause zu fühlen:

**Bild 9:** Vern Drehmel und Louis Löwy, DP-Lager Deggendorf, ca. 1945. Fotograf unbekannt. Mit freundlicher Genehmigung von Edith Lowy.

Es gab einen Transport polnischer Juden. Sie waren nach Polen zurückgekehrt, zu den Pogromen in Polen, und als sie sich erneut aufmachten, kamen sie nach Deggendorf und wurden im Lager untergebracht. Und für viele war das die erste Begegnung zwischen mitteleuropäischen und osteuropäischen Juden.

Das Verhältnis war in der Vergangenheit nicht immer harmonisch gewesen, aber ich schaffte es, in vielen Punkten eine Brücke zu bauen. Die Positionen waren immer noch verhärtet, aber irgendwie vertrauten mir viele der osteuropäischen Juden. Ich sprach etwas Jiddisch, nicht fließend, aber weit mehr als die deutsche Gruppe, die glaubte, es sei unter ihrer Würde, Jiddisch zu sprechen.

> Ich war jung, und sie sagten, ‚Du bist für einen Leiter sehr jung!' Ich erinnere mich an den Repräsentanten der osteuropäischen Gemeinde [möglicherweise Szymon Gutman], und er sagte, ‚Du bist ein guter Jid. Du bist ein guter Jid, obwohl Du von den *Jeckes* kommst!' [wörtlich, ‚Jacken', umgangssprachlich für deutsche Juden]. Und es gab einen Schlomo Sztejndel, der Zionist war. Er war in Palästina und dort organisatorisch

tätig gewesen, und ich sagte ‚Leg los! Wir haben die Freiheit, uns jetzt selbst zu organisieren.'
Es war interessant, zu den Hochzeitsfeiern brachten die Vertreter der osteuropäischen Gemeinde einen Fisch, einen Karpfen, das war eine Rarität in jenen Tagen. Er war importiert. Es war ein traditionelles Geschenk bei Hochzeiten in Osteuropa.

## Der Wille zu leben, hat uns stark gemacht

Als Rabbi Judah Nadich, Eisenhowers Berater in jüdischen Angelegenheiten, im August 1945 das Deggendorf Center besuchte, fand er eine jüdische Gemeinde vor, die demografisch einzigartig war.[33] Nachdem für kurze Zeit 300 ehemalige jugoslawische Kriegsgefangene untergebracht worden waren, bestand das Deggendorf Center zu diesem Zeitpunkt ausschließlich aus jüdischen Bewohnern, darunter die 800 deutschen oder Deutsch sprechenden Juden, die aus Theresienstadt befreit worden waren, und die 300 Jiddisch sprechenden Juden, die aus Polen geflohen waren. Im Gegensatz dazu waren die jüdischen Displaced Persons der anderen UNRRA-Lager hauptsächlich Polen und Osteuropäer.[34] Der Anteil osteuropäischer Juden im Vergleich zu den mitteleuropäischen Juden in Deggendorf sollte jedoch steigen. Das Register des Deggendorf Centers vom 1. Januar 1946 verzeichnete 1305 Bewohner, ein Zuwachs von etwa 200 Osteuropäern im Vergleich zu Nadichs Besuch im August.[35]

In anderen Lagern, die Nadich besucht hatte, hofften die meisten Juden, nach Palästina auswandern zu können. Im Deggendorf Center hingegen waren die Vereinigten Staaten das beliebtere Ziel. Von denjenigen, die eine Präferenz äußerten, gaben 209 die Vereinigten Staaten an; 177 Palästina; 117 England; 82 die Schweiz; 21 verschiedene südamerikanische Länder; 18 Australien; 14 Schweden und „der Rest verteilte sich".[36]

Was am meisten verwunderte war, dass die jüdische Bevölkerung in Deggendorf überdurchschnittlich und sogar erstaunlich alt war, mit einem Durchschnittsalter von 50 Jahren. Eichmann hatte das Leben einiger international bekannter älterer Häftlinge in Theresienstadt verschont und folglich waren 350 Menschen, mehr als 30 Prozent der 1100 Juden im Deggendorf Center, 60 Jahre und älter.

33 Nadich, *Eisenhower and the Jews.*

34 Gay, *Safe among the Germans*; Nadich, *Eisenhower and the Jews*; Schwarz, *The Redeemers*; und Warhaftig, *Uprooted.*

35 Verzeichnis der Einwohner des D. P. Centers Deggendorf (Stand vom I. I. 1946).

36 Nadich, *Eisenhower and the Jews*, 194.

Im krassen Gegensatz dazu stellte eine Erhebung der UNRRA aller jüdischen Displaced Persons in Europa fest, dass nur 3,6 Prozent der Frauen und 4,8 Prozent der Männer älter als 45 waren.[37]

Louis lebenslanges Interesse an Gerontologie und insbesondere an der Interdependenz der Generationen begann vielleicht mit seiner Leitung des Deggendorf Centers. Da er seine Eltern verloren hatte, suchte der 25-jährige Louis Ratgeber unter den Vertretern der Generation seiner Eltern, eine Gelegenheit, die er nicht für selbstverständlich erachtete. Er wandte sich an die älteren Menschen wegen ihrer administrativen Fähigkeiten, ihres Wissens und ihrer Erfahrungen, während sie ihm wiederum ihre Sicherheit und ihre Zukunft anvertrauten:[38]

> Ich sagte also, ‚Wer sind diese Menschen?' und schaute die Liste durch, und stellte eine Anzahl von Menschen zusammen, die verschiedene Fähigkeiten hatten. Einige von ihnen waren 40 oder 50 und älter. In ihren Leben vor dem Nationalsozialismus waren sie Menschen mit Fachwissen in Verwaltung, Handel, in ihren Berufen, im Gesundheitswesen. Einige waren ehemals Minister in Berlin gewesen. Ich wählte Menschen aus, die wussten, was zu tun war.
>
> Erna Sonnenberger [53 Jahre alt] war Vorstandssekretärin von Konrad Adenauer, dem Kölner Oberbürgermeister gewesen [Adenauer sollte später der erste Bundeskanzler der Bundesrepublik Deutschland werden]. Sie hatte die Stadt für ihn verwaltet. Sie war eine wirklich kluge Verwaltungsbeamtin. Und sie sagte, ‚Du musst Abteilungen einrichten.' Also stellten wir ein Schaubild mit Abteilungen für Arbeit, Unterkunft, Essen, Bildung, Kultur auf. Wir schufen ein Gerichtssystem. Es gab Rechtsanwälte unter uns, die überlebt hatten. Heinrich Liebrecht [48 Jahre alt], der halbjüdisch war, war Rechtsanwalt und sprach Deutsch und Englisch. Er sagte, ‚Ich helfe euch gerne.' Adolf Blau [51 Jahre alt] war Verwaltungsbeamter in Wien gewesen. Er war orthodoxer Jude. Ich übertrug Louis Jakobowitz [48 Jahre alt] die Verantwortung für die Auswanderungsabteilung. Ich erinnere mich noch an ihn. Er war unter den Nazis für die Zwangsauswanderung der Juden aus Berlin verantwortlich gewesen. Er hatte in Theresienstadt überlebt. Ich fragte ihn, ‚Könnten Sie vielleicht?' Und er sagte, ‚Oh, ich wäre hocherfreut!' Alle diese Menschen stellten mir ihre Fachkenntnisse zur Verfügung.

37 Nadich, *Eisenhower and the Jews*, 193; UNRRA, *Operational Analysis*, 20.
38 Neuwahl des Jewish Comittees Unseres Centers, *Deggendorf Center Revue*, no. 1 (Nov. 1945): 4.

Einigen von Louis' Beratern widerstrebte es, direkt mit dem uniformierten Personal der UNRRA oder des Militärs zu tun zu haben. Sie erinnerten sich an ihre Erfahrungen in Theresienstadt, das sie ursprünglich als selbstorganisierte jüdische Stadt unter der Kontrolle der Nationalsozialisten – einer letztendlich verhängnisvollen Kontrolle – aufgebaut hatten. Louis jedoch ließ sich durch Menschen in Uniform keineswegs einschüchtern. Er hatte sich die letzten Monate des Krieges selbst als Mensch in Uniform ausgeben! Für ihn bestand die Herausforderung im Umgang mit Carl Atkin und anderen UNRRA-Mitarbeitern darin, sich an den informellen amerikanischen Stil anzupassen: „Ich verhandelte mit Carl Atkin und er fing sehr schnell an, uns mit Vornamen anzusprechen: ‚Du nennst mich Carl und ich nenne dich Louis.' Am Anfang fand ich das sehr schwierig!"

Für all ihr Leiden in Theresienstadt hatten Louis und seine Berater die unbezahlbare Erfahrung gemacht, eine Stadt von Grund auf aufzubauen – Louis hatte Theresienstadt erreicht, bevor die Kochtöpfe eintrafen – und da die Bewohner des Ghettos ihr eigenes soziales, Bildungs- und Kulturleben organisiert hatten, bot Theresienstadt ein Modell für die jüdische Selbstverwaltung im Deggendorf Center. Wie Louis erklärte:

> Ich war der Leiter, man könnte sagen der Bürgermeister des Deggendorf Centers, und es gab keine Konkurrenz um die Leitung. Es gab andere, die viel mehr wussten als ich, aber sie traten nicht hervor. Sie waren zu alt oder sprachen kein Englisch oder waren völlig erschöpft, zermürbt durch das Ganze. Sie empfanden immer noch Ekel gegenüber Leuten in Uniform; selbst wenn der Uniformierte ein Freund war, hatten sie Angst vor der Autorität. Deshalb waren sie froh, dass ein junger Bursche – buchstäblich ein junger! – voller Energie und Elan die Organisation übernahm. Aber sie waren gewillt zu helfen und wir überlegten jeden Tag gemeinsam. Ich arbeitete 15, 16 Stunden am Tag.
>
> Ich kannte Menschen und bezog sie mit ein und sagte ‚Du übernimmst dies; du übernimmst das.' Es gab einen Koch aus Theresienstadt, der überlebt hatte, und ich übergab ihm die Leitung der Küche. Er war Tscheche und kochte einigermaßen annehmbares Essen. Die älteren Menschen waren in ziemlich schlechter Verfassung; viele von ihnen waren krank; sie konnten nicht herumlaufen, deshalb richtete ich ein eigenes Heim für die älteren Menschen ein, einen eigenen Flügel der Kaserne, in dem sie leben konnten, so wie wir es in Theresienstadt gehabt hatten, und ich stellte für die älteren Menschen eine spezielle Küche zusammen.

> Ich vereinbarte mit Atkin, dass die älteren Menschen ein Extraessen bekamen. Diese Erfahrungen waren meine erste Begegnung mit der Gerontologie.
> Es gab Menschen, die Vorträge halten konnten, Menschen, die Liederabende geben konnten, Theateraufführungen. Also kam ich darauf zurück. Ich folgte einigen Strukturen, die in Theresienstadt entwickelt worden waren. Ich richtete einen Kindergarten ein. Ich verhandelte mit deutschen Lehrern in der Stadt wegen einer Schule. Ich sagte, ‚Ich möchte, dass unsere jungen Menschen zur Schule gehen.' Es gab 20, vielleicht 25 junge Menschen und die deutschen Lehrer richteten Kurse ein. Sie waren froh, dass wir ihnen vertrauten; sie dachten, es könnte für sie von Vorteil sein, falls jemand ihnen vorwerfen sollte, sie hätten mit den Nazis sympathisiert.

Die Entwicklung der jüdischen Selbstverwaltung im Deggendorf Center und in anderen jüdischen DP-Lagern war Teil einer größeren politischen und kulturellen Bewegung, in der sich die überlebenden europäischen Juden organisierten, um sich selbst gegenüber den alliierten Besatzungsmächten und der Außenwelt zu repräsentieren. Am 1. Juli 1945, kurz nach seiner Ankunft in Deggendorf, reiste Louis zum nahe gelegenen Lager Feldafing, wo er mit jüdischen Leitern aus 40 anderen DP-Lagern aus Bayern zusammentraf. Das Einführungstreffen dessen, was das Zentralkommittee der befreiten Juden in der amerikanischen Besatzungszone in Deutschland werden sollte, war vom Leiter des DP-Lagers im Hospital St. Ottilien, Zalman Grinberg, geplant worden, dessen Sohn Louis in Theresienstadt unterrichtet hatte, sowie von Rabbi Abraham J. Klausner, einem Kaplan der US-Armee.[39] Louis reiste ein paar Wochen später für ein zweites größeres Treffen mit 94 jüdischen Leitern nach St. Ottilien, und Unterkomitees begannen, sich in Deggendorf und anderen Lagern zu treffen.[40] Im Verlauf des darauffolgenden Jahres richtete das Zentralkomitee der befreiten Juden seine Zentrale in München ein und berief einen Kongress ein, bei dem die Vorsitzenden Zalman Grinberg und Samuel Gringauz gewählt wurden, und im September 1946 erhielten sie die Anerkennung der SHAEF als „die legale und demokratische Vertretung der befreiten Juden in der amerikanischen Besatzungszone."[41]

39 "Displaced Persons: Administration," *Holocaust Encyclopedia,* United States Holocaust Memorial Museum, letzter Zugriff 7. April 2008, http://www.ushmm.org/wlc/article.php?lang=enandModulel=10005418; Mankowitz *Life Between Memory and Hope*; "The Central Committee of Liberated Jews, 1945 to 1950." Jewish Virtual Library, http://www.jewishvirtuallibrary.org/jsource/Holocaust/centralcomm.html, letzter Zugriff 16. Mai 2008.

40 Nadich, *Eisenhower and the Jews.*

41 "Displaced Persons: Administration"; Jacqueline Giere, "We're On Our Way, But We're Not in the Wilderness," in Berenbaum und Peck, *Holocaust and History*, 699–715; Mankowitz, *Life Between Memory and Hope*; Nadich, *Eisenhower and the Jews*; "Central Committee of the Liberated Jews."

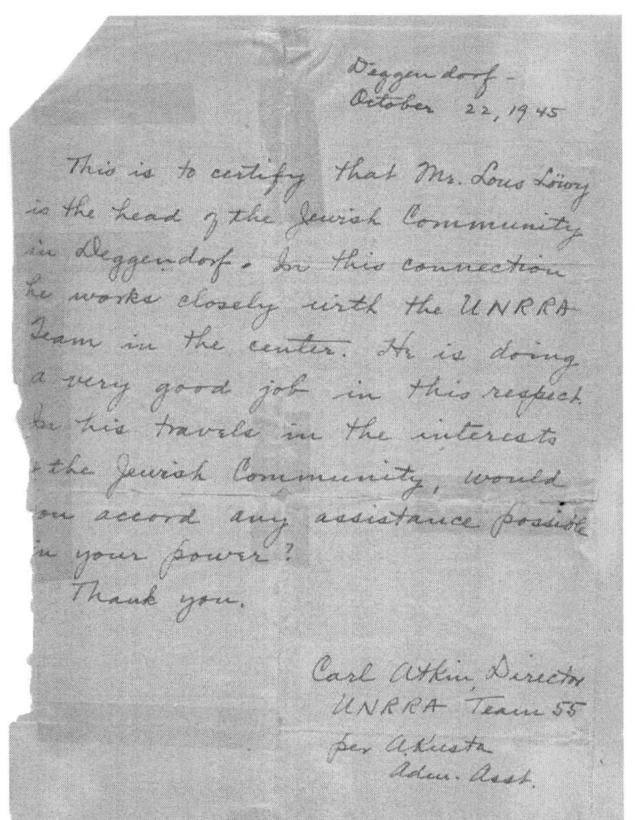

Deggendorf –
October 22, 1945

This is to certify that Mr. Lous Löwy is the head of the Jewish Community in Deggendorf. In this connection he works closely with the UNRRA Team in the center. He is doing a very good job in this respect. In his travels in the interests of the Jewish Community, would you accord any assistance possible in your power?
Thank you.

Carl Atkin, Director
UNRRA Team 55
per A. Kusta
Adm. Asst.

**Bild 10:** Carl Atkins Brief mit der Bitte um Unterstützung für Louis Löwy bei seinen Reisen „im Interesse der jüdischen Gemeinde", 22. Oktober 1945. Mit freundlicher Genehmigung von Edith Lowy.

Louis' eigene Zukunftshoffnungen wurden durch seine Partizipation in der größeren jüdischen Gemeinde gestärkt. Wie Louis später in der *Deggendorf Center Review* reflektierte:

> Die Zeit der vergangenen neun Monate war nicht immer leicht und die Probleme, welche tagtäglich an uns herantraten, mußten gelöst werden. Die Voraussetzungen, unter denen wir damals nach Deggendorf gefahren sind, waren so verschieden im Vergleich zur Wirklichkeit, welche uns erwartete. Erst als wir uns in München ein wenig informierten, haben wir

> den Anschluß an die Welt bekommen, den wir so lange verloren hatten. Und etwas ganz Wichtiges haben wir damals erfahren; wir waren nicht allein und der sog. ‚Auslandstransport' wurde eine Utopie. Wir erkannten, daß wir nur ein Teil einer großen Gemeinschaft waren, einer jüdischen Gemeinschaft und daß wir nicht die einzigen ‚liberated Jews' waren, die auf ein neues Ziel warteten.
> Diese Erkenntnis gab uns mehr Mut, Hoffnung und Stärke. Und mit diesen Grundlagen ausgestattet, konnten wir vieles überwinden, was manchmal unüberwindlich schien. Es begann eine Zeit der Kämpfe hier in Deggendorf.[42]

## Was für Befreier sind das?

Während der „Zeit der Kämpfe", die der Sommer 1945 darstellte, erließ die 3. Armee Instruktionen, die die neu entstehende jüdische Gemeinde im Deggendorf Center grundlegend bedrohten. Carl Atkin erhielt Anweisungen, sich auf die Ankunft von 500 zusätzlichen Displaced Persons in Deggendorf vorzubereiten. Die Neuankömmlinge würden nicht, wie der letzte Transport, Juden aus Polen sein, sondern *Volksdeutsche* aus der Tschechoslowakei.

Die Bezeichnung *Volksdeutsche*, wie sie von den Nationalsozialisten verwendet wurde, bezog sich nicht nur auf die Volkszugehörigkeit, die Sprache und das kulturelle Erbe, sondern auch auf die politische Zugehörigkeit der Deutschen in den von den Nationalsozialisten besetzten Gebieten. Deutschstämmigen, die sich als *Volksdeutsche* registrierten, wurden Privilegien zugestanden, die großzügige Rationen sowie Besitztümer einschlossen, die den Juden abgenommen worden waren.[43] Louis war entsetzt über die Ignoranz des amerikanischen Planes:

> Der UNRRA-Direktor Carl Atkin rief mich in sein Büro und sagte, ‚Louis, ich muss mit dir reden. Ich habe gerade Anweisungen von der amerikanischen Armee bekommen, dass 500 weitere Menschen ins Lager kommen werden.'
> Ich sagte, ‚Aber unsere Kapazitäten sind erschöpft. Es gibt keinen Platz mehr. Wer sind diese Leute?'
> Und er sagte, ‚Es sind *Volksdeutsche*.' Das waren die exilierten Nazis aus der Tschechoslowakei. Und ich sagte, ‚Sie wollen sie hierher bringen? Zu 1000 Juden? Sie wissen nicht, was sie tun!'

42 Louis Lowy, „Zum Abschied!" *Deggendorf Center Revue*, no. 11 (15. April 1946): 1.
43 Doris L. Bergen, "The 'Volksdeutschen' of Eastern Europe, World War II, and the Holocaust: Constructed Identity and Real Genocide," *Yearbook of European Studies* 13, (1999): 70–93.

> Er sagte, ‚Als Jude verstehe ich das, aber das sind Anweisungen von General Patton!'
> Ich sagte, ‚Pass auf, Carl, es wird Unruhen geben! Ich glaube nicht, dass sie mit diesen anderen Leuten sicher hierher kommen können.' Nicht, dass ich sonderlich besorgt um die *Volksdeutschen* gewesen wäre, aber ich war besorgt, Unruhen anzustiften. ‚Bisher hat die jüdische Bevölkerung sich gut benommen. Man würde erwarten, dass sie nach dem, was sie durchgemacht haben, rausgehen und die Deutschen nebenan umbringen. Aber sie haben keinerlei Rache genommen. Aber wenn diese *Volksdeutschen* kommen sollten, prognostiziere ich Rache.'
> Dann sandte Atkin mich nach München. Er sagte, ‚Warum fährst du nicht nach München? Ich kann das nicht machen. Es ist besser, wenn du fährst.'
> Also fuhr ich zum Hauptquartier der 3. Armee. Ich rannte im wahrsten Sinne des Wortes neben einem Lastwagen her, um mitgenommen zu werden, denn es gab keine Züge nach München. Und ich ging zum Hauptquartier der 3. Armee, die Pattons Armee war, und ich sprach und schrie.
> Sie sagten, ‚Es war ein Wunder, dass *Sie* befreit wurden. Und nun sind diese *Volksdeutschen* auf der Flucht. Sie sitzen im selben Boot wie Sie!'
> Und das war der Punkt, an dem ich die geistige Gesundheit der amerikanischen Taktik anzuzweifeln begann. Ich dachte, ‚Mein Gott! Was für Befreier sind das? Was verstehen sie?' Ich war sehr verärgert über die Amerikaner, denn ich dachte, sie seien naiv.

Fest entschlossen, sich den Militärbehörden zu widersetzen, begann Louis, sich über seine Verantwortlichkeiten für die „Führung, die unnachgiebige Führung" des Deggendorf Centers klar zu werden. Mit Unterstützung der Leiter des Zentralkomitees der befreiten Juden, möglicherweise Zalman Grinberg und Abraham Klausner, dem Kaplan der US-Armee, und mit der Hilfe von Rabbi Judah Nadich, Eisenhowers Sonderberater in jüdischen Angelegenheiten, trat Louis dafür ein, den Status des Deggendorf Centers als „besonderes Lager für Juden" zu wahren, eine Position, die Eisenhowers neuer Strategie im Umgang mit jüdischen Displaced Persons entsprach.

Am Ende wurden die *Volksdeutschen* in ein anderes Lager gebracht. Louis nächstes Zusammentreffen mit der US-Armee war mit General Eisenhower persönlich. Louis schätzte die Erinnerung an das Treffen mit Eisenhower, der „eher wie ein freundlicher Vater sprach als wie der Oberbefehlshaber der Alliierten."

Im Sommer 1945, als das Deggendorf Center einer akuten Knappheit an Nahrungsmitteln und anderen Bedarfsgütern entgegensah, war die UNRRA für die Versorgung vollständig vom US-Militär abhängig. Private philanthropische Einrichtungen wie das American Jewish Joint Distribution Committee hatten noch keinen Zugang zu den DP-Lagern in Bayern und überzählige Rot-Kreuz-Pakete, die ursprünglich für Kriegsgefangene vorgesehen waren, stapelten sich unerreichbar für die UNRRA in Lagerhäusern. Als Rabbi Nadich im Namen von General Eisenhower die DP-Lager besuchte, stellte er fest, dass das Deggendorf Center, wie andere Lager, dringend Nahrungsmittel, medizinische Versorgung, Kohlen, Kleidung, Schuhe und Material für didaktische, kulturelle und berufliche Beschäftigungen benötigte.[44]

Durch einen Zufall in der Programmplanung wurde Nadich bei seiner Besichtigung des Deggendorf Centers von Byron Price begleitet, der im besonderen Auftrag von Präsident Truman kam.[45] Price sollte kurze Zeit später Stellvertretender Generalsekretär der Vereinten Nationen werden. Er plante, Truman Kopien von Nadichs Bericht auszuhändigen, und es mag das Interesse von Price – und folglich von Präsident Truman – gewesen sein, das erklärt, wie das verhältnismäßig kleine Deggendorf Center die Aufmerksamkeit von General Eisenhower erregte. Als Eisenhower plante, am 17. September 1945 fünf jüdische DP-Lager zu besichtigen, war jedenfalls auch das Deggendorf Center darunter.[46] Wie Louis sich erinnerte:

> Ich sagte zu Atkin, ‚Die Lebensmittelversorgung ist sehr dürftig. Diese Menschen sind hungrig! Wir brauchen Hilfsgüter des Roten Kreuzes.' Und er sagte, ‚Nun, ich kann daran nichts ändern, aber ich weiß, dass Eisenhower eine Besichtigungsreise zu diesen Lagern unternimmt, denn er hat durch Rabbi Nadich erfahren, dass es Probleme gibt.'
> Eisenhower war immer noch Oberbefehlshaber. Und selbstverständlich wurde bekannt gegeben, dass Eisenhower das Deggendorf Center besichtigen würde. An welchem Tag? An Jom Kippur, 1945! Eisenhower kam an Jom Kippur! Kann man sich das vorstellen? [Jom Kippur ist der Tag der Versöhnung, der heiligste Feiertag im jüdischen Jahr].
>
> Also ging ich ins Lager und sie sagten, ‚Aber wir werden [Gottes-]Dienst haben. Die orthodoxen Juden werden den ganzen Tag in der *shul* [Synagoge] sein.'

44 Nadich, *Eisenhower and the Jews*; Nadich, "After Liberation."
45 Nadich, *Eisenhower and the Jews*.
46 Eisenhower to President Truman, 14. Sept. 1945; und Eisenhower to President Truman, 18. Sept. 1945.

Und ich sagte, ‚Wir werden Gottesdienst abhalten, aber wir werden uns auf den Besuch vorbereiten.' Und ich muss sagen, allein der Gedanke daran, schüchterte mich ein. Was sollten wir tun? Ich hatte die Idee, dass ein kleines Mädchen Blumen überreichen sollte. Sie sollte hingehen und Eisenhower Blumen schenken.
Und tatsächlich, an Jom Kippur kam eine große Entourage. Ich werde es nie vergessen. Eisenhower kam, und Byron Price und General McNarny und Richter Rifkind. Er sollte der Zivilberater für jüdische Angelegenheiten werden. Sie alle kamen. Es müssen 40 oder 50 Armeeangehörige da gewesen sein. Du meine Güte! Es war ein riesengroßes Ereignis!

Und dann steigt Eisenhower aus dem Jeep, kommt herüber und nimmt seinen Hut ab. Man stelle sich das vor! Nach dem, was wir gewohnt waren, nimmt er den Hut ab! Und wir gaben uns die Hand. Er setzte sein typisches Eisenhower-Grinsen auf und sagte, ‚Hallo, wie geht es Ihnen?'
Ich sagte, ‚Ich wurde von der UNRRA mit der Verwaltung des Lagers betraut.'
Und er sagte, ‚Schön, Sie kennenzulernen!' Er sprach wie ein freundlicher Vater, nicht wie der Oberbefehlshaber der Alliierten! Das kleine Mädchen trat heran und gab ihm die Blumen. Ein paar Leute machten Fotos. Und ich wusste nicht, wie mir geschah. Und sie sagten, ‚Lassen Sie uns ins Büro gehen', und wir gingen in mein Büro. Ich hatte ein großes Büro in der Kaserne.

Der UNRRA-Direktor Carl Atkin war dort, und alle salutierten. Wir stellten unsere Leute vor und sie stellten Byron Price und Richter Rifkind vor und so weiter, aber es interessierte mich nicht im Geringsten, wer die anderen waren.
Dann setzte sich Eisenhower auf die Tischkante. Ich werde diesen Augenblick nie vergessen. Und er sagte, ‚Nun, erzählen Sie mir, was Sie brauchen?' Einfach so! Er sagte, ‚Ich bin auf Besichtigungsreise und ich möchte diesen furchtbaren Zustand in Ordnung bringen. Ich war in Bergen-Belsen und habe gesehen, was geschah und es war sehr berührend, sehr berührend. Was brauchen Sie?'
Ich sagte, ‚Naja, das Erste, was wir brauchten, war die Freiheit!'
Und er sagte, ‚Schon gut. Was brauchen Sie?'
Und Rifkind brüllte, ‚Sagen Sie ihm, was Sie brauchen!'
Ich verstand und ich hatte mich vorbereitet, das muss ich zugeben, also sagte ich, ‚In Ordnung, Sir, hier ist eine Liste. Wir brauchen Nahrungsmittel; einige Leute brauchen koschere Nahrungsmittel. Wir brauchen

mehr Betten; wir brauchen mehr Ausstattung für das Krankenhaus; wir brauchen mehr Ausstattung für die Kinder; wir brauchen Kleidung.‘ Ich gab ihm eine ganze Wäscheliste und sein Personal schrieb und schrieb und schrieb und schrieb. Und dann sagte er, ‚Fertig!‘

Und er wollte sich umsehen, und wir brachten ihn hoch in die Synagoge, wo sie immer noch beim *davening* [Gebete sprechen] waren, und er setzte seinen Hut auf [es ist üblich, in der Synagoge eine Kopfbedeckung zu tragen]. Ich war zutiefst beeindruckt, dass Eisenhower hier war, mehr beeindruckt von Eisenhower, als von jedem anderen Soldaten, dem ich in meinem Leben begegnet bin, und ich konnte verstehen, woher der prägende Eindruck kam, den er hinterließ.
Sie blieben eineinhalb Stunden hier, vielleicht zwei, dann fuhren sie ab. Und Eisenhower sagte, ‚Alles Gute, und ich hoffe, Sie kommen alle in die USA!‘

**Bild 11:** General Dwight D. Eisenhower, in Begleitung von General McNarny und Carl Atkins, besucht einen Kindergarten im DP-Lager Deggendorf oder Neu Freimann, September 1945. Fotograf unbekannt. Fotografie #38131. Mit freundlicher Genehmigung der USHMM.

> Innerhalb von zwei Tagen gab es so etwas wie eine Invasion. Das Lager quoll über vor lauter Waren, die eintrafen: Betten, Krankenhausequipment, Penizillin, das gerade entdeckt worden war. Die Ärzte bekamen medizinisches Zubehör. Ein Krankenhaus wurde eingerichtet. Schulbücher kamen, Zeitschriften kamen. Ein Filmprojektor, Filme und Radios kamen. Boxhandschuhe, Soccer Bälle, Volleybälle, Fußbälle und alle möglichen anderen Dinge!
>
> Und die Rot-Kreuz-Pakete trafen ein. Die tägliche Nahrungszufuhr sollte 4000 Kalorien betragen! Weißt du, wie viel das ist? Wir brauchen ungefähr 2000 Kalorien. Viele fingen an, das Lager Dickendorf zu nennen, nicht mehr Deggendorf, sondern Dickendorf, weil alle zunahmen. Es war unglaublich! Und Atkin sagte, ‚Ich hab dir gesagt, was der Oberbefehlshaber tun kann!' Danach ging es weiter und das Leben in Deggendorf war gut, im Großen und Ganzen.

Das Verhältnis zwischen der jüdischen Gemeinde und ihren amerikanischen Befreiern war niemals einfach und Louis stand „ständige Kämpfe und Auseinandersetzungen" durch, um eine Arbeitsgemeinschaft aufzubauen, die auf gegenseitiger Zusammenarbeit und Vertrauen basierte. Wie er später in der *Deggendorf Center Revue* reflektierte:

> Heute sind uns viele Gegebenheiten selbstverständlich, die noch vor Wochen Objekte eines heftigen Kampfes gewesen sind. Schritt für Schritt mußte erkämpft werden. Die Einstellung von verschiedenen Stellen uns gegenüber war noch vor Monaten eine sehr skeptische, ja ablehnende. Man betrachtete uns als etwas Unbequemes, ja sogar Destruktives. Es galt in allererster Linie eine Vertrauensbasis der amerikanischen Verwaltungsbehörden einschließlich der UNRRA für uns zu schaffen.
>
> Wir dürfen nicht vergessen, daß wir fast in Opposition gegen die Organisationen stehen mußten, die für uns, mit uns arbeiten sollten. Aber aus dieser Opposition heraus entwickelte sich eine gemeinsame Grundlage eines Zusammenarbeitens. Ein stetes Ringen und Kämpfen war erforderlich, um Vertrauen in Freundschaft zu verwandeln und daraus eine Arbeitsgemeinschaft zu bilden, die erst geeignet war, die unzähligen Probleme in Angriff zu nehmen und sie teilweise zu lösen.[47]

47 Louis Lowy, "Besinnung," *Deggendorf Center Revue*, no. 3 (Anfang Dez. 1945): 2.

## Eine demokratische Selbstverwaltung

Ein Meilenstein in der Entwicklung des Deggendorf Centers war die erste Wahl des jüdischen Komitees am 15. Oktober 1945.[48] Obwohl Carl Atkin, der UNRRA-Direktor des Deggendorf Centers, Louis damit beauftragt hatte, eine jüdische Selbstverwaltung aufzubauen, war Louis der Überzeugung, es sei an der Zeit, dass die Bewohner ihre eigenen Leiter wählen sollten. Der Hauptzweck der Selbstverwaltung war die Wiederherstellung der Demokratie und der Rechtsstaatlichkeit, und für diejenigen, die im Ghetto Theresienstadt inhaftiert gewesen waren, wo die jüdischen Leiter von den Nationalsozialisten bestimmt worden waren, würde eine Wahl die Freiheit und Selbstbestimmung der jüdischen Gemeinschaft bestätigen.

Bei der Planung der ersten Wahl im Deggendorf Center beriet Louis sich möglicherweise mit den Leitern des benachbarten Lagers Landsberg, wo ein ähnlicher Wahlgang und Zeitplan eingehalten wurde.[49] Alle Einwohner des Deggendorf Centers, die über 18 Jahre alt waren, sollten wählen dürfen und Kandidaten für das fünfköpfige „jüdische Komitee", das Exekutivorgan der jüdischen Selbstverwaltung, vorschlagen dürfen. Vorsitzender des jüdischen Komitees sollte derjenige werden, der die meisten Stimmen erhielt, während die vier folgenden Kandidaten mit den meisten Stimmen als zusätzliche Komiteemitglieder fungieren würden. Wahllokale „nach alphabetischen Gruppen" sollten gedruckte Listen mit den Kandidaten verteilen.[50] Zusätzlich sollte eine Wahlurne ins Krankenhaus gebracht werden, damit die Bettlägrigen würden wählen können.

Eine Woche vor der Wahl starteten die 12 Kandidaten eine lebhafte Wahlkampagne, und am Montagmorgen, dem Wahltag, hatten sich die Einwohner bereits vor den Wahllokalen versammelt, als diese um 8 Uhr öffneten. Die Wahllokale schlossen um 17 Uhr, und als die Wahlurnen zum Büro des UNRRA-Direktors gebracht wurden, wartete eine Menschenmenge „gespannt vor Aufregung" darauf, dass die Wahlergebnisse am schwarzen Brett des Lagers ausgehängt würden.[51]

Von 880 Wählerstimmen wurden 692 Stimmen gezählt, da zwei Wahlurnen sich als ungültig herausstellten. Louis Lowy wurde mit 576 Stimmen zum Vorsitzenden des jüdischen Komitees gewählt. Weitere Mitglieder des jüdischen Komitees

48 „Neuwahl," 4.
49 „Neuwahl"; und Schwarz, *The Redeemers*, 69–70.
50 Schwarz, *The Redeemers*, 69.
51 „Neuwahl," 4.

waren Szymon Gutman (mit 521 Stimmen), Martin Heilbrunn (366 Stimmen), Dr. Heinrich Liebrecht (339 Stimmen) und Adolf Blau (316 Stimmen). Die *Deggendorf Center Revue* gratulierte den Gewinnerkandidaten: „Wir begrüßen die Herren des neuen Commitees, die sich zum Teil schon vorher an führender Stelle bestens bewährt hatten."[52]

Durch seine führende Rolle bei der Gründung der jüdischen Selbstverwaltung hatte Louis seine Fähigkeiten als Verteidiger, Vermittler und „Sozialpolitiker" bewiesen, der fähig war, eine Vision von sozialem Wandel zu verwirklichen. Später würde er die Sozialpolitik als „Ziel im Verlauf einer Sozialarbeitskarriere" beschreiben.[53]

In seiner eigenen langen Laufbahn als Sozialarbeiter, Pädagoge und Sozialpolitiker würde sein Einsatz niemals höher sein als zu der Zeit, da er Leiter des Deggendorf Centers war, wo ein trauerndes Volk mehr brauchte, als selbst ein General Eisenhower geben konnte. Als Vorsitzender des jüdischen Komitees bestätigte Louis die Richtlinien seines Lebenswerkes: dass es möglich ist, „für Menschen Bedingungen zu schaffen, die es ihnen erlauben, sich optimal selbst zu verwirklichen, ihren Platz in der Welt von morgen zu finden und konstruktiv und aktiv an der Gesellschaft als Teil einer größeren Weltordnung zu partizipieren."[54] Durch soziale Partizipation und Lernprozesse, so glaubte Louis, würde die jüdische Übergangsgemeinschaft ihren Platz in der Welt von morgen finden.

52 „Neuwahl," 4.
53 Louis Lowy, "Social Work and Social Statesmanship," *Social Work*, 5, no. 2 (1960): 97–104.
54 Lowy, *Social Work with the Aging*, 55.

# 5 Louis und Ditta

Fast alle Einwohner des Deggendorf Centers hofften, Überlebende zu finden – Familienangehörige, Freunde, Bekannte aus ihren Heimatstädten – und manche gaben die Hoffnung und die Suche für den Rest ihres Lebens nicht auf.[1] Der Erfolg oder Misserfolg bei der Suche nach einem Angehörigen hing weniger von den offiziellen Suchdiensten ab als von Klatsch, Gerüchten, Zufall und Glück und genauso erging es Louis Lowy und Ditta Jedlinsky, die einander versprochen hatten, sich nach Kriegsende wiederzufinden. Louis und Ditta hatten sich im Mai 1944 getrennt, als Ditta und ihre Mutter, Hilda Jedlinsky, von Theresienstadt nach Auschwitz deportiert wurden. Louis hatte während der letzten Kriegsmonate zum letzten Mal von Ditta gehört, als er und seine kleine Gruppe sich auf dem Weg zum Schwarzen Meer befanden. Wie Vern Drehmel sich erinnerte: „Zu Beginn unserer Reise hatte jemand Louis erzählt, er habe Dittas Leichnam in eine Leichengrube getragen. Viele Menschen erzählten solche Geschichten", doch diese Geschichten waren häufig falsch.

Im Oktober 1945, möglicherweise am Tag der Wahl im Deggendorf Center, erfuhr Louis, dass Ditta lebte. Wie Louis sich erinnerte:

> Es gab eine Zeit, da erzählte mir jemand in Deggendorf, er komme gerade aus Wien. Es gab natürlich keine Verkehrsverbindung, aber die Leute reisten hin und her. Es gab nur Armeetrucks und Lastwagen, und die Amerikaner ließen einen mitfahren und die Briten und die Russen ließen einen mitfahren. Es gab keine Post, außer für die Militärregierung. Das Militär bekam Post und man konnte über die Armee etwas besorgen. Es war eine Gesellschaft ohne Zukunft.
>
> Aber es gab junge Leute aus Deggendorf, die es versuchten [Menschen zu finden] und schließlich erreichten einige Wien. Wien hatte bereits eine Jüdische Kultusgemeinde aufgebaut, wo Menschen sich treffen konnten.

1 Woolrich, "Searches".

So kam also einer dieser Burschen ins Büro und sagte, ‚Hör mal, Louis, ich habe Neuigkeiten für Dich!'
Und ich sagte, ‚Was für Neuigkeiten?'
Und er sagte, ‚Ich habe gerade Ditta gesehen!'
‚Mein Gott! Wo hast du sie gesehen?' Ich meine, es war fast unmöglich, etwas über jemanden zu erfahren. Die Wahrscheinlichkeit war so gering. Und er sagte, ‚Nun, ich habe sie in Wien gesehen. Sie war mit ihrer Mutter bei der Kultusgemeinde, um herauszufinden, wer dort ist. Aber sie leben nicht in Wien. Sie leben in der Slowakei, in Bratislava. Es gab für sie in Wien nichts mehr, deshalb wollten sie schauen, ob sie in irgendeines der DP-Lager kommen könnten.'
Also sagte ich, ‚Gut, ich fahre nach Bratislava und schaue, was los ist.'

Das war leichter gesagt als getan. Zuerst einmal gab es keine Transportmöglichkeit. Also verhandelte ich mit der UNRRA, und sie gaben mir einen Platz auf einem LKW, der hin- und herpendelte. Die amerikanischen Truppen besetzten die Tschechoslowakei. Sie waren in Pilsen, etwa 20 Meilen vor Prag. Aber von Pilsen musste man in die russische Besatzungszone fahren, worauf ich nicht besonders erpicht war! Darüber hinaus gab es ein weiteres Problem. Ich war tschechischer Staatsbürger und alle tschechischen Staatsbürger konnten zum Militärdienst eingezogen werden. Die tschechische Regierung hatte gleich nach Kriegsende wieder den Militärdienst eingeführt und ich hatte nicht das Bedürfnis, in die tschechische Armee einzutreten! Also musste ich es vermeiden, als Tscheche identifiziert zu werden und ich musste mich durch die russische Besatzungszone schmuggeln, was nicht erlaubt war, aber was tut man nicht alles für die Liebe? Also tat ich es!

Ich schaffte es, nach Pilsen zu gelangen und von Pilsen fuhr ich mit einem russischen Zug mit den Truppen weiter. Wieder half mir die Sprache sehr. Ich kam durch und gelangte nach Bratislava. Ich wusste die Adresse. Ich suchte Ditta und ihre Mutter auf und meine Güte, sie waren da! Wir blieben ein paar Tage und dann sagte ich, ‚Ich nehme euch beide mit ins DP-Lager nach Deggendorf.'
Schließlich hatte ich alle Vorkehrungen getroffen. Ich nahm übrigens noch andere mit. Ich organisierte für ungefähr 12 oder 14 Leute die Rückkehr mit mir. Wir fuhren mit dem Zug nach Pilsen und von Pilsen organisierte ich eine Mitfahrgelegenheit bis zur bayerischen Grenze. Doch es gab eine Sperrstunde. Man durfte nachts nicht rausgehen. Also blieben wir draußen. Das war im November 1945.

Und am nächsten Morgen ging ich rüber zum amerikanischen Feldlager. Da stand ein amerikanischer GI, er lungerte nur herum und kaute Kaugummi. ‚Wie geht's?', sagte ich. ‚Ich würde gerne das Feldtelefon benutzen.' Er war völlig desinteressiert. Gott sei Dank war es ihm völlig egal! Also rief ich die Amerikaner an und am nächsten Tag schickten sie einen Lastwagen mit mehreren Menschen aus Deggendorf, darunter auch Vern. Alle waren so froh, dass sie [Ditta und ihre Mutter] mit uns zurückgekommen waren, und sie wurden als DPs registriert. Und einen Monat später heirateten wir.

**Bild 12:** Mitteleuropa 1945: Louis macht Ditta ausfindig, Oktober bis November 1945. Karte von Joseph Stoll, Syracuse University Cartographic Laboratory.

Wie Louis und Ditta heirateten die meisten erwachsenen Holocaustüberlebenden andere Überlebende, die ihre Erfahrungen verstehen und nachempfinden konnten. „Andere Überlebende sind unsere Familie", erklärte ein Bewohner des Deggendorf Centers, und William B. Helmreich fand in einer Umfrage unter Überlebenden in den USA heraus, dass 80 Prozent mit anderen Überlebenden verheiratet waren.[2] Nachdem Louis und Ditta sich wiedergefunden hatten, stellten sie fest, dass Dittas Erfahrungen während ihrer Trennung von Mai 1944 bis Oktober 1945 in vielerlei Hinsicht denjenigen von Louis entsprachen. Sie hatten

2 Helmreich, *Against all Odds*, 121; und Henry F. Holocaust Testimony (HVT-2442), Fortunoff Video Archive for Holocaust Testimonies, Yale Univ. Library, New Haven, CT, 1992.

beide Auschwitz durchlitten, Zwangsarbeit und einen Todesmarsch, und sie waren beide dem Tode sehr nahe gewesen. Die auffälligste Gemeinsamkeit jedoch war, dass sie ihre Erfahrungen nicht alleine erduldet hatten. Wie Louis und Vern zum Überleben aufeinander angewiesen waren, so hatten Ditta und ihre Mutter auf ihrem Leidensweg füreinander gesorgt. In Dittas Worten:

> In meiner Mutter hatte ich jemanden, dem ich vollständig vertrauen konnte. Ohne das hätte ich nicht überlebt, und sie hätte ohne mich auch nicht überlebt. Wie mutig sie sich durch diesen Krieg gekämpft hat! Man sieht erst im Nachhinein, dass es eigentlich keine Hoffnung gab. Also machten wir weiter.[3]

## Dittas Geschichte

Edith (Ditta) Jedlinsky wurde am 9. Februar 1926 als einziges Kind von Hilda, einer Schneiderin und Modeschöpferin, und Joseph, der als Handelsvertreter für eine Lederwarenfirma arbeitete, in Wien geboren. Joseph wurde mit dem ersten Transport aus Wien deportiert, einem reinen Männertransport. Ditta erinnerte sich, dass sie ihren Vater zum letzten Mal sah, als sie und ihre Mutter ihn am 20. Oktober 1939 zum Bahnhof begleiteten.

Wenige Monate später erhielten sie einen Brief von Joseph mit einer Fotografie. Er war über die sowjetische Grenze entkommen und arbeitete als Buchhalter bei einem Getreidehandel. Dank seiner fließenden Russischkenntnisse, die er als Kriegsgefangener im Ersten Weltkrieg erlangt hatte, fand Joseph einen relativ sicheren Job und Ditta und ihre Mutter fragten sich immer, ob er den Krieg überlebt hatte.[4]

Wenige Monate, nachdem Ditta und ihre Mutter Josephs Brief erhalten hatten, wurde ihnen befohlen, ihm zu folgen. Frauen wurden für einen Transport versammelt, der sie angeblich mit ihren Ehemännern wiedervereinen sollte. Sie vermuteten Täuschungsmanöver, deshalb weigerte sich Dittas Mutter mitzugehen. Im Oktober 1942 war jedoch keine Verweigerung mehr möglich und Ditta, ihre Mutter, ihre Tante, Margarethe Melzer, und ihre Großmutter mütterlicherseits wurden ins Ghetto Theresienstadt deportiert. Ditta, jetzt 15 Jahre alt, zog ins Jugendheim in L414, wo sie Louis Lowy traf. Im Mai 1944 wurden sie und ihre Mutter nach Auschwitz deportiert.

3 Edith L. Holocaust Testimony.
4 Gertrude Schneider, *Exile and Destruction: The Fate of Austrian Jews, 1938–1945* (Westport, CT: Praeger, 1995).

Erst 50 Jahre später, 1994, erzählte Ditta ihre Erfahrungen während des Krieges für das Fortunoff Video Archive for Holocaust Testimonies.[5] Ditta fehlten die Worte, so wie sie auch Louis in seinem eigenen narrativen Interview gefehlt hatten, als sie versuchte, ihre Erinnerungen an Auschwitz zu schildern. Im Gegensatz zu ihren ansonsten so lebhaften Erzählungen war dieser Teil ihres Zeugnisses sehr nüchtern, als würde sie ihn vom Blatt ablesen, mit wenigen Details und wenig Emotionen.

Der Holocaustforscher Lawrence Langer führt den Verlust des Redeflusses in vielen Holocaust-Zeugnissen auf die Abspaltung traumatischer Erinnerungen zurück, die keinen Platz im täglichen Leben haben: „Die Augenzeugen kämpfen mit der unmöglichen Aufgabe, die Erinnerungen an ihre Erfahrungen im Lager mit ihrem restlichen Leben zu verknüpfen."[6] Wie Ditta sagte, „Ich war dort, und ich habe das alles durchgemacht. Ich weiß, dass ich das war, aber das ist nicht die Person, die ich jetzt bin."

In ihrem Holocaust-Zeugnis erinnerte sich Ditta an den verschlossenen Viehwaggon, der sie und ihre Mutter nach Auschwitz brachte, die Menschen, die im Güterwaggon starben, die Türen, die sich zu den „langen Reihen und dem Gebrüll" öffneten, das Familienlager Theresienstadt, den Hunger und das Frauenlager, wo ihre Kleidung konfisziert wurde und wo Dittas Mutter ihnen aus einem Kleid Unterwäsche anfertigte. Im Frauenlager mussten sie Ziegelsteine schleppen. „Es war ein heißer Sommer", wie Ditta sich erinnerte:

> Wir waren von Mai bis Juli 1944 in Auschwitz. Wir waren dort, als wir vom D-Day [6. Juni 1944] erfuhren. Irgendwie hörten wir in Auschwitz davon. Und dann, im Juli, wurden wir selektiert und in Viehwaggons zu einem Lager in Stutthof gebracht, weit weg im Norden. Wir waren froh, Auschwitz zu verlassen.
>
> Nach ein paar Wochen im Lager Stutthof wurden wir zum Arbeiten auf einen Bauernhof in Westpreußen geschickt. Vier Frauen wurden aus Stutthof dorthin geschickt. Nachts wurden wir in einen Keller mit Stroh auf dem Fußboden gesperrt, aber das Essen auf dem Hof war ausreichend. Es waren auch englische Kriegsgefangene dort und russische Bäuerinnen, die Zivilhäftlinge waren.
>
> Wir halfen bei der Kartoffelernte, misteten die Hühner- und die Schweineställe aus, trugen Strohbündel. Der Bauer bezahlte dem Lager pro

5 Edith L. Holocaust Testimony.

6 Lawrence L. Langer, *Holocaust Testimonies: The Ruins of Memory* (New Haven, CT: Yale Univ. Press, 1991), 2.

Arbeitskraft, aber wir konnten nicht so viel arbeiten wie die russischen Bäuerinnen. Während wir ein Bündel trugen, konnten sie vier oder fünf auf einmal tragen!

Deutsch zu sprechen, war von Vorteil – es war ihnen [der Bauernfamilie] nie in den Sinn gekommen, dass Juden Deutsch sprechen könnten – und meine Mutter erzählte, dass sie Schneiderin war. Als das Wetter kälter wurde, schickte man meine Mutter nach oben in einen geheizten Raum mit einer Nähmaschine. Wir wurden sorgsamer ernährt und die englischen Kriegsgefangenen bauten ein Bett für uns. Wir waren von August bis November 1944 auf diesem Bauernhof, bis die Russen näher rückten und der Bauer uns zurück nach Stutthof schickte.
Nun wurden wir hinausgeschickt, um Gräben zu graben. Es klingt vorsintflutlich, wenn man bedenkt, dass dies der Zweite Weltkrieg war! Wir wurden in kleinen runden Hütten untergebracht, 40 Frauen in jeder Hütte, mit einem kleinen Herd und einem Ofen, der durch das Dach abzog. Wir hatten sehr wenig zu essen. Es war eiskalt und wir trugen Schuhe mit Holzsohlen, die das Gehen beschwerlich machten.

Genau als die Russen einrückten, wurden wir zurück nach Stutthof gebracht. Es war der Januar 1945 und das Lager wurde aufgelöst. Es gab eine Selektion entweder für den Todesmarsch oder das Krematorium. Zu diesem Zeitpunkt waren meine Mutter und ich in ziemlich schlechter Verfassung und sie wollten, dass wir auf die falsche Seite gingen. Also schlichen wir uns wieder zurück und sie selektierten uns wieder für die falsche Seite. Es war alles nicht mehr besonders gut organisiert. Wir schauten einander an und sagten, ‚Nun, wir haben nichts mehr zu verlieren!' Entweder wir würden jetzt sterben oder wir hätten noch eine Chance. Und als wir das dritte Mal an der Reihe waren, selektierte jemand anderes und so kam es, dass ich davon berichten kann.

Aber das war erst der Anfang des Grauens. Wir machten uns auf zum Todesmarsch. Wir waren viele und wir sahen nicht mehr aus wie Männer oder Frauen. Wir wussten nicht, wohin wir gingen. Wir gingen über Schnee auf dem Boden und Leichen. Die SS ließ uns ihre Waffen und Helme tragen. Einmal übernachteten wir in einer Scheune und als ich aufwachte, war meine Decke verschwunden. Es gab nichts zu essen, nur getrocknete Kartoffeln oder Rüben, die in Wasser eingeweicht wurden. Wir konnten sie nicht essen und als wir ein paar Rüben im Lager fanden, aßen wir sie roh.

Als wir nicht mehr weiter konnten, beschlossen meine Mutter und ich zurückzubleiben, im Schnee einzuschlafen und zu sterben. So macht man das eben. Aber sie ließen uns nicht zurückbleiben. Wir mussten weitergehen. Wir schleppten uns zu einem weiteren Bauernhof und dieses Mal weigerten wir uns weiterzugehen. Wir blieben zurück mit etwa 15, 20 anderen Menschen, bis der Bauer die Obrigkeiten alarmierte und sagte, ‚Ich habe hier 15 Juden!'
Also kamen sie mit einem Lastwagen, luden uns auf und brachten uns zu einem anderen Lager, aber das war ebenfalls dabei, aufgelöst zu werden. Ich weiß nicht, ob es ein reguläres Konzentrationslager war oder ein Kriegsgefangenenlager. Es war ein trostloser Ort, ein winziger Ort, der auf Deutsch Burggraben hieß, nicht weit von Danzig entfernt und dort bekamen meine Mutter und ich Typhus. Irgendjemand rettete uns, indem er uns Pillen gab.

Mittlerweile herrschte überall Chaos. Es gab Kämpfe und plötzlich zogen die Deutschen ab. Die Deutschen wollten nicht gefangen genommen werden, also zogen sie ab. Das Lager wurde sich selbst überlassen und viele gingen hinaus und wurden im Kreuzfeuer getötet. Wir blieben an Ort und Stelle und ein paar Tage später kamen die Russen.
Meine Mutter und ich wurden am 21. März 1945 dort von den Russen befreit. Für mich ist das der Tag meiner Wiedergeburt. Am Tag, als wir von ihnen befreit wurden, saßen wir in einem alten Bunker, um der Schießerei zu entgehen. Ein junger russischer Soldat sprach Englisch mit mir. Er gab mir seine Brotration.

Die Russen sagten, wir sollten dort bleiben, bis sie Danzig eingenommen hätten, und dann brachten sie uns nach Danzig, wo wir in einer ehemaligen Villa untergebracht wurden, die verwüstet und zerstört worden war. Sie wurde als Krankenhaus genutzt. Manche Russen sahen wild aus und sie vergewaltigten alle! Wir retteten uns, indem wir sagten, wir hätten Typhus. Es war eine seltsame Reise. Es war nicht so einfach, wie ich es jetzt erzähle.
In all den Lagern und bei allen Arbeitseinsätzen waren meine Mutter und ich immer zusammen. Das erste Mal, dass wir Gefahr liefen, getrennt zu werden, war nach unserer Befreiung. Die Russen wollten meine Mutter in irgendein Krankenhaus in Russland schicken, weil sie sehr krank war. Und ich sagte, ‚In Ordnung, ich gehe mit ihr.'
Sie sagten, ‚Nein! Sie können nicht mitgehen.'
Also sagte ich, ‚Nun, dann geht sie auch nicht.'

Ich musste mit den Russen kämpfen, denn wenn sie meine Mutter in dieses Krankenhaus gebracht hätten, hätte ich sie nie wieder gesehen.
Wir blieben bis zum 8. Mai in Danzig, dem Kriegsende. Und dann sagten die Russen, ‚Geht nach Hause!' Ich wusste nicht, wie ich nach Hause kommen sollte! Niemand wusste, wie er nach Hause kommen sollte. Sie gaben uns ein Stück Papier anstelle eines Ausweises oder Reisepasses. Sie gaben dieses eine Stück Papier meiner Mutter, mir und sechs ungarischen Mädchen, ein Stück Papier, und dann sollten wir unsere Sachen packen. Und die ungarischen Mädchen, ich glaube, sie waren befreundet oder verwandt, waren sehr hysterisch.

Wir brauchten ziemlich lange, um von ganz dort oben zurück nach Hause zu kommen. Wir versuchten, zurück nach Wien zu gelangen. Wir stiegen in Züge, und die Züge fuhren ohne Reservierungen, ohne Fahrkarten, ohne dass man bezahlte. Sie fuhren durch ganz Europa, um all die Vertriebenen Europas zurück nach Hause, oder so weit wie möglich nach Hause zu bringen. Es gab Griechen hier und Franzosen dort und Russen dort und Ungarn überall, und so fuhren die Züge, einige waren Viehwaggons, einige Passagierzüge. Es ging nicht nach Plan, sondern über Mundpropaganda. ‚Der Zug auf dem Gleis da drüben fährt Richtung Süden, also lass uns da einsteigen.' Oder ‚Der hier fährt nach Westen.'
In einem dieser Züge traf ich einen polnischen Ingenieur, der Deutsch sprach. Und er sagte mir, von hier aus musst du in diese Stadt fahren, dann in diese, in diese und diese und wenn du in jene Stadt hier kommst, steigst du aus und nimmst einen Zug Richtung Westen. Das war sehr hilfreich, denn niemand anders hatte mir das gesagt und so machten wir es. Und als es Zeit war, abzureisen, fuhren die ungarischen Mädchen nach Osten und wir fuhren Richtung Westen, nach Wien. Und die ungarischen Mädchen wollten mein Stück Papier. Und ich warf es ihnen hin und rief, ‚Gott sei Dank bin ich es los!'
Meine Mutter war völlig aufgebracht. ‚Wie kannst du das tun?', sagte sie, ‚Jetzt haben wir nichts mehr!'
Aber ich sagte, ‚Es hat wirklich keine Bedeutung. Sie wollten es haben.'

Wir kamen nach Bratislava, in der Slowakei, und ich fragte Menschen auf dem Bahnhof, ‚Wo sind die Züge nach Wien?' Und sie sagten, ‚Es gibt keine Züge, weil die Eisenbahnbrücken alle bombardiert wurden!'
So beschlossen wir, in Bratislava zu bleiben.
Dann sah ich eines Tages eine Frau auf der Straße, die ein Kleid meiner Großmutter trug. Meine Mutter hatte es für sie genäht, deshalb wusste

ich, dass es ihr Kleid war. Meine Großmutter war in Theresienstadt gewesen, und wir dachten, wir könnten sie vielleicht ausfindig machen. Also fuhren wir mit dem Zug nach Prag und dann nach Theresienstadt, um zu schauen, ob sie noch dort war. Wir reisten mit jemandem, der Tschechisch sprach, denn es war gefährlich, Deutsch zu sprechen. Und in Theresienstadt erfuhren wir, dass meine Großmutter einen Monat, bevor wir kamen, gestorben war. Sie hatte seit der Befreiung auf uns gewartet. Sie war nie deportiert worden. Wir fanden heraus, dass die Schwester meiner Mutter nach Auschwitz deportiert und getötet wurde. Und wir fanden heraus, dass Louis zurückgekommen, aber bereits nach Deggendorf weitergereist war. Also fuhren wir zurück nach Bratislava.

Einmal fuhr ich mit meiner Mutter auf einem russischen Lastwagen nach Wien. Es war völlig illegal. Sie sollten keine Zivilisten mitnehmen. Und ich fuhr noch einmal alleine nach Wien, weil ich wirklich dachte, wir könnten dort vielleicht leben, aber meine Mutter und ich stellten fest, dass wir dort nicht leben konnten. Wir konnten dort einfach nicht mehr leben. Ich bin mir sicher, dass man uns Sachen zur Verfügung gestellt hätte, denn zu diesem Zeitpunkt wollte jeder beweisen, dass er kein Nazi gewesen war, aber wir spürten, dass es absolut unmöglich für uns war, uns dort wieder niederzulassen. Ich ging zu dem Haus, in dem wir früher gewohnt hatten und die Frau, die sich um das Gebäude kümmerte, sagte, ‚Wir waren gut zu euch, nicht wahr?' Diese ganze Falschheit, wir konnten sie einfach nicht ertragen.

Aber als wir in Wien waren, ging ich zur Jüdischen Kultusgemeinde, und wir hinterließen dort eine Nachricht und ließen uns registrieren, denn alle taten das. Wo immer man hinging, ließ man sich registrieren. Falls irgendjemand lebend zurückkam, sollte er sehen, dass du da gewesen warst, dass du lebst. Ich fragte sie in Wien, ‚Wie komme ich nach Deggendorf?', weil Louis dort war.
Sie sagten, ‚Nur mit dem Transport.'
Ich sagte, ‚Ich gehe auf keine Transporte mehr.'
‚Aber', sagten sie, ‚hier ist jemand aus Deggendorf zu Besuch.' Und ich kannte ihn! Ich hatte diesen Jungen in Theresienstadt kennengelernt! Sein Name war Heinz Berger.
Und ich fragte ihn, ‚Kannst du Louis eine Nachricht von mir übermitteln?'
Und er sagte, ‚Selbstverständlich!'

So fuhr Heinz Berger zurück nach Deggendorf und wollte mit Louis sprechen. ‚Ich habe eine wichtige Nachricht für dich!', sagte er.
Doch es war der Tag der Wahl und Louis sagte, ‚Ich habe gerade viel zu tun. Du musst warten.'
Also saß Heinz dort und wartete stundenlang, und am Abend kam Louis endlich heraus. Sie hatten ihn gerade zum Vorsitzenden des Deggendorf Centers gewählt. Wissen Sie, Louis war sehr demokratisch. Und Louis fragte, ‚Was ist nun die wichtige Nachricht?'
Und er sagte, ‚Ich habe Ditta in Wien gesehen.'
Louis hatte gehört, dass ich tot sei. Und hier war jemand, der mich lebend gesehen hatte! Also sagte Louis, ‚Mein Gott! Ditta lebt! Warum hast du mir das nicht gesagt?'
‚Nun, du hast gesagt, du seist beschäftigt!'

Dann erfuhr ich, dass Louis auf dem Weg hierher war. Ich weiß nicht, wie ich es herausfand. Ich weiß nicht, wie die Kommunikation lief. Es gab noch keinen Postdienst in Europa. Es gab kein Telefon. Es lief alles über Mundpropaganda. Selbst Bücher, die man liest, schreiben, ‚Der und der traf zufällig den und den, der zufällig den traf und die Nachricht dem überbrachte.' Heutzutage ist es schwierig, dieses informelle Kommunikationsnetz zu verstehen.
Und als Louis kam, war ich sehr nervös. Am Nachmittag war ich im Kino gewesen. Meine Mutter sagte, ‚Louis war schon hier.'
Ich sagte, ‚Wie sieht er aus?'
‚Oh, er sieht sehr gut aus. Er hatte sich richtig fein gemacht, mit Anzug und Krawatte.'

Ich hatte ihn noch nie in Anzug und Krawatte gesehen, deshalb war ich sehr nervös. Außerdem muss ich ergänzen, dass die Russen uns nach unserer Befreiung die Haare geschnitten hatten, sie hatten uns völlig kahlrasiert, weil wir Läuse hatten. Das war nicht besonders schön!

Aber ich erinnere mich, dass ich, bevor wir befreit wurden, einmal gesagt hatte, ‚Wenn ich wüsste, dass wir den Krieg überleben, würde ich freiwillig meine Haare abschneiden lassen.' Denn während des Krieges taten die Nazis das oft, aber unsere Haare waren nicht abgeschnitten worden. So schnitten die Russen uns die Haare aus hygienischen Gründen ab. Aber mein Haar wuchs ohnehin sehr schnell. Im Mai wurde es abgeschnitten und zum Ende des Jahres hatte ich eine Dauerwelle.

Wir mussten ein paar Tage warten, bevor wir nach Deggendorf zurückkehren konnten, weil meine Mutter einen Mantel zur Ausbesserung beim Schneider hatte. Wir warteten also ein paar Tage und fuhren dann. Louis hatte noch 12 oder 14 weitere Personen, die er mit zurücknahm. Und die Reise von Bratislava nach Deggendorf war ziemlich abenteuerlich, weil wir zwei Grenzlinien passieren mussten, die von der russischen in die amerikanische Besatzungszone und die von der Tschechoslowakei nach Deutschland, welches zu diesem Zeitpunkt in der amerikanischen Besatzungszone lag. Für Louis war das eine gefährliche Angelegenheit, weil er tschechischer Staatsbürger war, und wenn sie ihn erwischt oder darauf bestanden hätten, hätte er in der tschechischen Armee Wehrdienst leisten müssen.

**Bild 13:** Ditta Jedlinsky in Bratislava, 1945. Fotograf unbekannt. Mit freundlicher Genehmigung von Edith Lowy.

Aber wir kamen über die Grenzen, stiegen aus dem Zug und es war nun bereits die Nacht des 1. November. Es war kalt. Wir hatten in Prag übernachtet und als wir aufbrachen, um die Grenze nach Deutschland zu passieren, wollte uns keiner in sein Haus lassen, weil Ausgangssperre herrschte. So mussten wir 12 oder 14 Menschen die Nacht vom 2. November im Wald verbringen. Und am nächsten Morgen ging Louis telefonieren und bat um einen Lastwagen aus Deggendorf, um all diese Menschen dorthin zu bringen. Das war die Reise. Und einen Monat später, am 2. Dezember, heirateten wir.

## Die entzückend aussehende Braut

Tatsächlich wurden Louis und Ditta drei Mal getraut: das erste Mal von einem Rabbi im Deggendorf Center; dann von dem deutschen Bürgermeister der Stadt Deggendorf, der ein Friedensrichter war; und schließlich von der amerikanischen Militärregierung. Wie Ditta erklärte, „Jeder, der seinen Familienstand änderte, musste zur amerikanischen Militärregierung gehen, deshalb gab es eine Art ziviler Feier.“

Doch es war die Feier im Deggendorf Center, die ihnen am meisten bedeutete.[7] Dittas Mutter schneiderte ein Hochzeitskleid mit einem langen weißen Unterrock aus Tüll, den jemand für sie aufgetrieben hatte. Dr. Liebrecht, einer von Louis' Kollegen im Jüdischen Komitee schenkte Ditta einen Strauß Orchideen, den sie durch den Mittelgang trug. Ditta bewahrte viele ihrer Hochzeitsgeschenke bis heute auf, einschließlich eines kalligrafierten Gedichtes des Seniorenheims. Louis hatte das Datum, den 2. Dezember, gewählt, damit Carl Atkin, dessen Zeit bei der UNRRA zu Ende ging, Trauzeuge sein konnte, und die Hochzeitsfeier wurde mit Atkins Abschiedsfeier verbunden, wie die *Deggendorf Center Revue* schilderte:

> Am 2.XII. fand im vollbesetzten Theatersaal im Rahmen des Nachmittagsgottesdienstes die Trauung unseres ersten Committee-Vorsitzenden Louis Löwy mit Ditta Jedlinsky statt.
>
> Unter den Klängen des Mendelssohnschen Hochzeitsmarsches kam die entzückend aussehende Braut, geführt von ihrer Mutter und Tante Klara (sprich Abrahamsohn) in den Saal. Die Schleppe trugen zwei kleine Mädchen und zwei Brautführerinnen.
>
> Nach feierlichen Gesängen von Frau Aronson-Lind und Herrn Luel trat der Bräutigam unter den Trauhimmel und die feierliche Vermählung wurde von Dr. R. Levi vollzogen. Trauzeugen waren noch die Herren Carl Atkin und Moritz Henshal.

**Bild 14:** Hochzeit von Ditta Jedlinsky und Louis Löwy, DP-Lager Deggendorf, 2. Dezember 1945. Fotograf unbekannt. Mit freundlicher Genehmigung von Edith Lowy.

7 "Hochzeit Louis Löwy," *Deggendorf Center Revue*, no. 3 (Anfang Dez. 1945): 7; Simon Schochet, *Feldafing* (Vancouver: November House, 1983); und Mark Wyman, *DP*.

> Nach der Feier nahm das junge Paar im angrenzenden Saal die Glückwünsche der Freunde und Bekannten entgegen. Die Hochzeitsgäste fanden sich später wieder im inzwischen zum Speisesaal umgewandelten Theatersaal ein und verlebten einige frohe Stunden.
> Frau Aronson-Lind, Herr Kirschberg, Frau Bechmann, wie auch die Herren Berlinsky, Henshal und last not least Louis Löwy selber trugen das Ihrige durch künstlerische Darbietungen zum Gelingen bei.
> Verbunden mit der Feier der Hochzeit von Louis Löwy war ein Abschiedsfest für Mr. Atkin.[8]

Im Rahmen der vielen Reden und Ehrungen für Carl Atkin hielt Louis eine feierliche Ansprache. „Unsere Blicke gehören der Zukunft", beginnt er und schließt:

> Die Zeit, die wir hier verleben müssen, soll ja letzten Endes doch nur eine Vorbereitungszeit, eine Übergangsperiode sein zu einem neuen Leben in einer neuen, freien Welt. Wir dürfen aber nicht glauben, daß das neue Leben gerade für die jüngeren Menschen ein Paradies sein wird. Bei allem Optimismus, den wir immer wieder haben müssen, sollen wir uns immer bewußt sein, daß man von uns dasselbe fordern wird wie von allen übrigen Menschen in der Welt. Wir dürfen niemals um Mitleid bitten. Mitleid ist unwürdig. Wir müssen unseren Mann im Lebenskampf, in der großen Welt stehen, um den Konkurrenzkampf erfolgreich zu bestehen. Es wird nur gelingen, wenn wir innerlich gefestigt, physisch und psychisch gesund, hinausgehen und um uns in die Lebensverhältnisse einer anderen Umwelt, d. h. in eine neue Gemeinschaft einzuschalten.
>
> Vergessen wir niemals, daß es viel an uns liegen wird, wie unsere Zukunft aussieht. Lernen wir das aus der Vergangenheit, was uns für die Zukunft nützlich sein kann, und wenden wir uns mit aller Kraft und Energie den Problemen zu, die letzten Endes für unsere Zukunft und die Zukunft unserer Kinder so bedeutungsvoll sein werden.[9]

Es gab mehr Reden und Würdenträger bei der Hochzeit als Ditta lieb war, doch Louis war eine Person der Öffentlichkeit, der niemals gänzlich dienstfrei hatte. Einzig die Feststellung, dass Ditta lebte, hatte ihn von seinen Verpflichtungen im Deggendorf Center abhalten können, und selbst da hatte er seine Suche nach Ditta mit der Rettung von 12 oder 14 anderen Displaced Persons verbunden.

8 "Hochzeit Louis Löwy."
9 Lowy, "Besinnung," 2.

Joseph Königer beschrieb Louis in der *Deggendorf Center Revue* wie folgt: „Wir alle wissen, daß Du Deine ganze Arbeitskraft dem Committee und damit dem Lager ohne Rücksicht auf Gesundheit und Familie immer zur Verfügung stelltest."[10]

In 46 Ehejahren waren Louis und Ditta nie wieder getrennt und Ditta schätzte Louis' lebenslange Hingabe an die Arbeit vielleicht mehr als jeder andere Mensch:

> Er hatte dieses immense Wissen. Man kann sagen, er war getrieben oder man kann sagen, er war engagiert. Er war ein sehr engagierter Mensch, in seinem Beruf, in allem, was er in die Hand nahm, er gab stets sein Bestes und das war hervorragend.
> Einmal, gegen Ende seines Lebens, sagte ich zu ihm, ‚Weißt du, du hast sehr viel Glück.'
> ‚Warum?'
> ‚Weil du einer der wenigen Menschen bist, die ihr Potenzial voll ausgeschöpft haben.'

10 Königer, "Lieber Freund und Kollege Löwy," 1.

# 6 Das Displaced-Persons-Lager Deggendorf

Noch bevor der Krieg zu Ende war, begannen die überlebenden Juden, sich selbst mit einem biblischen Namen zu bezeichnen, die *She'erit Hapletah*, was so viel heißt wie „die letzten Überlebenden" oder „die Letzten, die verblieben sind". Offizielle Bezeichnungen für die jüdische Bevölkerung wie „staatenlose Personen" oder „nicht repatriierbare Juden" vermochten nicht, ihr historisches Bewusstsein auszudrücken, ihre Identität als Volk oder die unfassbaren Dimensionen ihres Verlustes.[1]Die Leiter der *She'erit Hapletah* fühlten sich für das jüdische Volk verantwortlich, obwohl sie unterschiedliche Auffassungen von ihrer Verantwortung hatten. In jüdischen Displaced-Persons-Lagern wurden die *She'erit Hapletah* durch die Zeichnung „eines Baumstumpfes, aus dem ein winziger Ast mit Blättern sprießt" symbolisiert, wobei jedes einzelne Blatt das Wiederaufleben der jüdischen Kultur darstellt.[2] Das Zentralkomitee der befreiten Juden erwartete von den letzten Überlebenden, „allen Juden auf der ganzen Welt ihre Beteiligung an einem gemeinsamen Schicksal zu demonstrieren": der Errichtung eines jüdischen Staates in Palästina.[3]

Obwohl Louis Lowy nicht mit dem Zionismus haderte, betrachtete er die historische Aufgabe des Judentums eher aus universeller denn aus nationaler Sicht. In seinem Artikel „Returning" – „Rückkehr" – für die *Deggendorf Center Revue* drängte er die „wenigen Verbliebenen", am Aufbau der jüdischen Gemeinde im Deggendorf Center und darüber hinaus mitzuwirken. Die Juden hatten Tausende von Jahren humanitäre Ideen repräsentiert und nun kehrten sie zurück, wenn nicht zu ihren Familien und ihrem Zuhause, dann um für „die Rechte für alle Menschen dieser Welt" zu kämpfen:

1 Griere, "We're On Our Way"; Samuel Gringauz, "Jewish Destiny as the DP's See It," *Commentary* 4, no. 6 (Dez., 1947), 501–9, letzter Zugriff 3. Juni 2008, http://www.commentarymagazine.com/viewarticle.cfm/jewish-destiny-as-the-dps-see-it-466; Mankowitz, *Life Between Memory and Hope*; und Schwarz *The Redeemers*.
2 Griere, "We're On Our Way," 703.
3 Gringauz, "Jewish Destiny," 501.

Die Geschichte der Menschheit ist ein kontinuierlicher Kampf um Fortschritt und die Erschaffung von Menschlichkeit, die Erschaffung einer menschlichen Gemeinschaft. Schon immer gab es in der Geschichte Despoten, die den Weg verzögern und verhindern wollten, doch am Ende haben selbst ihre Taten den Weg nach vorne bereitet. Jetzt stehen wir erneut vor einem Bruch in der Zeit. Die wirtschaftliche und soziale Struktur der Vergangenheit ist zerstört und die Welt ist auf der Suche nach neuen Äquivalenten. [...] Die Juden haben für Tausende von Jahren die Idee einer wahren Menschlichkeit repräsentiert und unsere Propheten haben diese Gedanken in feierliche Worte gefasst. Wir befinden uns am Vorabend einer neuen Epoche, die die Vision des Propheten Jesaja erfüllen wird: ‚Er wird Recht schaffen zwischen den Nationen und viele Völker zurechtweisen. Dann werden sie ihre Schwerter zu Pflugscharen umschmieden und ihre Lanzen zu Winzermessern. Sie erheben nicht das Schwert, Nation gegen Nation, und sie erlernen nicht mehr den Krieg.' Wir Juden sind in diesen Kampf involviert. In dieser Welt, die die Gebote von Toleranz und Wertschätzung des Menschen wieder anerkennt, haben die Juden die Verpflichtung, an der Verwirklichung dieser großen Ideen mitzuwirken.

Im Ringen um die Rechte für alle Menschen dieser Welt, im Ringen für den Fortschritt und eine neue soziale Weltordnung haben die Juden gekämpft und gelitten. Leid macht stark. Wir haben gelernt zu leiden und stark zu werden, zumindest psychisch. Unser Glaube an den Sieg der Gerechtigkeit und der Wille zu leben haben uns stark gemacht. [...]

Wir sind gewillt, etwas zu erschaffen. Wir sind gewillt zu arbeiten. Wir möchten am großen Wiederaufbau mitwirken. Alles, was wir brauchen, ist eine Grundlage, auf der wir wieder ins Leben zurückkehren können. [...] Wir wollen wieder menschliche Wesen werden, die ihren Teil an Arbeit und Taten beisteuern, die nicht länger Objekte, sondern Subjekte sind und für sich selbst und über das eigene Schicksal entscheiden. Unsere kleine Gemeinschaft hier befindet sich mitten im harten Kampf, um ihren Weg zurück ins Leben zu finden. Vor allem die Jugend versucht, den Weg zu finden. Es liegt an uns, den Weg in die Zukunft vorzubereiten, im Bewusstsein der Tatsache, dass wir Juden sind und gewillt, die Ideen des Judentums zu verwirklichen. So können wir unseren Teil dazu beitragen, eine neue moralische Ethik und soziale Welt aufzubauen.[4]

4 Lowy, "Returning," 1.

## Die jüdische Selbstverwaltung

Als Vorsitzender des Jüdischen Komitees im Deggendorf Center bestimmte Louis die Entwicklung einer zunehmend komplexeren Verwaltung, wie das Organigramm in der *Deggendorf Center Revue* zeigt (siehe Grafik auf der nächsten Seite).[5]

Die Wirtschaftsabteilung erfüllte besondere Ernährungsbedürfnisse mit einer Großküche, einer Koscherküche, einer Kinderküche, einer Säuglingsküche, einer Altersheimküche, einer Hospitalküche und einer Milchausgabe. Das Gesundheitswesen leitete das Altersheim, ein Hospital mit 100 Betten, dessen Personal sich aus einem UNRRA-Arzt, Dr. Tauber, und 7 Ärzten aus der jüdischen Bewohnerschaft zusammensetzte.[6] Weitere Gesundheitsdienste umfassten Ambulanzen, ein Säuglingsheim und eine Massageabteilung. Eine Arbeitsagentur bot eine Reihe von Beschäftigungen an, hauptsächlich freiwillige Stellen, mit Vergütung in Deggendorf Dollar. Wie Louis sich erinnerte, „Wir hatten eine Bank und wir druckten Geld für den internen Gebrauch: DP-Lager Deggendorf Dollar. Ich unterzeichnete sie." Louis lehnte den Wechselkurs an den US-Dollar an, da das Wunschziel der meisten Einwohner die Vereinigten Staaten waren.

Besucher des Deggendorf Centers waren vor allem vom Schulwesen beeindruckt, welches für Menschen allen Alters Angebote bereithielt, von den Kleinkindern im Kindergarten bis zu den Erwachsenen, die eine Berufsausbildung oder Sprachkurse suchten.[7] Die Abteilung Kultur verwaltete eine Bibliothek, die schließlich 1700 Bücher umfasste, eine Theatergruppe, Veranstaltungen, Gesellschaftsräume und zwei Zeitungen, zunächst die englisch- und deutschsprachige *Deggendorf Center Revue* und später die jiddische *Cum Ojfboj*.[8] Der Kultus leitete die Synagoge und eine *Mikwe* (rituelles Bad). Die Dynamik des kulturellen Lebens wurde von Kurt Buchenholz in einem Artikel für die *Deggendorf Center Revue* dargestellt:

> In den langen Jahren der Unterdrückung wurde unser kulturelles Leben gewaltsam unterbunden und drohte vollkommen zusammenzubrechen. Besonders für unsere Jugend war die Gefahr sehr groß, vollständig kul-

5 "Jüdische Selbstverwaltung im Jewish Center Deggendorf, *Deggendorf Center Revue*, no. 10( 30. März March 1946): 4.

6 Alexander Gutfeld, "The Empty Office," *Deggendorf Center Revue*, no. 4 (Ende Dez. 1945): 6; und Nadich, *Eisenhower and the Jews*.

7 Mankowitz, *Life Between Memory and Hope*, 133; Nadich, *Eisenhower and the Jews*, 193–195; and Schwarz, *The Redeemers*, 42.

8 "Jewish Displaced Persons, 1945-1951."

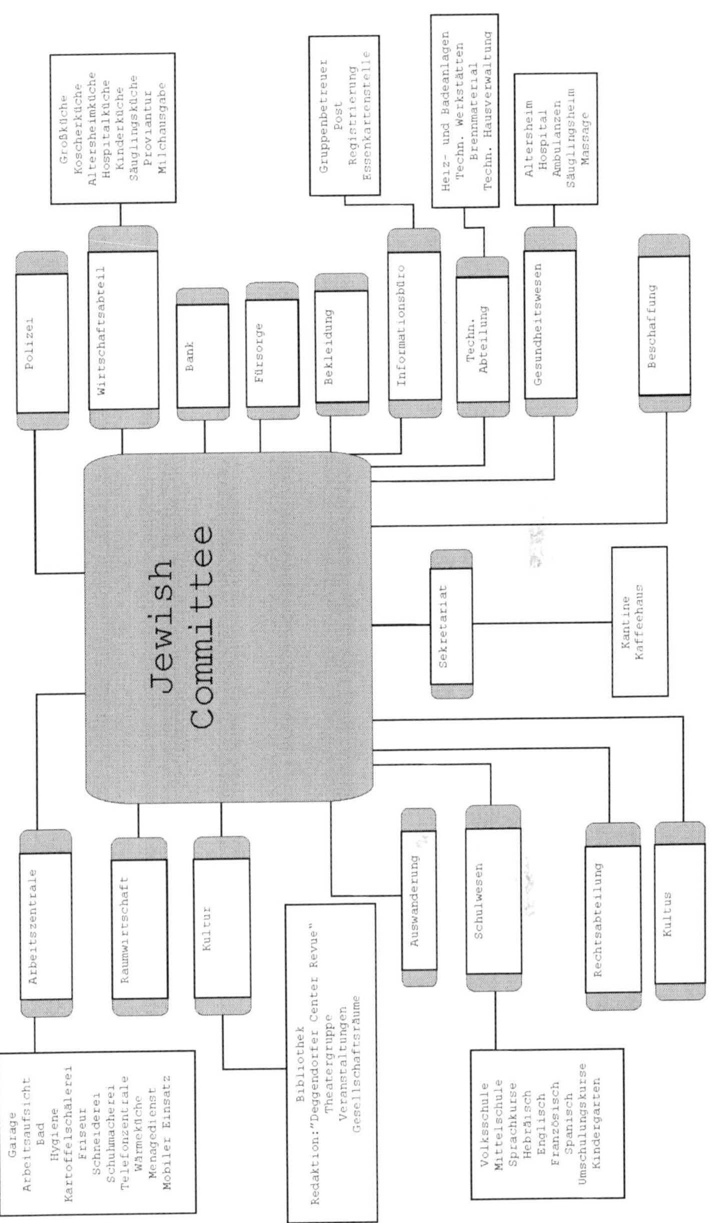


**Bild 15:** Organigramm Jüdische Selbstverwaltung im Lager Deggendorf, *Deggendorf Center Revue*, Nr. 10 (30. März 1946): 4.

turlos heranzuwachsen, und somit hielten wir es für unsere höchste Pflicht, sofort nach der Befreiung Abhilfe zu schaffen. Diese Aufgabe übernahmen die Mitarbeiter des Kulturreferates.
Als erstes wurde der obligatorische Schulunterricht für Kinder von 6 bis 14 Jahren eingeführt. Befähigte Lehrkräfte aus unseren Reihen stellten sich zur Verfügung, und heute sind wir mit Hilfe der UNRRA in der Lage, die Kinder in einem eigens hierfür zur Verfügung gestellten Gebäude zu unterrichten und in einer angeschlossenen Kinderküche zu verköstigen.
Besondere Beachtung erforderte die Weiterbildung der Jugendlichen im Alter von 14 bis 20 Jahren. Diese Aufgabe wurde durch Bildung von Arbeitsgemeinschaften und Lehrgängen zur Förderung des Allgemeinwissens gelöst.

Gleichlaufend mit dem Schulunterricht wurden Sprachkurse in Englisch, Französisch, Spanisch und Iwrith [modernes Hebräisch] für Anfänger und Fortgeschrittene eingerichtet, die eine große Teilnehmerzahl aufweisen. Um den in der englischen Sprache weiter Fortgeschrittenen Gelegenheit zu geben, ihre Kenntnisse zu vertiefen, wurde ein ‚English Club' ins Leben gerufen, der sich reger Teilnahme erfreut. Eifrigen Zuspruch hatten die gleich am Anfang eingeführten Freitag-Abend- und Schabbath-Gottesdienste; besonders zu den hohen Feiertagen konnten sowohl orthodoxe wie auch liberale Gottesdienste in würdigem Rahmen abgehalten werden.
Ein großer Teil der Campbewohner verfolgt allabendlich am Lautsprecher unseres Radios die Nachrichten aus aller Welt und hatte des öfteren Gelegenheit, besondere Veranstaltungen, wie Konzerte, Opern u. a. m. zu hören. Aber nicht nur am Lautsprecher, sondern auch auf eigener Bühne wird die Kunst zu ihrem Recht kommen, wobei wir an Veranstaltungen wie Konzerte, Literarische Abende, Vorträge, Theateraufführungen und besondere Veranstaltungen der zionistisch organisierten Jugend gedacht haben.[9]

Einmalig war eine der Initiativen im Deggendorf Center, auf die Louis besonders stolz war, die Abteilung für Auswanderung. Wie er sich erinnerte:

Ich hatte die Idee, eine Abteilung für Auswanderung einzurichten und alle Menschen zu registrieren. Wir fragten die Leute, ob sie Verwandte im Ausland oder

9 Kurt Buchenholz, „Unser Kulturleben im Center", *Deggendorf Center Revue*, no. 1 (Anfang Nov. 1945): 4.

United States Holocaust Memorial Museum
2005.517.43

**Bild 16:** Deggendorf Dollar. Mit freundlicher Genehmigung von Edith Lowy.

in anderen UNRRA-Einrichtungen haben und versuchten, ihnen bei der Suche behilflich zu sein. Wir druckten verschiedene Akten und registrierten all diese Menschen, alphabetisch sortiert, mit Namen, Geburtsdatum, Geburtsort, letztem Wohnsitz vor der Deportation. Diese Liste ließen wir drucken[10] und schickten sie über die UNRRA-Kanäle in die Vereinigten Staaten, nach Großbritannien, Frankreich, Palästina und zu den jüdischen Organisationen: zu HIAS [Hebrew Immigrant Aid Society] und Joint [American Jewish Joint Distribution Committee]. Wir hatten eine Auflistung aller Bewohner des Deggendorf Centers, Stand 1. Januar 1946, die so weit in der Welt verbreitet wurde, wie unsere Kontakte reichten. Damit die anderen Menschen erfahren könnten, dass sie überlebt hatten; sie leben.

Neben der Unterstützung bei der Suche nach Familienangehörigen half die Abteilung für Auswanderung den Einwohnern bei der Organisation und der Vorbereitung der Dokumente, die sie benötigen würden, wenn die Auswanderung möglich sein würde. Louis stellte Ausweispapiere für diejenigen aus, die keine anderen Dokumente besaßen, wie Reinhard Frank sich erinnerte:

> Ich glaube, es kam durch meinen Einfluss, dass Louis bald entschied, dass wir unsere eigenen Dokumente ausstellen mussten, selbst ausgestellte Dokumente. Der Grund war, dass ich in die Schweiz gehen wollte, wo meine Mutter lebte. Sie war Schweizer Staatsbürgerin, aber verstorben, was ich nicht wusste, als ich in Deggendorf ankam. Die Schweizer weigerten sich, mir ein Visum zu geben, außer dieses Visum würde abgestempelt oder einem offiziell aussehenden Dokument beigefügt. Wir hatten nichts, gar nichts. Ich erinnere mich, dass ich mit Louis sprach und sagte, ‚Wie können wir das hinbekommen?' Und kurze Zeit später hatte ich ein Dokument, das von Louis als Vorsitzendem des Lagers unterzeichnet war. Wir nahmen Fingerabdrücke darin auf; wir fügten Fotos

10 "Verzeichnis der Einwohner des D. P. Centers Deggendorf.

bei; wir trugen die Nummer auf unserem Arm darin ein. Wir verwendeten einen schönen großen Stempel. Und ich erinnere mich, dass ich mit diesem Ding nach München zum Schweizer Konsulat ging und sie sagten, ‚In Ordnung, wir können Ihr Visum hier anheften.' Ich weiß nicht, ob andere Displaced-Persons-Lager ähnliche Dokumente hatten oder nicht. Aber ich benutzte es wie einen Reisepass. Es war das einzige Dokument, das ich hatte, selbst als ich [von der Schweiz] nach England ging, zur Einwanderung nach England. Das war alles, was ich hatte.

We certify herewith, that

Mr (Mrs Miss) Löwy Louis

born on the 14 June 1920

in Munich (München)

profession teacher

kept in Concentration camp Auschwitz, Gleiwitz, Theresienstadt

from 7 Dec. 1941 to 8 May 1945

bearing Number B – 12745

is an inmate of the

D. P. Center Deggendorf

and under the protection of the Military Government

12 Oct 1945

Signature of Holder

UNRRA Team

Jewish Committee

**Bild 17:** Ausweis von Louis Löwy, Displaced-Persons-Lager Deggendorf, 8. Mai 1945. Mit freundlicher Genehmigung von Edith Lowy.

## Gemeinschaftsgeist

Durch die Registrierung bei der Abteilung für Auswanderung wurde den Menschen etwas Selbstbestimmung zuteil in einem Vorgang, auf den sie sonst keinen Einfluss hatten. Wie Louis sich erinnerte, „Als wir von Theresienstadt nach Winzer und von dort nach Deggendorf fuhren, glaubten die meisten von uns, daß der sogen. Zwischenaufenthalt nur einige Wochen betragen würde und daß nach kurzer Zeit alle ehem. ‚Theresianer' bei ihren Verwandten und Freunden im Ausland sein werden."[11] Es sollte jedoch neun Monate dauern, bis die erste Gruppe,

11 Lowy, „Zum Abschied!" 1.

etwa 200 Juden, vom Deggendorf Center emigrieren konnte und viele Menschen warteten jahrelang.

In der Zwischenzeit, so glaubte Louis, würden die Menschen Hoffnung für die Zukunft schöpfen, indem sie sich auf die Zukunft vorbereiteten, und die jüdische Selbstverwaltung könne zum Gemeinschaftsgeist beitragen, indem sie Möglichkeiten zu sozialer Partizipation und Lernangebote schuf. Kulturelle, erzieherische und staatsbürgerliche Beschäftigungen würden die Werte und Traditionen wiederherstellen, die die Familien vor dem Krieg geschätzt hatten.

Englischunterricht, das Lesen der Zeitung, ein Konzert- oder Theaterbesuch, der Gebrauch des Dollars anhand der neuen Lagerwährung, die Anwendung des neuen Rechtssystems zur Lösung eines Streitfalles, all diese Aktivitäten würden den Bewohnern ein Gefühl von Zugehörigkeit und sozialem Zweck vermitteln, die Grundvoraussetzungen, um ein neues Leben zu beginnen.

Das Deggendorf Center bot keine psychische Gesundheitsfürsorge im Sinne unserer heutigen Auffassung von psychischer Gesundheitsfürsorge an, wie beispielsweise Psychotherapie oder Medikamente. Wie Louis erklärte:

> Es gab Überlebende in unserer Gruppe, die Psychiater waren, und sie behandelten ein paar Leute privat, aber für die psychische Gesundheit wurde nichts getan. Ich wusste, dass ein paar Menschen unter Depressionen litten und in schlechter Verfassung waren, und ich warf diese Fragen manchmal gegenüber den Sozialarbeitern der UNRRA auf und diese sagten, ‚Nun, wir haben keine Mittel dafür'. Um das Physische konnten wir uns kümmern, aber nicht um das Emotionale. Ich wusste nicht genug. Aus heutiger Sicht wäre das anders. Ich würde mich sehr viel um die emotionalen Bedürfnisse kümmern. Aber für die Leute damals bedeutete mentale Gesundheit, überlebt zu haben, auswandern zu können und mit den Familienangehörigen wiedervereint zu sein.

Im Deggendorf Center, wie auch in anderen Displaced-Persons-Lagern widmete man sich der psychischen Gesundheit mittels kultureller Beschäftigungen und besonders durch das Wiederaufleben von Bildungs-, religiösen und kulturellen Aktivitäten. Wie die Holocaust-Forscher Michael Berenbaum und Abraham Peck beschreiben: „In jedem DP-Lager gab es Theateraufführungen, verschiedene Arten von Zeitungen und Bildungsprogramme auf allen Niveaus [...] diese verschiedenen Aktivitäten sollten als Zeitachse gesehen werden, die sowohl für den Einzelnen als auch für die Gruppe eine Verbindung schuf zwischen einer gemeinsamen Vergangenheit, einer schlüssigen Gegenwart und einer möglichen Zukunft. Bildungs- und kulturelle Aktivitäten spielten eine wichtige Rolle, um Überlebenden zu helfen, ihr Leben wiederaufzubauen.“[12]

Zusätzlich zum Wiederaufleben der Kultur bemühte sich Louis, den Respekt gegenüber der Rechtsstaatlichkeit wiederherzustellen, besonders unter den Jugendlichen. Seit Theresienstadt war Louis der Elternersatz für die jungen Menschen gewesen, die nie in einem Rechtssystem gelebt hatten, dem sie vertrauen konnten. Meistens hatten sie das Naziregime überlebt, indem sie das Gesetz gebrochen, umgangen und sich ihm widersetzt hatten.[13] Wie Vern Drehmel sich erinnerte, „Wir mussten oft lügen, um das zu bekommen, was wir wollten. Wir konnten mit den Menschen, die die Befehlsgewalt hatten, nicht offen und ehrlich umgehen.“

Um sich wieder im „normalen Leben“ einzugliedern, musste die Gemeinschaft des Deggendorf Centers ein Rechtssystem etablieren, das ehrlich und gerecht war, und in Deggendorf, wie auch in anderen Displaced-Persons-Lagern richtete die jüdische Selbstverwaltung ein eigenes Rechtssystem und ein Gericht ein.[14] Wie Louis in seinem Artikel „Rehabilitierung“ in der *Deggendorf Center Revue* erklärte, würde das neue Gericht im Deggendorf Center „den absoluten Wert jedes menschlichen Wesens“ bestätigen:

> Unsere Gemeinschaft hier sieht sich verschiedenen Problemen gegenüber, welche mehr oder weniger schwierig zu lösen sind. Aber trotzdem dürfen wir unser Hauptproblem nie aus den Augen verlieren: Unsere Selbst-Rehabilitierung. Was bedeutet das? [...] Es ist die Rückgabe unserer größten Werte, die wir besitzen, unserer Seele, unseres Herzens, unseres Menschseins, unserer Selbstachtung – unsere Rückkehr zum Menschen, der sich selbst respektiert und sich der Verantwortung bewußt ist, die er gegenüber sich und seinen Nachkommen trägt.
>
> Der erste Schritt, unsere Selbstachtung zurückzugewinnen, heißt, sich der Tatsache bewußt zu sein, daß wir den absoluten Wert jedes menschlichen Wesens anerkennen müssen. In den vergangenen Tagen der Sklaverei waren wir selbst Opfer einer Politik der Unduldsamkeit, der Zerstörung der menschlichen Individualität. Der Mensch als solcher war wertlos geworden. Dieser Umstand war es, der unsere Erniedrigung bewirkte und Ausgangspunkt des Unglückes über die ganze Welt wurde. Wenn wir

12 Berenbaum und Peck, *Holocaust and History*, 693; Giere, "We're On Our Way," 699–715.
13 Konopka, *Courage and Love*; Rosenberg, *To Tell at Last*; und Pawel, *My Child Is Back!*
14 Mark Wyman, *DP*.

unsere Rehabilitierung erstreben, wiederum Menschen im schönsten Sinne des Wortes werden wollen, so müssen wir bei uns selbst beginnen und zu uns selbst zurückfinden.

Der zweite Schritt, den wir tun müssen, heißt Wiederanerkennung der Grundsätze eines zivilisierten Lebens. Zivilisation ist ein Lebensstandard. Der Mensch ist ein soziales Wesen: Er kann auf die Dauer nicht als Einsiedler existieren, er muß in der Gemeinschaft mit anderen Menschen leben. Die einfachste Form einer Lebensgemeinschaft ist die Familie, eine kompliziertere Art ist eine Gemeinschaft im engeren und weiteren Sinne überhaupt, wie sie z. B. der Staat darstellt. Nur das Leben innerhalb eines Gemeinwesens kann als wirklich normal bezeichnet werden. Aber das Leben in einer Gemeinschaft verpflichtet. Wir müssen daher zwei Momente in Betracht ziehen: Das Leben des einzelnen als Individuum überhaupt und die Beziehung des einzelnen zu den anderen Mitgliedern der Gemeinschaft.

Unsere Gemeinschaft hier ist etwas verschieden von anderen draußen im sogenannten normalen Leben. Aber ein anderer Umstand ist es, der sie mit allen anderen Gemeinschaften gleichstellt. Hier sind Menschen mit ihren Fehlern und Schwächen genau so wie anderwärts. Aber es sind Menschen, und gerade deshalb verdient jeder, daß man ihn achtet und respektiert, und wenn er schon einmal einen Fehler begeht, wenn er auf einen falschen Weg geraten ist, so soll man ihm helfen und auf den richtigen Weg zurückführen. Er soll wiederum zum Pfade des Rechtes zurückfinden, nicht nur um seinetwillen, sondern um der ganzen Gemeinschaft willen. Jeder muß verstehen, daß er für die Handlungen, die er begeht, nicht nur sich selber verantwortlich ist, sondern auch die Verantwortung gegenüber den anderen trägt. [...]

Und das ist auch der wirkliche Sinn unseres neugeschaffenen Gerichtes. [...] In dem Augenblick, in dem wir Gesetz und Ordnung als Richtschnur unseres Lebens anerkennen [...], begreifen wir den Sinn unserer Gemeinschaft und ihren Wert und brauchen vor der Zukunft nicht bange zu sein.
Dann wurde ein großer Schritt nach vorwärts getan, ein Schritt zu unserer Rehabilitierung.[15]

15 Louis Lowy, "Rehabilitierung," *Deggendorf Center Review*, no. 2 / Mitte Nov. 1945): 1.

# Deggendorf Center Revue

Jssued by the Department of Culture of the Jewish Committee in DP Center 7

SONDER-NUMMER — DEGGENDORF, MITTE NOVEMBER 1945 — 1. JAHR

## REHABILITATION

By Louis Löwy.

Our community here faces several problems, which are more or less difficult to be solved. But in spite of that we have never to forget the principal problem that exists for us: Our self-rehabilitation. What does rehabilitation mean? Is it meant in the sense of re-establishment of our fortune, our properties, our values which we were deprived of? Indeed, it is the re-establishment of property of values we were deprived of, but in a different meaning as it is usually put. It is the re-establishment of our greatest values we possess: our soul, our heart, our humanity, our self-esteem [illegible]

[illegible]

[illegible] He who respects himself will also respect the others.

[illegible] is the very sense of our new established [illegible]. We don't want to punish for the sake of punishment, but for the sake of maintaining righteousness, order and discipline and to help those along who want to join in upholding the moral virtues, who want to join in struggling for these precious values of our civilisation all the same in which place we are at present, to whom these principles mean more than anything else in the world.

We want to find a way how to get the people back to a normal [illegible] life. That is rehabilitation. The first moment, when we acknowledge that law and discipline are prevailing and when we show that our acknowledgement has become a fact, then we comprehend the sense of a community and [illegible] need not be afraid of the future; then a great advance towards rehabilitation has been made.

(To be continued)

Uebersetzung folgt

Deggendorf Center Revue
Zeitschrift des Jüdischen Centers Deggendorf. Erscheint zweimal im Monat. Chefredakteur: Dr. Alexander Gutfeld; [illegible]

## Zur Einführung der Schieds- u. Disziplinar-Gerichtsordnung

Die im Center Deggendorf zusammengeschlossenen Personen bilden eine sich selbst verwaltende Gemeinschaft. Sie wird geleitet durch das in freier Abstimmung gewählte Committee. Frieden und Ordnung aufrechtzuerhalten, ist die oberste Pflicht des Committees; denn Frieden und Ordnung bilden die Grundlagen jeder Gemeinschaft.

Wir wissen, daß durch die Ereignisse der letzten Jahre viele aus ihrer Bahn geworfen und dadurch auch bei manchen die sittlichen Grundlagen ins Wanken geraten sind. In unserem Abwehrkampfe gegen das Unrecht unserer Bedrücker waren Mittel verständlich, oft auch unvermeidbar, die unter normalen Lebensbedingungen nicht zulässig, nach allgemeinen Rechtsanschauungen sogar strafbar sind.

Wir befinden uns zur Zeit in einem Uebergangsstadium bis zu der von uns allen ersehnten Auswanderung. Wir wollen ohne Makel [illegible] Ordnung und Redlichkeit vergangen zu haben, ins Ausland kommen. Wir müssen also in dieser Zeit zu den Grundlagen der in aller Welt anerkannten sittlichen Ordnung zurückfinden.

Durch Belehrung und Aufklärung wollen wir dahin wirken. Wo aber widerstrebende Elemente sich freundschaftlicher Ermahnung nicht zugänglich erweisen, müssen sie durch andere wirksame Mittel zu diszipliniertem Verhalten gezwungen werden.

Aus diesem Grunde ist die nachfolgende Schieds- und Disziplinar-Gerichts-Ordnung beschlossen worden. Sie sieht Disziplinarstrafen vor. Man [illegible] sich, sie zu unterschätzen. Sie sind empfindlich und [illegible]. Keiner sollte es auf sich nehmen, daß sein Ruf durch eine Strafe beeinträchtigt wird, die ihn in den Augen aller billig und recht Denkenden herabsetzen muß.

## Schieds- u. Disziplinar-Gerichtsordnung

Das Committee der Jüdischen Selbstverwaltung hat mit Zustimmung der amerikanischen Behörden die Errichtung einer eigenen Schieds- und Disziplinargerichtsbarkeit beschlossen.

Diese Gerichtsbarkeit soll den Frieden und die Ordnung in der Gemeinschaft sowie ihr Ansehen nach außen schützen.

Die Erziehung zur Gemeinschaft und Aufklärung über die Pflichten jedes Einzelnen sind die vornehmsten Aufgaben des Gerichtes. Wo jedoch solche Maßnahmen keinen Erfolg versprechen, müssen zum Schutze der Gemeinschaft Disziplinar-Strafen verhängt werden.

Die Schieds- und Disziplinar-Gerichtsordnung regelt sich nach folgenden Bestimmungen:

§ 1 Jedes Mitglied unserer Gemeinschaft unterliegt von der Vollendung des 14. Lebensjahres ab der Gerichtsbarkeit.

§ 2 Die Gerichtsbarkeit wird ausgeübt:
1. durch den Einzelrichter: in erster Instanz,
2. durch ein Kollegium, bestehend aus 1 Vorsitzenden und 2 Beisitzern: in zweiter Instanz.

Einzelrichter, Vorsitzende und Beisitzer werden vom Committee mit Zustimmung der amerikanischen Behörden eingesetzt. Sie werden nach einer im voraus bestimmten Reihenfolge tätig sein. Sie haben vor Beginn ihrer Tätigkeit in feierlicher Weise zu versichern, daß sie ihr Amt unparteiisch und nach bestem Wissen und Gewissen ausüben werden.

§ 3. Das Gericht ist zuständig:
1. für die Streitigkeiten der Mitglieder untereinander als Schiedsgericht,
2. Für die Aburteilung von Verstößen gegen die Interessen und das Ansehen der Gemeinschaft oder einzelner ihrer Mitglieder, ferner gegen die Disziplin, Ordnung und Arbeitspflicht unseres Verwaltungskörpers.

§ 4. a) Die Anrufung des Gerichts in Streitigkeiten zwischen den Parteien erfolgt schriftlich [illegible]

b) Die [illegible]

[illegible] tive des Committees oder einer bei ihm eingegangenen Anzeige.

Das Gericht lädt das Committee und den Beschuldigten mit Kopie des Antrages zu einem anzuberaumenden Termin, dessen Zeitpunkt öffentlich bekanntgemacht werden kann. Zu diesem Termin haben der Beschuldigte und die vom Gericht auf Veranlassung des Committees oder des Beschuldigten geladenen Zeugen zu erscheinen. Erscheint der Beschuldigte im Termin nicht, so kann das Gericht zwangsweise Vorführung oder Verhandlung in Abwesenheit des Beschuldigten anordnen. Gegen unentschuldigt ausgebliebene Zeugen sind Ordnungsstrafen zu verhängen. Sonstige Beweismittel sind im Termin zu stellen. Die Verhandlung ist öffentlich und mündlich.

Gang und Umfang des Verfahrens bestimmt das Gericht.

§ 5. Das Gericht ist bei seiner [illegible] und [illegible] Es darf folgende Strafen verhängen:
1. Verwarnung,
2. [illegible]
3. Geldstrafen (Community-Geld),
4. Ausschluß von besonderen Zubußen für bestimmte Zeit,
5. Ausschluß von der Bekleidung gewisser oder aller Aemter der Selbstverwaltung,
6. Ausschluß aus dem Lager eventl. unter Abgabe der Sache an die Militär- bzw. sonstigen Behörden zur weiteren Veranlassung.

Dem Gericht steht die Einziehung des rechtswidrig erworbenen [illegible] zu, es kann ferner die Einstellung des Beschuldigten beantragen.

Dem Gericht steht die Veröffentlichung von Urteilen durch Anschlag, [illegible] oder Center-Zeitung frei.

§ 6. Gegen das Urteil des [illegible]

[illegible]

## COMMUNITY SPIRIT

When the first copy of the Deggendorf Center Revue was presented to me, I was most impressed. I want to compliment the editor Dr. Gutfeld for his splendid work in getting together the first issue of our own community newspaper. The first issue of a newspaper is always the hardest to do. I am sure that we can continue to have the paper appear on a bi-monthly basis.

I would like to use the space allotted to me to talk about our „Canteen". This in my mind is a most advanced step in your rehabilitation. The reaction, response and cooperation of the people throughout the center prove that we are well on the way towards achieving our ultimate goal. This goal is community spirit-something about which I am always talking.

The word „Canteen" is a very simple word in itself, but it represents much work-planning and organization. Evaluating stocks, printing money sensibly in order to actually represent our resources and establishing a system of salaries (which is a touchy subject) is only a small part of the work involved. We then get into the fine points such as banking which is an art in itself. Luckily we have people with experience who are most willing to cooperate and are happy to use their talents.

Although the Canteen is a small venture, it involves all the problems of an economic system in a country. And a country is as prosperous and progressive as its economic system is sound. It is up to us to work diligently to make our own community the soundest and the most solvent community in existence. We here in Deggendorf should always be number one in any enterprise we undertake. We have the spirit and we have the people. We have everything that a good community needs. There is no reason why we should not excel in any project that is deemed necessary.

The „Canteen" is a direct challenge and I am sure we will come through with flying colors. In the organization of the „Canteen", we found need for different kinds of talents and we found them among you. The „Canteen" offers an opportunity for more community service — community spirit — an opportunity to work for everyone and not just for one's own selfish ends.

May the new venture — the „Canteen" — succeed!

## GEMEINSCHAFTSGEIST

Tief beeindruckt war ich, als mir die erste Ausgabe der Deggendorf Center Revue vorgelegt wurde. Ich möchte den Herausgeber Dr. Gutfeld für seine glänzende Arbeit, mit welcher er die erste Ausgabe unserer eigenen Gemeinschaftszeitung geschaffen hat, beglückwünschen. Die erste Ausgabe einer Zeitung ist immer die schwierigste. Ich bin sicher, daß wir die Zeitung fortlaufend zweimal monatlich erscheinen lassen können. —

Ich möchte gerne die mir zugeteilte Spalte verwenden, um über unsere Kantine zu sprechen. Diese ist meiner Meinung nach ein großer Schritt vorwärts zu Ihrer Rehabilitierung. Die Aufnahme durch die Lagerinsassen und ihre Mitarbeit beweisen durchaus, daß wir uns auf dem richtigen Wege befinden, unser letztes Ziel zu erreichen. Dieses Ziel ist Gemeinschaftsgeist — etwas, worüber ich immer spreche.

Das Wort „Kantine" ist an sich ein sehr einfaches Wort, aber es stellt viel Arbeit dar — entwerfen und organisieren. Die Lagerbestände abzuschätzen, soviel Geld zu drucken, daß unser Warenvorrat richtig repräsentiert wurde und ein Lohnzahlungssystem zu schaffen (ein heikler Gegenstand), ist nur ein kleiner Teil der umfassenden Arbeit. Und dann kommen Feinheiten, wie das Bankwesen, welches eine Kunst für sich ist. Glücklicherweise haben wir Leute mit Erfahrung, welche bereit und glücklich sind, ihre Fähigkeiten in den Dienst der Sache zu stellen.

Obwohl die Kantine nur ein kleines Unternehmen ist, schließt es alle Probleme eines Wirtschaftssystems eines Landes ein. Und ein Land ist ebenso blühend und fortschrittlich, wie sein wirtschaftliches System gesund ist. Es liegt an uns, fleißig zu arbeiten, um unsere eigene Gemeinschaft zur gesundesten und zahlungsfähigsten bestehenden Gemeinschaft zu gestalten. Wir hier in Deggendorf sollten immer an erster Stelle sein, was immer wir unternehmen. Wir haben den Geist und haben die Leute dazu. Wir haben alles, was eine gute Gemeinschaft benötigt. Es ist kein Grund vorhanden, sich nicht in jeder notwendigen Unternehmung auszuzeichnen.

Die Kantine gibt Gelegenheit, unsere Leistungsfähigkeit zu zeigen, und ich bin sicher, wir werden Erfolg haben. Zur Einrichtung der Kantine erwiesen sich verschiedene Begabungen als notwendig, und wir fanden sie unter Euch. Die Kantine bietet eine Gelegenheit für erhöhten Gemeinschaftsdienst — Gemeinschaftsgeist — eine Gelegenheit, für jedermann und nicht nur für sein eigenes Ich zu arbeiten.

Möge dieses Unternehmen — die Kantine — Erfolg haben!

Carl Atkin, Direktor Team 55, UNRRA.

**Bild 18:** *Deggendorf Center Revue*, Nr. 2, Seite 1 (Mitte November 1945): 1. Mit freundlicher Genehmigung von Edith Lowy.

Judelowitsch, Frl. Dora Czapsid, Ing. Siegfried Rittberg, Ruben Goldberg, Regine Hochfeld, Moses Friedrich.

Die Richter und Beisitzer wurden am 15. XI. in würdiger Feier im neu e[illegible] Gerichtsraum in Anwesenheit der gesamten UNRRA in ihr Amt eingeführt. Herr Director Atkin nahm den Eid ab und sprach ein paar kluge und gute Worte über die Bedeutung unseres Gerichtes. Dr. Louis Löwy verdeutschte. [illegible]

## Hausordnung

[illegible]

Ordnung und Reinlichkeit im Hause und rücksichtsvolles Verhalten gegeneinander sind Grundpfeiler für das Leben in einer Gemeinschaft. Die Einhaltung der Hausordnung liegt daher im Interesse jedes einzelnen und der Gemeinschaft.

§ 1.

Zuteilung von Räumen und Plätzen in Räumen erfolgt allein durch schriftliche Anweisung der Raumwirtschaft. Jeder Insasse darf einen anderen als den ihm zugewiesenen Raum bezw. Platz nicht bewohnen.

§ 2

Beherbergung von lagerfremden Personen ist ohne vorherige Bewilligung des Committees nicht gestattet.

§ 3.

Tiere dürfen im Center nicht ohne Genehmigung des Committees gehalten werden.

§ 4

Pflegliche Behandlung der Räume und des Inventars, sowie Abwendung von Schäden ist Pflicht eines jeden Einzelnen.

Verboten ist daher:

a) das Entfernen, Beschädigen oder Verändern von Einrichtungen in den Wohnräumen, von allen Installationen, von Oefen, Herden oder Abzugsrohren usw. — Alle Abänderungen dürfen nur mit schriftlicher Genehmigung der Technischen Abteilung vorgenommen werden.

b) das Herauswerfen von Abfällen aller Art und Ausgießen von Flüssigkeiten aus den Fenstern, das Wegwerfen von Speiseresten und sonstigen Gegenständen in Waschräume oder Toiletten anstatt in die bereitgestellten Müllabfuhrgeräte.

c) das Holzzerkleinern im Zimmer.

d) das Betreten von Kellern und Böden mit offenem Licht.

e) das Vergeuden von Wasser und Elektrizität, insbesondere auch die Entnahme von Wasser aus den Feuer-Hydranten,

f) bei Unwetter Fenster und Türen offen zu lassen.

Jeder Schaden ist sofort dem Gruppenbetreuer zu melden.

§ 5.

Zur Reinhaltung der Wohnräume und anschließenden Flure ist jeder Insasse gemäß Anordnung der Gruppen- und Zimmerbetreuer verpflichtet. Räume und Bettzeug sind auch im Winter zu lüften.

§ 6.

[illegible]

e) Reinigen von Schuhen und Kleidern in den Zimmern,

f) Auslegen von Bettzeug in Fenstern und auf Fluren nach 9 Uhr morgens.

§ 7

Trocknen der Wäsche ist nur auf Trockenböden und an den vorgesehenen Stellen im Freien, nicht auf Fahrbahnen und Wegen gestattet. Die Zuteilung der Böden erfolgt durch den Hausverwalter.

§ 8

Bei Wechsel der Wohnräume oder Verlassen des Centers hat eine ordnungsmäßige Uebergabe der Räume und Einrichtung sowie der Schlüssel an den zuständigen Gruppenbetreuer zu erfolgen.

§ 9.

Aufsicht und Verantwortung haben.

a) für den Gebäudekomplex als Ganzes: der Hausverwalter,

b) für die Reinlichkeit des Gebäudekomplexes der Hausinspektor,

c) für die Blöcke: die zuständigen Gruppenbetreuer,

d) für die Einzelräume: die Zimmerbetreuer.

Den Anweisungen der genannten Personen hat jeder Hausinsasse unbedingt Folge zu leisten.

§ 10.

Verletzung der Hausordnung kann gemäß der Disziplinar-Strafordnung geahndet werden.

Deggendorf, 9. November 1945.

The Jewish Committee.

## Arbeitsleistung einst und jetzt

Von Ing. Max Rosenberg.

Als ich mit dem zweiten Auslandstransport nach sehr anstrengender Fahrt ins Blaue hier eintraf, mußte ich zu meinem Bedauern sehen, daß noch wenig Gemeinschaftsgeist unter uns herrschte. Jeder war nur um sich selbst und sein Gepäck besorgt, [illegible]

[illegible]

Leute macht. „Wir sind freie Menschen", bekam ich sehr oft als Antwort zu hören.

Aber zeichnet sich der freie Mensch nicht gerade durch Pflichtbewußtsein und Arbeit aus? Sollte ein freier Mensch nicht mehr und lieber arbeiten, als ein gezwungener Sklave? Leider war in vielen Jugendlichen durch das KZ-Leben und die neue berauschende Freiheit das Pflichtgefühl nicht nur nicht erweckt, sondern vielfach sogar eingeschläfert worden. Um es zu erwecken, mußte ich man erst klarmachen, daß es sich ja ebenso um Arbeit für sie selbst wie um Beistand für die Alten und Hilfsbedürftigen handele.

Als einziges Entgelt konnten wir ihnen bei den geringen Mitteln, die uns zur Verfügung standen und die man gerechterweise nach den Arbeitsleistungen einteilte, Prämien bieten. Auf Grund unserer Aufklärung und Belohnung stieg die Zahl der Arbeitenden auf rund 350, allerdings erst, nachdem Zigaretten verteilt wurden. [illegible]

[illegible]

Gruppe A 1: Committee, Referenten, Abteilungsleiter, Gruppen- und Blockleiter, Ärzte, hauptamtliche Lehrer, Meister.

Gruppe A 2: Polizei, Schwerarbeiter, Facharbeiter, Hilfslehrer, administrative Kräfte.

Gruppe B 1: Sonstige Arbeitskräfte.

Gruppe B 2: Hilfskräfte.

Die Stundenprämie beträgt:

für Gruppe A 1: 39 Cent
A 2: 35 Cent
B 1: 29 Cent
B 2: 24 Cent

Als Leiter der Arbeitszentrale war und bin ich bemüht, die Einstufungen nach bestem Wissen und Gewissen vorzunehmen und Ungerechtigkeiten zu vermeiden.

Alle berechtigten Einsprüche, die jederzeit nur in der Arbeitszentrale vorgebracht werden können, sollen gewissenhaft geprüft werden.

Die zum Verkauf kommenden Waren werden nicht etwa der Allgemeinheit entzogen, sondern zusätzlich von der UNRRA als Ansporn zur Arbeit geliefert.

## Arbeitsordnung

Das Committee der jüdischen Selbstverwaltung hat zur Erfüllung der ihm obliegenden Aufgaben im Interesse der Allgemeinheit folgende Arbeitsordnung festgelegt:

1. Jeder männliche und weibliche [illegible]

[illegible]

Selbstverwaltungskörpers, insbesondere der Reinlichkeit, Sicherheit und Ordnung in den Gebäuden erforderlich sind.

4. Planung, Einteilung, Ueberwachung und Entlohnung der Arbeit ist Aufgabe der Arbeitszentrale. Ihren Anweisungen ist unbedingt Folge zu leisten.
5. Die Arbeitszentrale wird jedem Arbeitsverpflichteten einen Fragebogen zur sofortigen Ausfüllung zustellen. Die Fragebogen sollen die Grundlage für eine gerechte und sachgemäße Arbeitseinteilung bilden.
6. Alle Gliederungen der Selbstverwaltung können Arbeitskräfte nur durch die Arbeitszentrale einstellen, entlassen oder zeitweilig beschäftigen. Jeder Arbeitspflichtige darf dauernde oder zeitweilige Arbeit innerhalb und außerhalb des Lagers nur nach vorheriger Kenntnis der Arbeitszentrale annehmen.
7. Facharbeiter und auswärtig Arbeitende sind verpflichtet, im Bedarfsfalle auch allgemeine Arbeiten für die Gemeinschaft auszuführen.
8. Die zur Arbeitsbereitschaft verpflichteten Personen haben sich während der angeordneten Zeit der Arbeitszentrale, bezw. in einem der dafür vorgesehenen Räume ständig zur Verfügung zu halten.
9. Im Krankheitsfalle ist der Arbeitszentrale sofort Mitteilung zu machen.
10. Die Arbeitenden erhalten Prämien in Form von Lagergeld. Das Lagergeld wird nur durch Kauf in der Kantine, in welcher die Listen der erhältlichen Waren mit Preisverzeichnis jederzeit eingesehen werden können, eingelöst. [illegible]

[illegible]

Im Krankheitsfalle entfällt die Prämienzahlung. Ausgenommen sind Krankheiten, die vom Arzt als Folge der Arbeit festgestellt sind.

11. Urlaubsanträge sind spätestens 14 Tage vor dem beabsichtigten Urlaubsantritt der Arbeitszentrale einzureichen. Urlaub kann nur in sachlich begründeten Fällen gewährt werden.
12. Die Arbeitsverpflichteten, die sich der Arbeitspflicht ganz oder teilweise entziehen, die ihnen zugewiesenen Arbeiten nicht ordnungsgemäß ausführen, können in einem Disziplinarverfahren bestraft werden.

Deggendorf, den 5. November 1945.

The Jewish Committee.

Das jüdische Lagergericht in Landsberg hat Meyer Rubin, der in Skarzysko Vorarbeiter und Kollaborant der SS gewesen ist, für seine Verbrechen gegen seine Unglücksgenossen zu vier Monaten Gefängnis und lebenslänglichem Verlust aller bürgerlichen Rechte verurteilt. Das Urteil wird in der Presse aller jüdischen Lager in Deutschland und allen erreichbaren jüdischen Gemeinden der Welt bekanntgegeben.

Wir schließen uns durch Veröffentlichung in diesem Blatt diesem Akt der Gerechtigkeit an.

## KALENDARIUM Jahr 5706 — 1945/46

mit Gebetzeiten für Beth-Hakenesseth, Saal 614

11. Kislev Fr. 16. Nov. Erew-Sabbath abends 4.15 Uhr.

12. Kislev Sa. 17. Nov. Sabbath Sidra Wajeze, Schacharis 8 Uhr, Mincha 4 Uhr, Sabbath-Ausgang 5.10 Uhr.

13. bis 17. Kislev So. 18. bis Do. 22. Nov. Morgens 7.45 Uhr, Mincha und Maariw 4.10 Uhr.

18 Kislev Fr. 23. Nov. Erew Sabbath, morgens 7.45 Uhr, abends 4.05 Uhr.

19. Kislev Sa. 24. Nov. Sabbath Sidra Wajeschlach, Schacharis 8 Uhr, Mincha 3.30 Uhr, Sabbathausgang 5 Uhr.

20. bis 23. Kislev, So. 25. bis Mi. 28. Nov. Morgens 7.45 Uhr Mincha und Maariw 4.15 Uhr.

24. Kislev Do. 29. Nov. Erew-Chanuka, 1. Licht abends 4.15 Uhr.

25. Kislev Fr. 30. Nov. Erew-Sabbath, 2. Licht abends 4 Uhr.

26. Kislev Sa. 1. Dez. Sabbath Sidra Wajeschew, Schacharis 8 Uhr, Mincha 3.30 Uhr, Sabbath-Ausgang 4.50 Uhr, 3. Licht.

27. Kislev So. 2. Dez. Morgens 7.45 Uhr 4. Licht, Mincha und Maariw 4.15 Uhr.

28. Kislev Mo. 3. Dez. Morgens 7.45 Uhr 5. Licht, Mincha und Maariw 4.15 Uhr.

29. Kislev Di. 4. Dez. Erew Rausch-Chaudesch, morgens 7.45 Uhr 6. Licht, Mincha und Maariw 4.15 Uhr Wesen tal.

1. Theweth Mi. 5. Dez. Rausch-Chaudesch, morgens 7.45 Uhr, 7. Licht, Mincha und Maariw 4.15 Uhr.

2. Theweth Do. 6. Dez. Rausch-Chaudesch, morgens 7.45 Uhr, 8. Licht, Mincha und Maariw 4.15 Uhr.

3. Theweth Fr. 7. Dez. Erew-Sabbath, morgens 7.45 Uhr, Mincha und Maariw 3.50 Uhr.

4. Theweth Sa. 8. Dez. Sabbath Sidra Mikez, Schacharis 8 Uhr, Mincha 3.30 Uhr, Sabbath-Ausgang 4.45 Uhr.

## Briefverkehr in ganz Deutschlnnd

Der Postverkehr zwischen allen Besatzungszonen Deutschlands ist freigegeben.

Zugelassen sind vorläufig: Gewöhnliche und eingeschriebene Postkarten und Briefe bis zu 500 Gramm, ferner Mischsendungen, die Drucksachen, Geschäftspapiere oder Warenproben bis zu 500 Gramm Gewicht enthalten. Sendungen in Blindenschrift sind vorerst noch nicht zugelassen. Ein Paketverkehr zwischen den Zonen sowie Zeitungsversand ist im Augenblick [illegible]

[illegible]

... *Deggendorf Center Revue*, Nr. 2, Seite 1

Wie sich herausstellte, gab es wenig bis gar keine Verbrechen im Deggendorf Center, abgesehen vom unvermeidlichen Schwarzmarkthandel. In der ganzen amerikanischen Besatzungszone beteiligten sich Displaced Persons, Besatzungstruppen und die restliche deutsche Bevölkerung am illegalen Tauschhandel, der eine praktische, wenngleich riskante Antwort auf die Hyperinflation und den Mangel an Nahrungsmitteln, Kleidung und anderen Waren war. Obwohl die Bewohner des Deggendorf Centers über kein „reguläres Geld" verfügten – Deggendorf Dollar waren außerhalb des Lagers wertlos – hatten sie Zigaretten, eine Währung, die wertvoller war als Bargeld, wie Louis sich erinnerte:

> Es wurde kein Geld ausgetauscht, kein reguläres Geld, aber manche kamen gut klar auf dem Schwarzmarkt. Man brauchte Waren: Zigaretten, Zigaretten, Zigaretten! Die gängigste Schwarzmarktwährung waren Zigaretten und in jedem der Rot-Kreuz-Pakete gab es diese großen Kartons mit 200 Zigaretten, sie waren also Gold wert! Wenn man Geld wollte, tauschte man diese mit der deutschen Bevölkerung oder mit den Ungarn, die außerhalb des Lagers wohnten. Sie zahlten ein Vermögen für Zigaretten. Und einige Leute [im Deggendorf Center] waren ursprünglich aus Deutschland und hatten noch Kontakt mit der Bevölkerung in den Orten, aus denen sie kamen – Berlin, Hamburg. Also kontaktierten sie diese, wenn sie etwas zu tauschen hatten. Aber der Schwarzmarkt war zugleich eines der größten verwaltungstechnischen Probleme! Einmal brachten ein paar Leute eine Kuh ins Lager, schlachteten sie im hinteren Teil und versteigerten die Stücke an die deutsche Bevölkerung!

Derartige Geschäfte konnten die Aufmerksamkeit der US-Militärpolizei erregen, die generell misstrauisch gegenüber den Displaced Persons war.[16] Die US-Armee beschäftigte normalerweise eher Übersetzer aus der deutschen Bevölkerung vor Ort als aus den Displaced-Persons-Lagern, und es war nicht verwunderlich, dass die amerikanischen Militärpolizisten die gepflegte, ordentliche deutsche Bevölkerung mit ihren fröhlichen Kindern und den attraktiven Frauen den seltsamen bunt zusammengewürfelten jüdischen Flüchtlingen vorzog.[17] In den seltenen Fällen, da Bewohner des Deggendorf Centers von der Militärpolizei verhaftet wurden, intervenierte Louis, indem er diese Fälle von den lokalen oder Militärgerichten an den selbstverwalteten Gerichtshof im Deggendorf Center übergeben ließ.

16 Jacob Biber, *Risen from the Ashes* (San Bernardino, CA: Borgo Press 1990); Harrison, "Mission to Europe"; Kathryn Hulme, *The Wild Place* (Boston: Little, Brown, 1953); Nadich, *Eisenhower and the Jews*; Schochet, *Feldafing*; Schwarz, *The Redeemers*; Vida, *From Doom to Dawn*; und Mark Wyman, *DP*.

17 Harrison, "Mission to Europe"; Gay, *Safe Among the Germans*; und Mark Wyman, *DP*.

## Immer am Rennen

Ob er zwischen der jüdischen Bevölkerung und den Militärbehörden vermittelte, das American Joint Distribution Committee um karitative Unterstützung bat oder versuchte, die Stimmung der Gemeinschaft zu verbessern, Louis war „immer am Rennen", wie Vern Drehmel beobachtete:

> Nachdem er die immense Verantwortung für all diese Menschen übernommen hatte, agierte Louis ziemlich selbstständig. Er war wirklich überhäuft mit Verantwortlichkeiten, arbeitete ununterbrochen daran, die gute Stimmung im Lager aufrechtzuerhalten, die natürlich zu einem Großteil davon abhing, was am nächsten Tag geschehen würde.
> Louis war wirklich immer am Rennen. Er setzte sich nicht und ließ seinen Kopf in langsamem gemächlichem Tempo arbeiten. Er lief stets auf Hochtouren. Nachdem Ditta in sein Leben zurückgekehrt war, heirateten sie und er hatte zusätzlich zur Leitung des Lagers natürlich seine eigenen persönlichen Bedürfnisse und Verpflichtungen. Es war zweifellos ein Vollzeitjob und mit Vollzeit meine ich nicht von 8 bis 17 Uhr, ich meine mit Vollzeit, dass man nie zum Schlafen kommt. Das prägte auch den Zeitraum, da er viel weniger Zeit mit seinen alten Freunden und den Kindern verbringen konnte. Er hatte immer die Verantwortung getragen und ich fühlte mich ihm gegenüber verantwortlich oder von ihm beschützt. Er war der wichtigste Mensch in meinem Leben.
>
> Wir Jüngeren waren jetzt frei und hatten Zeit für Vergnügungen, im Schwimmbad zu schwimmen und die Sonne zu genießen, Fußball zu spielen. Jeden Freitagabend gab es Tanz und Unterhaltung. Es gab Shows und Musicals und Operetten. Es gab etwas Unterricht in der Stadt Deggendorf mit deutschen Lehrern. Wir waren neugierig, wer waren diese Menschen, die nun unsere Lehrer waren? Es gab kaum persönliche Beziehungen; sie waren zu der Zeit ein wenig suspekt.
>
> Damals war ich 16, ging auf die 17 zu. Ich arbeitete jeden Tag in der Verpflegungsstelle. Ich arbeitete in der Nahrungsmittelversorgung. Man musste in der Nahrungsmittelversorgung ehrlich sein, denn Nahrung war eine Währung. Später bekamen wir in Deggendorf diese Rot-Kreuz-Pakete, sie enthielten Zigaretten und Zigaretten waren mehr wert als jede Art von Geld. Also brauchte man wirklich zuverlässige Leute, die für die Verteilung der Nahrungsmittel zuständig waren. Wir hatten Verträge mit deutschen Bäckern, Ware die wir abholten und auslieferten. Wir litten

nicht wirklich unter Nahrungsknappheit. Wir hatten reichlich zu essen, aber das Essen konnte man auch für Tauschgeschäfte mit der deutschen Bevölkerung nutzen.

Ich ging zur Schule, nicht jeden Tag, aber ich lernte etwas Englisch, etwas Französisch. Das war meine Beschäftigung, dazu die Arbeit und dann die freie Zeit an den Wochenenden. Ich hatte Kontakt mit Gleichaltrigen. Wir lebten im selben Gebäude, eine Herberge für junge Leute. Reinhard und ich lebten im selben Haus. Die Mädchen lebten in einem anderen Teil des Gebäudes. Ich weiß nicht genau, wer dort das Sagen hatte, aber wir benahmen uns ziemlich artig. Wir hörten amerikanische Musik im Radio. Die Balladen in jenen Tagen waren wunderbar, um Englisch zu lernen, weil wir die Texte auswendig lernten. Es war sehr hilfreich. Ständig spielten Militärkapellen im Radio.

Ich fand Deggendorf sehr erfüllend. Ich hatte gute Freunde, eine hübsche Freundin, ich arbeitete, die Menschen schätzten mich als Mitglied meiner Gemeinschaft. Aber dann gab es die Fragen, die wir uns stellten: Wohin gehen wir von hier aus? Wie kommen wir dorthin? Als Leiter des Lagers war es Louis' wichtigste Aufgabe, die Moral aufrechtzuerhalten und zu stärken, sodass die Menschen das Gefühl hatten, einem etwas endgültigeren Zielort näherzukommen.

Und dann gab es all diese Einzelaufgaben, denen Louis nachgehen musste, für die er etwas administrative Unterstützung hatte. Er korrespondierte viel mit Leuten bezüglich der Auswanderung, die Reise hinunter nach Italien, um nach Palästina zu gelangen, um über Italien illegal dorthin zu kommen. Er stellte Anträge bei den Behörden in den USA für all diejenigen von uns, die in die USA auswandern wollten, und dasselbe in Großbritannien. Er verhandelte mit der UNRRA und das beinhaltete eine eigene Organisation und bürokratische Erfordernisse. Wir waren für die Versorgung mit Lebensmitteln und anderen Grundbedürfnissen, Gerätschaften, Toilettenartikeln, allem, was man tagtäglich so braucht, vollkommen abhängig vom Wohlwollen der UNRRA.

Die Stimmung im Lager war wirklich gut. Ich war wirklich sehr optimistisch, dass ich in die Vereinigten Staaten kommen würde, wusste nur nicht genau wann, aber ich bin von Natur aus immer sehr optimistisch gewesen. Ich war optimistisch. Ich stellte fest, dass diejenigen, die älter waren als ich, sehr viel ernstere Erfahrungen gemacht hatten. Ich hatte das Glück, so jung zu sein, wie ich war. Man hatte mich der elterlichen Anleitung beraubt, das stimmt, aber diejenigen, die ihr Heim, Ehegatten, Kinder verloren hatten, brauchten dringender Gewissheit als ich. Sie hingen als Erwachsene in der Luft. Sie hatten einen Scheidepunkt in ihrem Leben erreicht. Sie hatten ein Leben verlassen, wie sollten sie eine Verbindung zu einem neuen Leben knüpfen? Sie hingen in der Luft und hatten keine Kontrolle. Alles hing von Umständen ab, die sie in keiner Weise beeinflussen konnten. Es war sehr beängstigend und deprimierend. Sie verließen sich auf ihr Glück, nachdem so vieles in ihrer Geschichte sie gelehrt hatte, dass es so etwas nicht gibt. Sie bereiteten Louis mehr Kummer als ich. Ich wusste, dass meine Zukunft vor mir lag und fühlte, dass alles irgendwie klappen würde. Den Holocaust zu überleben, hat meinen Optimismus nicht verringert.

Louis musste sich um unzufriedene Bewohner kümmern, unzufrieden, weil sie Gewissheit brauchten, die er nicht geben konnte. Er bot Beruhigung in Form von Veranstaltungen, Ankündigungen in Form von Aushängen, wöchentlichen Berichten an die Öffentlichkeit.

**Bild 19:** Vern Drehmel, DP-Lager Deggendorf, ca. 1946. Fotograf unbekannt. Mit freundlicher Genehmigung von Edith Lowy.

Jetzt, heute, bin ich hauptsächlich Psychotherapeut. Wir haben Sitzungen, in denen wir uns die Probleme und Ängste der Menschen anhören. Aber Louis musste sich fast täglich mit Hunderten von Problemen und Ängsten der Leute beschäftigen. Er wurde belästigt, da bin ich mir sicher, denn die Menschen beschuldigen immer denjenigen, der das Sagen hat, wenn etwas nicht gut läuft. Es muss unglaublich anstrengend gewesen sein, aber Louis sprach nie mit uns darüber.
Er beeinflusste viele Menschen mit seinen Ideen. Die Menschen wussten, dass sie sich auf sein Wort verlassen konnten. Sie wussten, dass er nichts versprach, was er nicht halten konnte. Es gab niemals Widerstand gegen ihn als Lagerleiter. Es gab nie den Versuch, ihn zu ersetzen.

Louis wurde am 18. Februar 1946 als Vorsitzender des Jüdischen Komitees wiedergewählt.[18] Mit dem erfolgreichen Aufbau der jüdischen Selbstverwaltung sah Louis das Ziel seiner Arbeit im Deggendorf Center nun ähnlich wie das Ziel der Sozialarbeit, das er später wie folgt definieren würde: „Sich mit den Problemen auseinanderzusetzen, denen die Menschen in Bezug auf ihr soziales Funktionieren ausgesetzt sind, und darüber hinaus die menschliche Entfaltung und Selbstverwirklichung durch aktive soziale Partizipation zu verbessern. Sozialarbeit ist einer der Mechanismen der sozialen Praxis, der interveniert, um Spannungen zwischen den Anforderungen der Gesellschaft und den Bedürfnissen, Wünschen und Erwartungen einer Person auszugleichen."[19]

Louis' Anstrengungen, die jüdische Selbstverwaltung im Deggendorf Center aufzubauen, wurden vom Team der UNRRA unterstützt. Von dem Tag an, da Carl Atkin, der erste UNRRA-Direktor, in Deggendorf ankam, unterhielt Louis ein herzliches Arbeitsverhältnis zum Personal der UNRRA. Die UNRRA respektierte das Prinzip der Selbstbestimmung der jüdischen Displaced Persons und das UNRRA-Team in Deggendorf fungierte in Wirklichkeit als Behörde, die half, die Grundsätze und Pläne des gewählten Jüdischen Komitees umzusetzen. Wenn das UNRRA-Personal seine Einsätze im Deggendorf Center beendete, fügten die Nachfolger sich nahtlos in die entsprechenden Positionen der gut organisierten Lagerverwaltung ein.

Einige Juden im Deggendorf Center legten ihre Angst vor Menschen in Uniform niemals ab.[20] Dennoch erlangte das UNRRA-Team die Zuneigung und das Vertrauen der Gemeinschaft des Deggendorf Centers. Die Hommage an Carl Atkin, den ersten UNRRA-Direktor des Lagers, in der *Deggendorf Center Revue* enthielt auch eine Karikatur einer dunklen uniformierten Gestalt mit Zigarette im Mundwinkel und einem Baby namens „Center Deggendorf" im Arm.[21] Eine Karikatur von Miss Waters, der UNRRA-Krankenschwester im Altersheim, zeigt sie im Profil mit Brille in einem herzförmigen Rahmen mit der Überschrift „Sie hat unser Herz gestohlen".[22] Die Aufgaben von Mr. Buckhantz, dem neuen UNRRA-Direktor und dem Rest des UNRRA-Teams beschrieb Dr. Gutfeld, der Herausgeber der *Deggendorf Center Revue*, in Dankbarkeit:

18 Ihre Herzlich, (Titel nicht lesbar), *Deggendorf Center Revue*, no. 8 (28. Feb. 1946): 4.
19 Lowy, *Social Work with Aging*, 51.
20 Dina G. Holocaust Testimony (HVT-264), 1982; Irene F. Holocaust Testimony (HVT-2404), 1992; und Lore, L. Holocaust Testimony (HVT-946), 1987, Fortunoff Video Archive for Holocaust Testimonies, Yale Univ. Library, New Haven, CT.
21 Annemarie Durra, "Das Ist Unser Pappi Carl Atkin", Zeichnung, Deggendorf Center Revue, Feb. 15, 1946, no. 7, 7.
22 Annemarie Durra, "Miss Waters: She Stole Our Heart" (Drawing), *Deggendorf Center Revue*, no. 12 (18. Mai 1946): 8.

## Das leere Büro

Heute ging ich zum Büro der UNRRA, um Mr. Buckhantz in einigen Angelegenheiten diese Zeitung betreffend zu sprechen. Doch er war nicht im Büro; keiner war dort, außer Miss Kitty. So nahm ich stattdessen die Gelegenheit zu einer Plauderei über die Mitglieder des UNRRA-Teams wahr. [...] Draußen vorm Fenster sah ich Miss Powers, unsere Sozialarbeiterin mit einer Dame unseres Lagers spazieren und reden. Miss Powers unterstützt verschiedene Wohlfahrtsprogramme in unserem Lager: das Säuglingsheim, die Organisation verschiedener Schulklassen und den Kindergarten. Sie ist auch verantwortlich für die Unterbringung im Lager und die Förderung des Freizeitprogramms. [...] Miss Anne Kusta ist die rechte Hand des Direktors. Sie äußert ihre Ansichten und Meinungen zu vielen unserer Probleme. Unser ehemaliger Direktor, Mr. Atkin, schätzte sie sehr und ich bin sicher, sie wird mit dem neuen Direktor, Mr. Buckhantz, gut zurechtkommen. Miss Anne berechnet die Kalorienwerte für unsere Mahlzeiten und weiß, wie diese zu handhaben sind.
Da ich immer zu wenig Schreibpapier in meinem Redaktionsbüro habe, fragte ich Miss Kitty, wer mir diesbezüglich wohl am ehesten helfen könnte, aber ich verrate Ihnen nicht, was sie mir sagte.

Dann schaute Dr. Taubner im Büro vorbei. Er hatte mir kürzlich Ratschläge und Verschreibungen für die Behandlung meines Geschwürs gegeben. Folglich kannte ich ihn und wir gaben uns die Hand. Ich bewundere seine freundliche Geduld, mit der er sich die Beschwerden aller hier anhört. Nachdem Dr. Taubner das Büro verlassen hatte, sprachen wir über unsere UNRRA-Krankenschwestern. Miss Elva Jane Waters (vom Dienstgrad Oberleutnant) [...] betreut das Altersheim in jeder Hinsicht – Hygiene, Heizmaterial, Wäsche, Essen und viele andere Bereiche. Sie ist von morgens bis abends beschäftigt. Miss Erika Freundova hat ungefähr dieselben Aufgabenbereiche im Hospital und wird von allen dort ebenso sehr geschätzt.
So wissen wir alles über Miss Powers, Miss Anne und alle anderen und kennen auch ihre unterschiedlichen Aufgaben. Sie sitzen nicht gerne an ihren Schreibtischen, aber wir sehen sie geschäftig hin- und herlaufen und ihre Aufgaben verrichten, und gleichzeitig reden sie mit allen und hören sich an, was sie zu sagen haben, wie gute Freundinnen, die sie uns allen sein möchten.[23]

23 Gutfeld, "The Empty Office", 6.

Aufgrund der zwischen der jüdischen Selbstverwaltung und dem UNRRA-Team bestehenden erfolgreichen Partnerschaft war Louis zuversichtlich, dass das Deggendorf Center selbst nach der Auswanderung seiner ersten jüdischen Leiter gut verwaltet werden würde. In der *Deggendorf Center Revue* wies Louis häufig darauf hin, dass er begann, sich auf seine eigene Zukunft vorzubereiten. Er hatte wiederholt Angebote, für die neue deutsche Regierung in München zu arbeiten, abgelehnt: „Ich wollte nichts mit ihnen zu tun haben! Absolut nichts! Ich wäre überall hingegangen, solange es außerhalb Europas war." Nachdem Ditta und ihre Mutter Verwandte in Boston ausfindig gemacht hatten, beschlossen Louis und seine kleine Familie, in die Vereinigten Staaten auszuwandern.

Louis genoss seine Arbeit im Deggendorf Center: „Ich war äußerst zufrieden, denn ich sah, dass sich etwas tat. Es entstand etwas aus dem Nichts." In Gesprächen mit Miss Powers, der UNRRA-Sozialarbeiterin, und mit Repräsentanten des American Jewish Joint Distribution Committee überlegte er, wie er diese Arbeit beruflich fortsetzen könnte:

> Ich dachte, ‚Wenn ich in die Vereinigten Staaten gehe, weiß ich nicht, was ich dort machen soll.' Es gab zwei Dinge, die ich gerne machen wollte. Erstens, eine Ausbildung abzuschließen. Ich hatte die Universität besucht und ich wollte einen Abschluss machen. Und zweitens wusste ich, dass die Ausbildung, die ich mir wünschte, nicht mehr Philologie oder Philosophie war. Das hatte ich vor dem Krieg studiert. Ich hätte es gerne weiter studiert, aber ich wollte mehr in die Praxis gehen wie bei meiner Arbeit in Deggendorf: organisieren, planen, entwickeln, gestalten [...] Ich fing an, mich zu fragen, ob ich das beruflich machen könnte. Gibt es Schulen, wo man diese Dinge erlernen kann? Ich erinnere mich, dass ich die Leute von Joint fragte, was sie machten. Sie beschafften Geldmittel, halfen Menschen auszuwandern, boten Menschen in den Vereinigten Staaten Unterstützung.
>
> Meine Familie hatte Kontakt mit Sozialarbeitern in München gehabt, als wir vor dem Krieg wirtschaftlich in Schwierigkeiten waren. Die Sozialarbeiter beschafften uns etwas Geld und waren uns ein bisschen behilflich bei der Auswanderung nach Prag. Sie waren das, was ich heute Fallmanager nennen würde. Aber die Hauptaufgabe der Sozialarbeit lag in der Verwaltung, der Organisation und der Entwicklung des Gemeinwesens, um es im heutigen Fachjargon auszudrücken, in der Hilfe zur Selbsthilfe. Das war es, was mich interessierte. Das war nach meiner Auffassung professionelle Sozialarbeit.

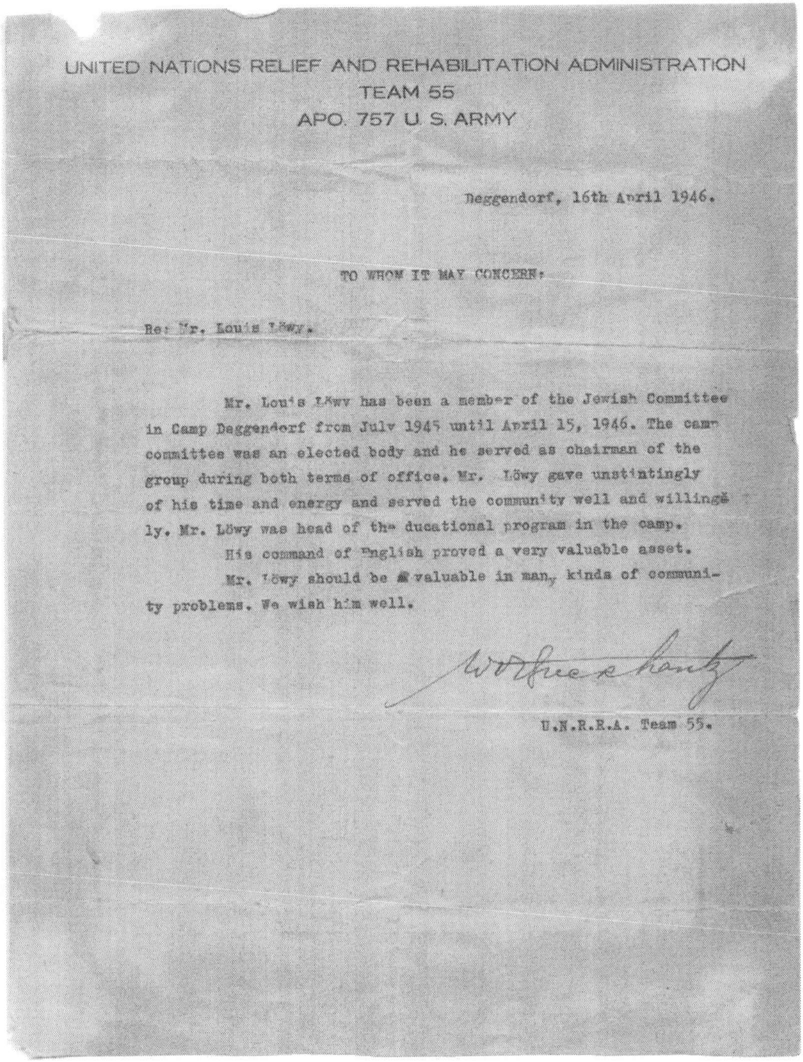

UNITED NATIONS RELIEF AND REHABILITATION ADMINISTRATION
TEAM 55
APO. 757 U. S. ARMY

Deggendorf, 16th April 1946.

TO WHOM IT MAY CONCERN:

Re: Mr. Louis Löwy.

Mr. Louis Löwy has been a member of the Jewish Committee in Camp Deggendorf from July 1945 until April 15, 1946. The camp committee was an elected body and he served as chairman of the group during both terms of office. Mr. Löwy gave unstintingly of his time and energy and served the community well and willingly. Mr. Löwy was head of the ducational program in the camp.

His command of English proved a very valuable asset.

Mr. Löwy should be valuable in many kinds of community problems. We wish him well.

U.N.R.R.A. Team 55.

**Bild 20:** Empfehlungsschreiben für Louis Löwy von W. V. Buckhantz, UNRRA-Team 55, 16. April 1946. Mit freundlicher Genehmigung von Edith Lowy.

## Ein neuer Hafen

Leider waren die Vereinigten Staaten noch nicht bereit, Louis und andere Kriegsflüchtlinge, vor allem jüdische Flüchtlinge, aufzunehmen. Manche Amerikaner fürchteten, dass Displaced Persons dem Staat zur Last fallen würden oder dass sie ihre Überfahrt auf amerikanischen Schiffen anstelle des US-Personals bekämen, das darauf wartete, nach Hause zu reisen.[24] Im November 1945 stand ein Gesetz zur weiteren Einschränkung der Einwanderung aus Europa im Kongress aus, obwohl nur 10 % der Jahresquote für europäische Einwanderer erfüllt worden waren.

Aus seiner Sicht als Oberbefehlshaber sah Präsident Truman jedoch „das immense Ausmaß des Problems der Displaced Persons“ als Sicherheitsproblem für die US-Besatzer und die Notwendigkeit, staatenlose oder nicht repatriierbare Menschen an festen Wohnsitzen anzusiedeln war zu dringlich, um ignoriert zu werden. Entschlossen, nicht nur das Leid zu verringern, sondern auch ein Exempel für andere Nationen zu statuieren, nutzte Truman seine Exekutivgewalt, um die Einwanderung von Displaced Persons in den amerikanischen Besatzungszonen „in dem Maß, wie unsere derzeitigen Einwanderungsgesetze es erlauben“ zu fördern. Am 22. Dezember 1945 erließ er ein „Statement and Directive on Displaced Persons“, bekannt als die „Truman Direktive“:

> Memorandum an:
> Staatssekretär, Kriegsminister, Generalstaatsanwalt, Kriegsschiffverwalter, Sanitätsinspektor des Gesundheitsministeriums, Generaldirektor der UNRRA.
>
> Die durch den Krieg ausgelöste massive Umsiedelung von Bevölkerungen in Europa hat menschliches Leid hervorgerufen, das die Menschen der Vereinigten Staaten nicht ignorieren können und wollen. Diese Regierung sollte jede mögliche Maßnahme ergreifen, die Einwanderung in die Vereinigten Staaten unter den bestehenden Quotenregelungen zu erleichtern. [...]
> Der Staatssekretär ist beauftragt, in höchster Eile konsularische Einrichtungen in oder in der Nähe der Displaced-Persons- oder Flüchtlingssammelzentren in den amerikanischen Besatzungszonen aufzubauen. Die Aufgabe dieser Konsularbeamten soll sein, zusammen mit den Einwan-

24 Harry S. Truman, “President Truman's Statement and Directive on Displaced Persons, Dec. 22, 1945,” World War II Resources, letzter Zugriff 24. Juli 2008, http://www.ibiblio.org/pha/policy/post-war/index.html.

> derungsbeamten so schnell wie möglich die Eignung der Bewerber für Visa und die Aufnahme in die Vereinigten Staaten festzustellen. [...]
>
> Visa sollten gerecht verteilt werden unter Menschen aller Glaubensrichtungen, Konfessionen und Nationalitäten. Ich wünsche, dass das besondere Augenmerk auf Waisenkinder gerichtet wird, an die hoffentlich ein Großteil der Visa ausgestellt werden wird. [...]
>
> In Bezug auf die Rechtsforderung, dass für Bewerber, die nach ihrer Aufnahme in die Vereinigten Staaten voraussichtlich vom Staat unterstützt werden müssen, keine Visa ausgestellt werden können, soll der Staatssekretär mit den Einwanderungs- und Einbürgerungseinrichtungen zusammenarbeiten, um angemessene Vereinbarungen mit Wohlfahrtsorganisationen in den Vereinigten Staaten zu vervollständigen, die sich darauf vorbereiten können, den erfolgreichen Bewerbern finanzielle Unterstützung zuzusichern. [...]
> Die Kriegsschiffverwaltung soll die notwendigen Vorbereitungen für die Überfahrt vom Abfahrtshafen in Europa in die Vereinigten Staaten treffen, unter Einhaltung der Bestimmung, dass die Beförderung der Einwanderer in keiner Hinsicht die geplante Rückkehr des Dienstpersonals und ihrer Ehegatten und Kinder vom europäischen Schauplatz beeinträchtigt.[25]

Truman erwartete sofortiges Handeln. Wie in seinem *Signing Statement* präzisiert wird, „hoffe ich, dass im Frühjahr angemessene Konsulareinrichtungen in unseren Gebieten in Europa in Betrieb sein werden, sodass die Einwanderung beginnen kann, sobald Schiffe zur Verfügung stehen".

Und so geschah es, dass das amerikanische Konsulat in München anfing, Ende März oder Anfang April 1946 Visumsanträge aus dem Deggendorf Center zu akzeptieren. Wie Louis sich erinnerte:

> Eines Abends ging ich mit Ditta ins Kino. Es wurde *Der Teufel und Daniel Webster* gezeigt. Aber ich sah kaum etwas vom Film, denn als ich ankam, rief jemand, ‚Hey Louis, bist du hier? Buckhantz [der neue UNRRA-Direktor] will dich sofort sprechen!'
> ‚Verdammt!', dachte ich. ‚Ich kann nicht mal einen Abend im Kino verbringen!'

25 Truman, "President Truman's Statement and Directive".

> Also ging ich zurück und Buckhantz sagte, ‚Louis, in München hat das amerikanische Konsulat eröffnet. Sie haben uns gerade gebeten, eine Liste all derer einzureichen, die in die Vereinigten Staaten auswandern wollen. Wenn wir die Listen auf Englisch ausstellen und innerhalb der nächsten zwei oder drei Monate einreichen, werden sie geprüft.'
> Also übersetzte ich und heuerte andere Leute zur Mitarbeit an, denn wir hatten die Informationen schon, die Registrierungen in der Abteilung für Auswanderung, das kam sehr gelegen. Innerhalb einer Woche waren alle diese Listen in München.
> Und sehr bald wurden die Anträge weiterbearbeitet. Ärzte untersuchten die Menschen. All die Dinge, die einst auf Ellis Island vorgenommen wurden, wurden jetzt in München erledigt. Und von dort aus gingen die Leute, wir eingeschlossen – ich, Ditta und ihre Mutter – zum Konsulat und wurden überprüft und unsere Visa wurden bewilligt.

Nach Dittas Erinnerung an diese Geschichte bekam sie Louis, nachdem er aus dem Kino gerufen wurde, für mehrere Tage nicht zu Gesicht:

> Ich kann etwas sehr Interessantes darüber erzählen, wie die Auswanderung genehmigt wurde. Eines Abends gingen wir ins Kino des Ortes. Ich erinnere mich noch, was es war; es war ein amerikanischer Film, *Der Teufel und Daniel Webster*, ein Klassiker. Louis wurde aus dem Kino herausgerufen. Und ich dachte, es wäre nicht unbedingt notwendig, ihn abends noch abzurufen! Aber sie riefen ihn ab, um ihm mitzuteilen, dass das amerikanische Konsulat öffnete und er sämtliche Auswanderungsanträge bearbeiten solle, nicht nur die von ihm, von mir und meiner Mutter, sondern von allen im Lager, die in die Vereinigten Staaten auswandern wollten!
> Nun war Louis schon immer sehr erfinderisch gewesen, hatte die Leute im positiven Sinne beschäftigt. Lange vor dieser Begebenheit hatte er ein Auswanderungsbüro eingerichtet. Und all diese freiwilligen Helfer, einige waren Sekretärinnen oder so etwas gewesen, kamen und die Leute reichten ihre Anträge ein. Er hatte ein Formular entworfen. Ich weiß nicht, ob es schon das offizielle Formular war. Und die Leute füllten es aus. So hatten die Menschen etwas, worauf sie sich freuen konnten.
> Und als das Konsulat tatsächlich öffnete, stand er plötzlich vor Bergen von Papieren. Er musste jeden einzelnen Antrag übersetzen. Es gab niemanden sonst, der das hätte machen können. Deshalb bekam ich ihn für mehrere Tage oder noch länger nicht zu Gesicht! Er erledigte das gründlich und schnell, stellte die Liste zusammen und schickte sie an das Kon-

> sulat in München. Ich glaube, es war eine der ersten Listen, die aus einem der DP-Lager eingingen, denn die Leute aus dem Deggendorf Center waren auf dem ersten und dem zweiten Boot in die Vereinigten Staaten. Als es so weit war, dass wir nach München zum Konsulat mussten, wurde ich sterbenskrank. Ich hatte Bronchitis oder so etwas, Fieber, Husten, fühlte mich elend. Wir hatten keine Antibiotika, aber mein Mann und meine Mutter unterzogen mich einer Zwangskur. Sie wickelten mich in heiße Tücher, nasse Tücher und deckten mich mit Decken zu und ich schwitzte es aus. Einen oder zwei Tage später mussten wir fahren und ich fühlte mich besser. Ich war jung, deshalb konnte ich so eine Behandlung aushalten. Im Konsulat hatten sie amerikanische Schreibmaschinen, auf denen es keine Umlaute gab. Wir buchstabierten Löwy. Und sie sagten, lassen wir die zwei Punkte weg; wir haben diese zwei Punkte nicht. Und so wurde daraus ‚Lowy'.

In weniger als einer Woche hatte Louis Visaanträge für mehr als 200 potenzielle Auswanderer aus dem Deggendorf Center eingereicht. Es war seine letzte Errungenschaft als Vorsitzender des Jüdischen Komitees. Ein paar Wochen später, als er sich auf die Abreise vorbereitete, schrieb Louis einen herzlichen Abschiedsgruß für die *Deggendorf Center Revue*:

> Der Winter ging vorüber und die Hoffnung des Frühjahrs hat sich schon ein wenig zu erfüllen begonnen. Deggendorf wird schon leerer und auch in anderen Centern beginnt es sich zu rühren. Hoffen wir, daß das Tempo beschleunigt wird, daß bald alle Juden am Ziel ihrer Wünsche sein mögen. [...] An dieser Stelle möchte ich allen Mitarbeitern, den Kollegen des Committee, den Referenten, jedem Arbeiter und all denen, die bei Aufbau und Gestaltung unseres Lebens hier mitgeholfen haben, meinen herzlichsten Dank zum Ausdruck bringen. Für die tatkräftige Unterstützung in unserer Arbeit sei allen Mitgliedern des UNRRA Teams 55 mein aufrichtigster Dank ausgesprochen.
> Arbeiten Sie weiter wie bisher und vergessen Sie die schönen, wie die schweren Tage in Deggendorf ebenso wenig wie ich.[26]

In derselben Ausgabe der *Deggendorf Center Revue* schrieben Joseph Königer und das Jüdische Komitee die Abschiedsworte „Lieber Freund u. Kollege Löwy!". Der Artikel, eine angemessene Lobrede, brachte den Optimismus und den Bürgerstolz zum Ausdruck, der für Louis die Grundlage der Gemeinschaft war:

26 Lowy, "Zum Abschied," 1.

> Im Namen des ganzen Centers fühlen wir uns berufen, Dir, der Du heute von uns scheidest, einige Worte mit auf den Wege zu geben. Wir haben Dich in diesen langen Monaten als Menschen und Kameraden kennen und schätzen gelernt; [...]
> Wohl die Krönung Deiner Arbeitsleistung war die Schaffung des Jewish Center Deggendorf, welches sich unter Deiner Leistung zum ‚Elitelager' der ganzen amerikanischen Zone entwickelt hat.
> Nun steuerst Du einem neuen Hafen zu und wir alle, Deine Mitarbeiter, wünschen Dir, daß Du mit ebenso viel und noch mehr Energie und Arbeitskraft jetzt für Dich und Deine Familie eine bessere Zukunft aufbauen mögest.[27]

Unter den Auswanderern aus dem Deggendorf Center im Frühling 1946 befand sich die kleine „Gruppe von Wanderern", die Louis quer durch Europa geführt hatte. Reinhard Frank machte sich in die Schweiz auf, um nach seiner Mutter zu suchen. Nachdem er erfahren hatte, dass diese verstorben war, wanderte er später nach England aus:

> Ich war einer der ersten, der Deggendorf im März 1946 verließ. Es gab noch eine andere Person, eine Dame, die später US-Diplomatin wurde. Wir zwei wurden in einem Krankenwagen der US-Armee von Deggendorf an die Schweizer Grenze gebracht und dort abgesetzt, und dann überquerten wir die Grenze zu Fuß.

**Bild 21:** Abfahrt aus München, April 1946. Von links nach rechts: Hilda Jedlinsky, Ditta Lowy, Kurt Kohorn. Fotograf unbekannt. Mit freundlicher Genehmigung von Edith Lowy.

Kurt Kohorn nahm eine Stelle bei der UNRRA in Paris an, bevor er in die Vereinigten Staaten auswanderte. Gerhard Steinhagen, Georg und Heinz Schindler und Vern Drehmel waren Passagiere auf dem ersten und dem zweiten Liberty-Schiff, das im Mai 1946 Kriegsflüchtlinge von Bremerhaven nach New York City brachte.

27 Königer, "Lieber Freund und Kollege Löwy" 1.

Es sollte jedoch noch drei weitere Jahre dauern, bis alle Juden im Deggendorf Center eine neue Heimat gefunden hatten. Neuankömmlinge aus Osteuropa waren zahlreicher als die Auswanderungsmöglichkeiten und im Oktober 1948 lebten fast 2000 Bewohner dort, die doppelte Anzahl als zu Louis Amtszeit als Vorsitzender. Die Grundlage für die Selbstverwaltung, die Louis geschaffen hatte, diente der wachsenden Gemeinschaft weiterhin, und das Deggendorf Center war bis zu seiner Auflösung am 15. Juni 1949 bekannt dafür, in Bezug auf das jüdische Kulturleben „ein außergewöhnlich aktives" Lager zu sein.[28]

**Bild 22:** Beim Einsteigen in den Zug von München nach Bremerhaven, April 1946. Obere Reihe, von links nach rechts: Ditta Lowy, Hilda Jedlinsky; mittlere Reihe, zweiter von rechts: Kurt Kohorn; untere Reihe, Mitte: Louis Lowy. Fotograf unbekannt. Mit freundlicher Genehmigung von Edith Lowy.

28 "Deggendorf," *Holocaust Encyclopedia*, United States Holocaust Memorial Museum, letzter Zugriff 24. Juni 2006, http://www.ushmm.org/museum/exhibit/online/dp/camp13.htm; Gay, *Safe Among the Germans*; Nadich, *Eisenhower and the Jews*; and Schwarz, *The Redeemers*.

# 7 Der Werdegang eines Sozialarbeiters

An Bord des Liberty-Schiffes im Hafen von New York betrachtete Vern Drehmel die Skyline von Manhattan mit einer Mischung aus Euphorie und Furcht. Er war nun 17 Jahre, reiste als Kriegswaise und mit der Ankunft in Amerika würde er zum ersten Mal seit Auschwitz von Louis getrennt werden:

> Ich kam am 24. Mai 1946 an. Wir kamen mit demselben Schiff an, Louis, Ditta und ich, aber bei der Ankunft mussten wir uns trennen. Als wir die Nacht vor der Freiheitsstatue ankerten und ich die Lichter von Manhattan sah und all die Autolichter, die sich in einem langen Strom das Ufer entlang bewegten, wurde mir bewusst, dass ich keine Seele dort kannte, dass ich vielleicht etwas vorsichtiger hätte sein sollen, als ich es tatsächlich war!

Vern rezitierte für sich die Präambel zur Verfassung der Vereinigten Staaten, Worte, die Louis ihn heimlich in einer Dachkammer in Theresienstadt gelehrt hatte, und sein üblicher Optimismus kehrte zurück.

> Wieder einmal hatte alles geklappt. Ditta und Louis fuhren nach Boston. Ditta hatte Verwandte, die die von der Regierung geforderte finanzielle Bürgschaft übernehmen konnten. Ich erinnere mich nicht einmal, mich von Louis und Ditta verabschiedet zu haben. Wir Jüngeren hatten unterdessen keine klare Zieladresse. Wir wurden vom US Committee for European War Orphans der United Jewish Federation und dem Jewish Family and Children's Service unterstützt. Wir wurden alle in ein Aufnahmezentrum geschickt, das sich in der Caldwell Avenue in der Bronx befand. Es war ein großes Haus aus braunem Sandstein, in dem alle möglichen Sprachen zu hören waren. Es gab jüdische Kinder, auch katholische Kinder aus Osteuropa und den baltischen Ländern. Das

Zentrum war aufgrund unserer religiösen, ethnischen Zugehörigkeiten etwas ausgegrenzt. Dort traf ich Benji und Leila [zwei weitere jüdische Kriegswaisen].
Ich ertrug das Chaos und den Lärm von New York nicht. Das Nachkriegsdeutschland war so zerstört, dass sich dort nichts bewegte. Es war sehr friedlich und ruhig! Sie hatten eine sehr lange Trauerphase, denke ich, vor dem industriellen Wiederaufbau nach dem Marshall Plan, der nicht vor 1948 begann. Ich war an idyllische Ruhe gewöhnt, daran, die Natur auf den Weiden und in den Wäldern zu sehen, an der frischen Luft zu spazieren. In New York hielt ich es nicht aus.

Eines Morgens wurde ich nach unten gerufen und der Sozialarbeiter fragte mich sehr freundlich, wo in den Vereinigten Staaten ich hinwollte. Ich schämte mich, weil ich aus New York wegwollte. Ich sagte, ‚Boston. Ich habe einen Freund in Boston und es gibt gute Schulen dort, Harvard und MIT.' Als meine Befragung vorbei war, sagte ich zu Benji und Leila, ‚Wenn sie euch fragen, wohin ihr wollt, sagt ‚Boston'.' Also wurden wir alle mit einem Schlafwagenzug nach Boston geschickt. Nach unseren Erfahrungen in Güterzügen war das viel zu nobel für uns! Jemand vom Jewish Family and Children's Services holte uns vom Zug ab und brachte uns zu ihren Büros. Louis und Ditta begrüßten uns. Der Sozialarbeiter fragte Louis und Ditta, ob sie mich aufnehmen könnten. Sie hätten es gerne getan, aber sie kämpften selbst, sich über Wasser zu halten!

Aber der Jewish Family and Children's Services hatte uns ohnehin schon verplant. Sie schickten uns in ein Sommerlager nach Maine [Camp Kingswood]. Sie setzten uns noch am selben Tag in einen Greyhound Bus nach Maine und unser Lehrer hieß uns für den Sommer willkommen. Er war ein Jude aus Chelsea; ich erinnere mich nicht an seinen Namen. Es war ein Pfadfinderlager für Mädchen, alles unter freiem Himmel. Wir hatten eine Hütte im Wald. Wir lernten Englisch und Gemeinschaftskunde, um uns auf den Schulbesuch im September vorzubereiten. Dieser Lehrer ließ uns viel lernen. Wir mussten eine neue Schrift lernen. Es war sehr aufregend! Wir konnten im See schwimmen. Es gab einen Schwimmlehrer vom Pfadfinderlager der Mädchen und wir lernten alle schwimmen und ich machte meinen Rettungsschwimmer. Wir strengten uns überall sehr an.

Und dann sagte dieser Lehrer, ‚Okay, ich nehme euch Jungs mit zum Haareschneiden. Ihr braucht einen Bürstenschnitt!' Dieser Lehrer trug

> einen Bürstenschnitt. Unsere Haare hatten jetzt normale Länge. Nach der Rasur durch die Nazis hatten wir unser Haar wachsen lassen.
> Wir sagten, ‚Bürstenschnitt?'
> Er sagte, ‚Ja, wenn Ihr nach Harvard wollt, braucht Ihr einen Bürstenschnitt!'
> Ich weigerte mich. Die Leiterin der Einzelfallhilfe war Mrs. Carter aus Boston; sie war selbst Flüchtling gewesen, als Weißrussin vor der Russischen Revolution, und sie mochte Menschen, die sich für ihre eigenen Rechte einsetzten. Sie stellte sich auf meine Seite. Ich wusste, dass niemand das Recht hatte, mir so etwas anzutun. Das hatte ich von Louis gelernt.

Am Ende des Sommers wurden jüdische Familien aus der Gegend von Boston nach Camp Kingswood eingeladen, um eine Adoption der jüdischen Kriegswaisen zu erwägen. Vern wurde mit 17 Jahren als zu alt für eine Adoption angesehen, aber er wurde von einer Pflegefamilie aufgenommen, Helen und Harold Saftel, die Vern die Wahl ließen, eine staatliche oder eine Privatschule zu besuchen. Vern entschied sich für die staatliche Brookline High School: ‚Ich wollte auf eine staatliche Schule. Ich hatte meine Ideale über die Demokratie und so schickte meine Pflegefamilie mich auf eine staatliche Schule und zwei Jahre später kam ich nach Harvard'.

Vern hatte eine neue Familie gefunden, nicht nur seine Pflegefamilie, sondern auch eine Familie, die aus anderen Überlebenden bestand. Vern, Benji und Leila blieben nach dem gemeinsam verbrachten Sommer ihr Leben lang Freunde und Vern wertschätzte seine Freundschaft mit Louis und Ditta immer:

> Menschen sind mir sehr wichtig. Ich verbringe viel Zeit damit, Kontakt zu halten, Urlaubspostkarten und Briefe. Ich habe zweifellos gelernt, dass das Wichtigste, was wir tun können, ist, Beziehungen zu pflegen. Louis betrachtete jeden Menschen als wichtig, und somit sind Beziehungen für mich lebenswichtig. Die Bindung ist es, die Louis für uns schuf. Es ist die wichtigste Nahrung, die man Menschen geben kann.

## Ein neues Leben

In ihrer letzten Nacht an Bord des Liberty-Schiffes, als Vern sich Gedanken über die Zukunft machte, schmiedete Louis Pläne für den kommenden Tag: „Wir kamen am 24. Mai an, sahen die Freiheitsstatue und lagen dann für eine Nacht im Hafen von New York vor Anker und am Morgen gingen wir an Land!" Ditta wartete unterdessen unruhig darauf, wieder mit ihrer Mutter vereint zu sein, die mit einem früheren Schiff in die Vereinigten Staaten gereist war. Als Ditta und ihre Mutter im Hafen von Bremerhaven auseinandergingen, waren sie zum ersten Mal seit Beginn des Krieges getrennt. Ditta erinnerte sich:

> Als wir nach Bremerhaven fuhren, standen wir unter Quarantäne. Sie stellten uns in Bremerhaven unter Quarantäne, weil es keine Quarantäne mehr auf Ellis Island gab. Deshalb behielten sie uns eine Zeitlang in Quarantäne; ich weiß nicht, wie lange. Die amerikanische Armee war verantwortlich und sie nahmen unsere Decken und alles weg, um es zu desinfizieren, und wir bekamen die Sachen nie zurück.
> Meine Mutter kam also auf dem ersten Schiff in dieses Land und wir waren auf dem zweiten Schiff. Als wir damals getrennt wurden, war das ein traumatischer Augenblick, denn wir waren während des ganzen Krieges nicht getrennt gewesen. Es war traumatisch. Was, wenn wir nicht auf das zweite Schiff kommen? Was, wenn ich sie nie wiedersehe? Nach all den Jahren, die wir zusammen waren, wurden wir nun bei einer sehr bedeutsamen Unternehmung, der Reise nach Amerika, getrennt!

Wie dem auch sei, wir kamen etwa 10 Tage später auf das zweite Schiff und Louis fragte den Kapitän, ob es möglich wäre, von unserem Schiff aus ein Telegramm an das vorherige Schiff zu senden, und wir schickten meiner Mutter ein Telegramm, um ihr zu sagen, ‚Wir sind auch auf dem Weg'. Denn meine Mutter war ebenfalls sehr aufgeregt. Sie war plötzlich ganz alleine.
Wir waren auf einem Liberty-Schiff, dass von der Handelsmarine gesteuert wurde. Man behandelte uns wie Dreck. Wenn man jung und eine Frau war auf diesem Schiff, wurde man wie eine Hure behandelt. Sie sagten, ‚Möchtest du noch etwas Obst? Noch eine Orange?' Ich erinnere mich an einen Vorfall, der ziemlich schrecklich war: Wir gingen zum Waschraum. Ich glaube, es gab keine Duschen, wir wuschen uns nur. Ein großer schwarzer Mann saß dort. Ich ging zu ihm und sagte in meinem fehlerhaften Englisch: ‚Würden Sie bitte rausgehen, weil wir uns waschen?'
Er sagte, ‚Ich kümmere mich um meine Angelegenheiten und du um deine!' Und er rührte sich nicht von der Stelle.

Das war kein guter Start! Wir waren keine Gefangenen. Heute hört man vom Missbrauch von Gefangenen. Nun, es ist nicht so selten, dass Einwanderer missbraucht werden! Schließlich ging mein Mann zum Kapitän

und sagte, dass sich die Behandlung der Passagiere ändern müsse. Es sei nicht akzeptabel.
Bevor wir in New York von Bord gingen, gab es eine Gegenüberstellung zur Identifizierung. Sie prüften die Papiere und alles, sie fertigten uns auf dem Schiff ab und dann sagten sie, ‚Auf Wiedersehen'. Und da waren wir nun in New York! Ich erinnere mich, dass es sehr kalt gewesen war, als wir in Bremerhaven aufgebrochen waren und als wir hier ankamen, gab es gerade eine Hitzewelle.
Wir kamen an dem Tag an, als Truman die Nationalgarde wegen des Eisenbahnstreiks alarmierte. Es fuhren keine Züge. Also mussten wir einen Bus von New York nach Boston nehmen. Wir stiegen um 2 Uhr nachmittags in den Bus und es gab unterwegs viele Zwischenstopps und dauerte bis Mitternacht, bis wir Boston erreichten. Es gab keinen Highway. Es gab keine Bundesstraße zu der Zeit. Und als wir um 12 Uhr nachts in Boston ankamen, stand dort meine Mutter mit meiner Tante, um uns zu begrüßen. Sie war schon dort! Und das war die traumatische Reise in dieses Land.

Als wir hier ankamen, gingen Louis und ich in das Haus meiner Tante in Hyde Park. Vern, ein anderes Mädchen und ein Junge wurden zu dritt vom Jewish Family and Children's Services aufgenommen, weil sie als Waisen ankamen. Wenige Tag später erhielt ich einen Telefonanruf: ‚Ich höre, Sie kennen Vern Drehmel?'
Ich sagte, ‚Ja'.
‚Hätten Sie Interesse, ihn zu adoptieren?'
Ich lachte. Ich sagte, ‚Das würde ich gerne tun, aber ich bin nur zwei Jahre älter als er und wir sind mit demselben Schiff gekommen!' So begriffen sie, dass ich keine gute Kandidatin dafür war!
Dann wohnten wir eine Zeitlang bei Verwandten hier in Hyde Park, und Louis fing sofort an zu arbeiten. Louis bekam einen Job, erst einen Fabrikjob und dann einen Job in einem Lagerhaus als Buchhalter. Ich arbeitete in einer kleinen Lederwarenfabrik. Relativ kurze Zeit darauf bekamen wir eine kleine Wohnung in Dorchester. Sie lag in einem Zweifamilienhaus, das Badezimmer befand sich außerhalb auf halber Treppe. Und meine Mutter kam mit uns.
Meine Mutter war eine richtige Schneiderin, keine Näherin. Sie war eine richtig ausgebildete Schneiderin und sie hatte sehr großes Talent. Sie fing an, selbstständig zu arbeiten, in der Wohnung. Ihre Kunden kamen durch Mundpropaganda. Leider lebte sie nur zwei Jahre in diesem Land. Sie starb im Alter von 52 Jahren; es war ein hartes Jahr. Ich hatte Angst.

> Bald schon zog Louis, der immer noch als Buchhalter arbeitete, Erkundungen ein und begann, an der Boston University zu studieren. Er hatte keine Papiere, die belegten, dass er zur Universität gegangen war, was er in Prag getan hatte. Aber sie sagten, ‚Er kann die Grundkurse belegen, dann sehen wir, wie es läuft und geben ihm Punkte'.
> Also wählte er Shakespeare und Geschichte und bekam A+. Dieser arme Englisch-Professor, er war so stolz. Er dachte, dass Louis all sein Wissen von ihm hätte! Aber sie gaben ihm 60 Punkte, zwei Jahre College, für die Zeit, die er auf die Karlsuniversität gegangen war. Also machte er hier seinen Abschluss und fing dann an der [Boston University] School of Social Work an. Und danach promovierte er in Harvard.

Die für die Unterstützung jüdischer Kriegsflüchtlinge bei der Umsiedelung zuständige Organisation in der Region Boston war der Jewish Family and Children's Services. Nach Louis' Erfahrungen jedoch „arbeiteten sie nicht sehr gut. Sie waren auf das Ausmaß des Holocaust nicht vorbereitet." Es war eher Louis als die professionellen Sozialarbeiter, der Verns Pflegefamilie beratend zur Seite stand, und es war Verns Pflegemutter Helen Saftel, die Louis half, den Weg in die Sozialarbeit als Beruf zu finden, wie Louis sich erinnerte:

> Als ich hier ankam, kontaktierte uns der Jewish Familiy and Children's Services und sagte, ‚Sie sind Flüchtlinge hier und wir sind da, um Ihnen zu helfen', was sie nicht wirklich gut machten. Aber wir hatten eine Wohnung. Wir begannen ein neues Leben. Ich arbeitete in einer Fabrik und dann arbeitete ich als Inventuraufnehmer in einem Lagerhaus in der Sumner Street, dem Levinson Warehouse, in dem Wolle gelagert wurde. Ich verdiente 40 Dollar die Woche. Ich dachte in jenem Sommer nicht viel über die Zukunft nach, aber dann kamen die Saftels in unser Leben und ich fragte sie, ‚Was kann man tun?'
>
> Vern war hier in Boston. Er kam mit demselben Schiff wie wir und wurde ins Camp Kingswood geschickt. Viele der Flüchtlingskinder wurden dorthin geschickt, damit ‚reiche Juden', wenn man so will, hingehen und diese Kinder adoptieren konnten. Viele gingen dorthin, darunter die Familie Saftel, Helen und Harry Saftel, die in der Immobilienbranche tätig waren, und Vern wurde von der Familie Saftel als Pflegekind aufgenommen. Als die Camp-Saison vorüber war, ging er zu den Saftels und sie wollten mehr über ihn erfahren, deshalb kontaktierten sie uns. Wir waren seine besten Freunde und lebten gleich hier in Boston und sie kamen zu uns zu Besuch.

Sie kamen jede Woche, um mehr über Vern zu erfahren. Wir hatten eine Wohnung in Dorchester, dem irischen Viertel von Dorchester, und sie kamen mit dem großen Oldsmobile. Diese Autos sahen für uns wie Boote aus. Alle Leute in der Straße wollten wissen, wer diese Leute waren, die immer Besuch von so reichen Menschen bekamen?

Die Saftels kamen zu uns und wollten, dass wir von Verns Vergangenheit erzählten, soweit wir darüber Bescheid wussten. Sie fanden Trost darin, mit uns zu sprechen. Helen Saftel arbeitete als freiwillige Sozialarbeiterin, ohne eine Ausbildung zu haben. Sie war früher eine der Leiterinnen des Hecht Neighborhood House [einer jüdischen Wohlfahrtseinrichtung] gewesen. Und so fing sie an, über Vern zu sprechen und anschließend fragte ich sie über Sozialarbeit aus und sie sagte, ‚Schau mal, Louis, nach dem, was ich höre, bist du der geborene Gruppenarbeiter. Du solltest Sozialarbeiter werden!‘ Und sie gab mir wirklich gute Hintergrundinformationen. Sie sagte, ‚Warum gehst du nicht zu Saul Bernstein an die Boston University?‘ Und so war Helen Saftel wirklich ein wichtiger Motor in meinem Leben, was weder ihr noch mir damals bewusst war!
Im September suchte ich Saul Bernstein auf, der ein Büro in der School of Social Work in der Exeter Street hatte, und er war sehr freundlich und nett. Er verstand meine Vorgeschichte natürlich nicht so ganz, wofür ich ihm keine Vorwürfe mache, aber er erklärte mir, welche Möglichkeiten es gab und wie ich meinen Abschluss machen könnte: ‚Vielleicht möchten Sie im Hecht House als Gruppenleiter arbeiten, um zu sehen, wie die Gruppenarbeit in Amerika läuft!‘

Obwohl die School of Social Work der Boston University ihr Angebot auf die soziale Gruppenarbeit konzentrierte, war das verwandte Gebiet der Gemeinwesenarbeit in Louis' Worten „das Stiefkind des Lehrplanes“. „Es ging vor allem um die Beschaffung von Geldmitteln“. Bei der Einschätzung seiner Begabung für die Sozialarbeit interessierten sich die Mitglieder der Fakultät folglich eher für seine Erfahrungen mit Jugendgruppen in Theresienstadt als für seine Leitung des DP-Lagers Deggendorf. Dennoch freute sich Louis darauf, soziale Gruppenarbeit zu studieren und widmete sich der Sache wie immer von ganzem Herzen. Von 1946 bis 1949 arbeitete er als Freiwilliger drei Abende die Woche im Hecht House:

Ich ging rüber zum Hecht House und arbeitete drei Abende die Woche als Clubleiter. Ich hatte drei Gruppen, eine Gruppe pro Abend, mit jeweils etwa 12 Jugendlichen, und ich machte meine Sache recht gut. Ich studierte ihre Beziehungen. Die erste Gruppe nannte sich selbst ‚die

> 49er', nach dem Goldrausch. Sie waren sehr fasziniert von mir, weil ich ein seltsamer Ausländer war und sie brachten mir amerikanischen Baseball bei. Sie waren jüdisch-amerikanische Jugendliche, typische jüdische Kinder der Mittelklasse, und nicht sehr abenteuerlustig. Sie waren 14 und 15 Jahre alt. Ich war 26, 27. Wir spielten Bowling und wir veranstalteten Partys und einen Purim Karneval [jüdischer Festtag zur Feier des Buches Ester]. Mit ein paar von ihnen habe ich kürzlich [im Herbst 1990] telefoniert. Einer wurde Sozialarbeiter.

Louis arbeitete Vollzeit im Lagerhaus und als Freiwilliger im Hecht House, als er im September 1947 als Teilzeitstudent an der Boston University anfing: „Ich studierte amerikanische Geschichte und amerikanische Literatur, da hatte ich Lücken." Nach seinem Bachelorabschluss 1949 erhielt er seine Zulassung mit einem Vollstipendium für die School of Social Work, wo er im Mai 1951 seinen Master in Sozialer Arbeit absolvierte.

> Einer von Louis' Kommilitonen war Ralph L. Kolodny, ein Veteran des 2. Weltkrieges, der später der Fakultät der School of Social Work beitreten sollte. Er erinnerte sich an Louis als „zierliche Person, immer mit einem Strahlen in den Augen":
> Wir studierten zusammen an der School of Social Work kurz nach dem Krieg und die Lebendigkeit, der Sinn für Humor und die Wärme eines Menschen, der so durch die Hölle gegangen war wie er, waren für mich wirklich unfassbar. Ich bin mir sicher, dass alle meine Kameraden unter den Veteranen des 2. Weltkrieges ebenso dachten wie ich. Niemand war eher bereit, Studentenpartys und Vergnügungen zu planen als Louis.[1]
> Es gab einen besonderen Grund für das Strahlen in Louis' Augen. Am 15. April 1951 gebar Ditta ihr erstes Kind, Susan Hilda, und am 12. Oktober 1952 kam Peter Mark zur Welt. Susan wurde nach Dittas Mutter benannt und Peter nach Louis' Vater und wie Louis später erklärte, bildeten sie „ein Verbindungsglied in der Kette einer Familie, die aufgehört hatte zu existieren, die aber neu erschaffen werden musste."[2]

Louis arbeitete bei seinen Praktika am Quincy Jewish Community Center und beim Boston Children's Services weiterhin mit Jugendgruppen: „Gruppenarbeit war fast nur beschränkt auf und ein Synonym für Kinder und Jugendliche". In seiner Masterarbeit über „Indigenous Leadership in Teenage Groups" („Indigene

1 Ralph Kolodny, Brief an die Autorin, 11. Okt. 2004.
2 Lowy, "Reflections".

Leitung in Jugendgruppen") stellte Louis fest, dass Leitung „ein Ergebnis ist, das sich aus persönlichen Faktoren und Umweltaspekten zusammensetzt".[3] Seine Schlussfolgerung spiegelte seine eigenen Erfahrungen als Leiter während des Krieges und danach wider.

Nachdem er alle Kurse belegt hatte, die die School of Social Work in Gruppenarbeit und Einzelfallhilfe anbot, suchte Louis weitere klinische Erfahrungen und nahm ein Sommerpraktikum für Graduierte beim Somerville Arlington Family Services an. „Ich kannte Psychiatrie aus europäischer Sicht, nach der sie mit der Neurologie verknüpft war. Ich kannte Freud; ich hatte Freud im Original gelesen. Ich wusste, dass Erik Erikson soeben *Kindheit und Gesellschaft* veröffentlicht hatte." Bald jedoch stellte Louis fest, dass er die psychoanalytische Theorie fesselnder als die Praxis fand. „Darauf zu warten, dass Patienten erzählten und all das, fand ich sehr langweilig. Ich glaube, ich war nicht die qualifizierteste Arbeitskraft!"

Nach seinem Abschluss an der School of Social Work 1951 suchte Louis nach einer Anstellung in einer jüdischen Organisation: „Ich wollte den Juden näher kommen. Ich identifizierte mich angesichts meiner Erfahrungen während des Krieges stark mit dem Judentum, jedoch auf eine weltliche, nicht auf eine religiöse Art und Weise. Die weltliche Art passte mir sehr gut." Außerdem hatte Louis, wie er Ditta anvertraute, als längerfristiges Ziel vor, in einer Schule für Sozialarbeit zu unterrichten: „Ich wusste, ich brauchte zunächst viel Erfahrung".

Nachdem er viele Jahre mit Kindern und Jugendlichen gearbeitet hatte, erschien Louis die Möglichkeit, soziale Gruppenarbeit mit Erwachsenen zu praktizieren, attraktiv und er nahm eine Stelle als Leiter der Aktivitäten für Erwachsene am Bridgeport Jewish Community Center in Bridgeport, Connecticut, an. „In der Erwachsenenbildung liegt ein ungeheures Potenzial zur Förderung von Wissen und Fähigkeiten, dem Erlangen eines Verständnisses von sich selbst und der Gemeinschaft, und der Verbreitung von Kreativität und Glück", glaubte Louis und indem er auf die indigene Leitung vertraute, bot Louis Mitgliedern des Gemeindezentrums die Möglichkeit, Programme zu entwickeln, die ihren Interessen entsprachen.[4] Schon bald organisierten die Teilnehmer eine Elterngruppe, eine Literaturgruppe, eine Kulturgruppe und ein politisches Forum, wobei jedes Programm von einem Mitglied des Komitees geleitet wurde und jedes Komitee sein festgelegtes Ziel übertraf:

3 Lowy, "Indigenous Leadership," 13.
4 Lowy, *Adult Education*, 27.

> Die Gesellschaft von anderen erlaubt einer Person, ihre Gefühle zu überprüfen und kann das Individuum anregen, sich neue Kenntnisse und Fähigkeiten anzueignen. Die Person kann lernen, zu führen oder zu folgen. Sie kann lernen, Kunst zu schätzen und kann diese Wertschätzung in andere Lebenserfahrungen integrieren; sie kann lernen, zwei Versionen einer Geschichte zu akzeptieren; sie kann neue Tanzschritte lernen; und sie kann lernen, ihre Sozialkompetenz zu erweitern, um ‚Freundschaften zu schließen'.[5]

Vom Ghetto Theresienstadt über das DP-Lager Deggendorf bis zum Bridgeport Community Center wurde Louis stets von dem Glauben geleitet, dass persönliche Erfüllung und soziales Wohlergehen aus der menschlichen Fähigkeit hervorgehen, das gesamte Leben hindurch zu lernen:

> Erwachsene haben Kapazitäten und Fähigkeiten zu lernen. Lernen ist ein kontinuierlicher Prozess, der nicht unbedingt auf die jüngeren Jahre im Leben eines Menschen oder auf eine bestimmte Institution, die speziell zum Lernen eingerichtet wurde, beschränkt ist. Lernen beginnt, sobald das Baby sich seiner Umwelt bewusst wird und darauf reagiert; es endet erst, wenn der Mensch sein Bewusstsein für immer verliert. Lebenslanges Lernen ist von besonderer Bedeutung in einer demokratischen Gesellschaft, weil eine Demokratie auf der Voraussetzung aufbaut, dass ihre Bürger über das Wissen und das Urteilsvermögen verfügen, kluge Entscheidungen zu treffen, die dem Allgemeinwohl zugute kommen [...] Durch Erwachsenenbildung sind die Menschen nicht nur in der Lage, besser informierte Bürger zu werden, sondern auch besser agierende Bürger, die sich aktiv daran beteiligen, die demokratischen Organe zu erhalten und zu verbessern.[6]

Kulturelle und pädagogische Gruppen erlauben Erwachsenen, ihr Potenzial in der Kunst, in zwischenmenschlichen Beziehungen und im bürgerlichen Engagement zu erkunden. In der Elterngruppe beispielsweise lernen Eltern, die Liebe zu ihren Kindern auszudrücken:

> Wie man Liebe gibt und annimmt, wurde als das zentrale Problem von menschlichen Beziehungen erkannt und der Reifegrad einer Person wird beurteilt anhand der Art und Weise wie sie Liebe annehmen und geben

5 Lowy, *Adult Education*, 63.
6 Lowy, *Adult Education*, 206–7.

> kann [...] Elternbildung sollte die Tatsache hervorheben, dass Fehler unvermeidbar sind, dass Fehler in der Kindererziehung keine Katastrophe sind, wenn Liebe und Zuneigung die Hauptkräfte in der Eltern-Kind-Beziehung darstellen.[7]

Über die Verbesserung der Beziehungen innerhalb der Familie hinaus regt die Elterngruppe jedoch auch zur Mitwirkung in der Gemeinschaft an:

> Elternbildung [...] sollte ein Bewusstsein für die Rolle als Eltern zum Ziel haben, ein Interesse an der Gemeinschaft wecken und ein Handeln in der Gemeinschaft, um diese fortwährend zu verbessern und sie zu einem besseren Ort zum Leben zu machen, sowohl für einen selbst als auch für seine Kinder. Einem Elternbildungsprogramm, das nicht auf das Bewusstsein für und die Partizipation am Gemeinwesen ausgerichtet ist, fehlt der wirksamste Bestandteil.[8]

Mit der Erweiterung des Programms für Erwachsenenaktivitäten wurde Louis studentischer Praktikant und bekam seine erste akademische Stelle als Praxisanleiter an der University of Connecticut School of Social Work. Louis hatte Freude daran, ein professionelles Netzwerk mit der Fakultät für Sozialarbeit und anderen sozialen Einrichtungen in der Region aufzubauen und 1952 machten mehrere Bridgeport Fachkräfte Louis auf etwas aufmerksam, das der Gemeinde fehlte:

> Es gab eine Sozialarbeiterin im Department of Old Age Assistance in Bridgeport, ich habe ihren Namen vergessen; und es gab einen Mr. Applebaum, der der Leiter der Literaturgruppe war; und Mr. Schein, der der Leiter der Elterngruppe war; und einen Arzt für Allgemeinmedizin, Dr. Frank Northman, und diese Leute kamen zu mir. Und Northman sagte, ‚Schau mal, Louis, so viele ältere Menschen kommen zu mir als Arzt und ich habe keine Zeit, mit ihnen zu reden. Wenn sie krank sind, ist das nicht das Problem, aber sie wollen kommen und mir von ihren Kindern oder Enkelkindern erzählen oder sich beklagen, dass sie ihren Sohn nie sehen. Wäre es nicht möglich, dass das Zentrum etwas für ältere Menschen tut?
>
> Also sagte ich, ‚Ich habe eine Idee. Lasst uns ein Diskussionsforum über ältere Menschen für das politische Forum finanzieren.‘ So gab es eine

7 Lowy, *Adult Education*, 126.
8 Lowy, *Adult Education*, 160.

> Podiumsdiskussion und Northman referierte über Gesundheitsfragen älterer Menschen, Schein sprach über die Beziehungen zwischen Kindern und älteren Menschen und Applebaum über die literarischen Beiträge älterer Menschen zur Weltliteratur. Dieses Forum war ein großer Erfolg und in der Folge kamen diese Menschen zu mir und sagten, ‚Wir möchten ein Komitee sein und ein spezielles Programm für ältere Menschen erstellen!' Also gingen wir zu Harold Lewis, der mein Vorgesetzter war, und sie fragten, ‚Was meinen Sie?'
> Und er sagte, ‚Wundervolle Idee! Wir stellen ein paar Bridgetische im Raum einen Stock tiefer auf' – dieser hatte einen separaten Eingang zum Parkplatz – ‚und der Aufenthaltsraum ist von 15 bis 17 Uhr geöffnet, mit Louis als Berater.'
>
> Und daraus entwickelte sich das Programm für ältere Erwachsene, die Leisure Lounge. Mrs. Dykler, eine 80-jährige Frau wurde die ‚Mutter der Leisure Lounge'. Sie war die Präsidentin. Dann besorgten wir ihnen einen Fernseher, denn es kamen die McCarthy-Anhörungen und sie klebten förmlich am Bildschirm.

Immer auf der Hut vor „unberechenbaren, willkürlichen und ungerechten Entscheidungen" von Regierungsbeamten, schloss sich Louis den Senioren in ihrer Faszination für und ihrer Angst vor Senator Joseph McCarthy an, der behauptete, Kommunisten hätten das Außenministerium und die US-Armee infiltriert: „Es war die McCarthy-Ära, die mich zu Tode ängstigte, und ich interessierte mich wieder für Politik."

Es war leichter, mit den Nachrichten umzugehen, sowohl den persönlichen als auch den politischen, wenn man sie mit anderen teilte, und die Leisure Lounge wurde ein bekannter Treffpunkt für ältere Mitglieder des Bridgeport Community Centers:

> Und dann sagte jemand, ‚Schau mal, Louis, in New York wird ein Zentrum nur für ältere Menschen eingerichtet. Es wird von Harold Levine vom Department of Public Welfare geleitet. Warum sprichst du nicht mit ihm?'
> Also fuhr ich nach New York, um mit Harold Levine zu sprechen, der das erste große Seniorenzentrum leitete, das William Hodson Senior Center in der Stewart Avenue. Ich fuhr nach New York, um es mir anzuschauen. Die Leute vom Hodson Center schickten mich zum Serowich Center in der Nähe von Bensonhurst, wo man mir sagte, ‚Das Beste, was du tun

kannst, ist, ein Fünftagesprogramm für die Woche aufzustellen, kein eintägiges Programm'. Und genau das taten wir.

Dann gab es eine Frau in Bridgeport namens Mrs. Hirschkowitz. Sie war keine Sozialarbeiterin, aber eine treibende Kraft im Bridgeport Community Center. Sie war wirklich eine Plage für Harold Lewis, meinen Vorgesetzten, und er sagte immer: ‚Schaff sie mir vom Hals!'

Ich sagte, ‚Ich schaffe sie dir vom Hals. Ich mache sie zur Vorsitzenden des Older Adult Advisory Committee!'

Und sie liebte es! Sie arbeitete mit mir zusammen, sie fuhr tatsächlich noch einmal zum Serowich Center nach New York und kam mit der Idee zurück, Geburtstagsfeiern zu veranstalten, Feiern für alle Senioren. Und ehe ich mich versah, waren die Vorbereitungen in vollem Gang! Ich ernannte Cora Schetel zur Chefin der freiwilligen Mitarbeiter. Sie organisierte freiwillige Mitarbeiter und ich entwickelte Schulungseinheiten für sie. Und Bridgeport wurde zum Vorbild für die Seniorenzentren der jüdischen Gemeindezentren. Ed Kadwotz war ein Sekretär der jüdischen Gemeindezentren. Er kam und ich erzählte ihm davon und er erzählte es den anderen Zentren in der Region Neuengland weiter.

Natürlich sah ich unweigerlich die politischen Auswirkungen bei der Arbeit mit älteren Menschen, Auswirkungen auf die Sozialversicherung, die Einkommenssicherheit, die Gesundheitsversorgung. Durch meine Ausbildung in Europa sah ich diese Angelegenheiten nicht als individuelle Probleme, sondern als gesellschaftliche Verantwortungsbereiche. Dann veröffentlichten Susan Kubie und Gertrude Landau *Group Work with the Aged.*[9] Landau war eine der ersten Gruppenarbeiterinnen, die die Seniorenzentrumsbewegung initiierten. Und sie wurden meine Vorbilder.

Seit seiner Verhaftung durch die Gestapo war es Louis ein Graus, die Tage damit zu verbringen, „nichts zu tun zu haben", und er verstand die Verletzbarkeit der älteren Menschen, die vereinsamt in ihren Häusern lebten: „Die Seniorenzentrumsbewegung gefiel mir, denn hier gab es ältere Menschen, die ein geringeres Einkommen oder nichts zu tun hatten. Hier gab es Menschen, die dem Auftrag der Sozialarbeit nahekamen."

9 Susan Kubie and Gertrude Landau, *Group Work with the Aged* (New York: International Universities Press, 1953).

# Endlich Professor

An dieser Stelle, mit den Erinnerungen an sein politisches Wiedererwachen in den frühen 1950er-Jahren, die Gründung der Leisure Lounge und seiner Entdeckung der Gerontologie, endet Louis Lowys narratives Interview. Louis hatte sein Interview mit seinem Kollegen Leonard Bloksberg über sieben Monate aufgezeichnet, in 16 Stunden und 9 Interviewsitzungen, bis er zu schwach wurde, um fortzufahren. Er hatte sich an seine Kindheit in München erinnert und seine Ausbildung in London und in Prag; seinen Einsatz als Jugendleiter und Lehrer im Ghetto Theresienstadt; sein Überleben des Konzentrationslagers Auschwitz; seine Flucht durch Europa mit seinen Schülern; seine Leitung der jüdischen Selbstverwaltung im DP-Lager Deggendorf; und schließlich seine Auswanderung in die Vereinigten Staaten, wo er eine Laufbahn als Sozialarbeiter einschlug. Obwohl Louis nicht seine gesamte Lebensgeschichte aufzeichnete, gelang ihm sein Vorsatz, den Teil der Geschichte zu erzählen, den er niemals zuvor erzählt hatte, die Geschichte seines beruflichen Werdegangs als Sozialarbeiter.

Louis wusste, dass seine Schriften und Lehren dort anknüpfen würden, wo sein narratives Interview abbrach. Als produktiver Schriftsteller hatte er fast 100 Abhandlungen auf Englisch oder Deutsch veröffentlicht sowie 22 Bücher, darunter *Adult Education and Group Work* (1955); *The Function of Social Work in a Changing Society: A Continuum of Practice* (1976); *Social Work with the Aging: The Challenge and Promise of the Later Years* (1979, 1985); *Social Policies and Programs on Aging: What Is and What Should Be in the Later Years* (1980); und *Why Education in the Later Years?* (mit Darlene O'Connor, 1986).

Der Werdegang von Louis Lowys Leben und Denken ist nicht nur in seinen Veröffentlichungen dokumentiert, sondern auch in seinen persönlichen Papieren, in Briefwechseln mit Kollegen und Freunden und in Hunderten von Dankesschreiben, sorgfältig aufbewahrt, von ehemaligen Studierenden, Forschern, Politikern und politischen Entscheidungsträgern aus aller Welt. So aktiv in der Bildung des Gemeinwesens wie in der beruflichen Bildung, schrieb Louis für Rundschreiben der Gemeinde und Handelsblätter und sprach häufig mit lokalen Bürgervereinigungen, Gemeindezentren und Seniorengruppen.[10] Nach einer Präsentation anlässlich des Familientages im Hebrew Rehabilitation Center for the Aged in Boston erhielt er ein Dankesschreiben, das repräsentativ ist für die

10 Louis Lowy, "Family Caregiving for the Elderly," *Advice for Adults with Aging Parents* 2, no. 1 (Feb.–März, 1987): 5–7; Louis Lowy, "Why Education in the Later Years?" *New Findings Quarterly: A Special Publication for Shoe People Age 55 and Over*, April 1987, 4–5.

Briefe, die er im Laufe seiner Karriere gesammelt hat: „Es war, als hätten wir nur darauf gewartet zu hören, was Sie zu sagen haben".[11]

Louis organisierte die Programme für ältere Menschen im Bridgeport Community Center bis 1955, als man ihn einlud, als stellvertretender Geschäftsführer der Association of Jewish Centers of Greater Boston und als Direktor des Golden Age Councils nach Boston zurückzukehren. Mit seinem zunehmenden Fachwissen in Gerontologie und Wohlfahrtsverwaltung fing er an, in Teilzeit an der Boston University zu unterrichten und 1957, 11 Jahre nach seiner Ankunft in den Vereinigten Staaten, trat er in die Fakultät der Boston University School of Social Work ein. Endlich war sein lebenslanger Traum, Universitätsprofessor zu werden, Realität geworden.

Für den Rest seiner beruflichen Laufbahn blieb Louis an der Boston University School of Social Work und stieg die akademischen Ränge hinauf vom Assistenzprofessor (1957) zum außerordentlichen Professor (1962), Professor (1966), stellvertretenden Dekan für Bildungsinhalte (1977), Direktor des Joint Doctoral Programm in Soziologie und Sozialarbeit (1980) bis zum Professor emeritus (1985). Er fungierte als leitender Forscher für Forschungsprojekte zu den Themen Gerontologie und Gesundheit, er führte einen Schwerpunkt Gerontologie in der School of Social Work ein und entwickelte diesen weiter, und er gründete 1977 das interdisziplinäre Boston University Gerontology Center, das sein akademisches Programm später ihm zu Ehren benannte als: Louis Lowy Certificate in Gerontological Studies.

Während seiner Anstellung an der Boston University arbeitete Louis in Redaktionsausschüssen und unterhielt führende Positionen in nationalen und internationalen beruflichen Vereinigungen.[12] Er evaluierte internationale Ausbildungsprogramme in der Wohlfahrtspflege für das US-Außenministerium und wurde vom Massachusetts Department of Public Welfare, dem National Council on Aging und dem National Institute of Mental Health zu seinen Ansichten über Sozialpolitik in Bezug auf Gesundheitsfürsorge und Alter um Rat gefragt. Louis vertrat Massachusetts als Delegierter bei der White House Conference on Aging 1961, 1971 und 1981.

Für seine Promotion an der Harvard University Graduate School of Education und der Graduate School of Arts and Sciences 1966 untersuchte Louis in seiner

11 Lowy, "Adult Children."
12 Lowy, Curriculum Vitae.

Doktorarbeit über die berufliche Entwicklung von Sozialarbeitsstudierenden unter dem Titel „Self and Role Clarification During Social Work Training: Study of the Incorporation of a Professional Role“ die Frage, die er sich 25 Jahre später über seine eigene Karriere stellen sollte.[13] Hätte er seinem narrativen Interview einen Titel gegeben, so hätte Louis es „Self Role and Clarification During the Holocaust“ („Selbstrolle und ihre Konkretisierung während des Holocaust“) nennen können. So wie Louis herausfand, dass erfolgreiche Sozialarbeitsstudierende „die meisten Aspekte der Rollenerwartungen der Sozialarbeit verkörpern, insbesondere die Bindung an soziale Werte und präventive und fordernde Ziele“, so unterschied Louis in seinem eigenen Leben nicht zwischen persönlichen und beruflichen Werten oder zwischen seinen privaten und seinen öffentlichen Rollen.[14]

„Lehren war Louis Lowys Leben“, so die Worte mehrerer Schüler, und Louis lehrte mit Respekt für die Würde, Selbstbestimmung und lebenslange Fähigkeit der Menschen zu lernen und sich weiterzuentwickeln.[15] Das waren die Werte, die Louis leiteten, als er nach Deutschland zurückkehrte, um dabei zu helfen, die Sozialarbeit und Sozialpädagogik wieder aufzubauen. Wie Ditta sich erinnerte:

> In Deutschland hatte er wirklich das Gefühl, eine Mission zu haben. Er hatte das Gefühl, es sei unbedingt notwendig, dass er sein Wissen einbrachte, vor allem in seinem Bereich der Sozialarbeit, die ein Bereich ist, in dem Akzeptanz wichtig ist, Menschen so zu akzeptieren wie sie sind und was sie sind. Das war ihm sehr wichtig. Er sprach nie über seine Vergangenheit hier. Es war so etwas wie ein stillschweigendes Einverständnis, nicht über die Vergangenheit zu sprechen. Viele Jahre achtete er darauf, niemals kurze Ärmel zu tragen, weil er eine Tätowierung auf seinem Arm hatte.

## Rückkehr vom Holocaust

Die Nationalsozialisten hatten die Sozialarbeit als Beruf in Deutschland und Mitteleuropa zugrunde gerichtet. Führende deutsche Sozialarbeiter, von denen viele Juden waren, waren in den 1930er-Jahren ins Exil gegangen oder während

13 Louis Lowy, “Clarification of Self and Role Perceptions in Social Work Students During Training: A Study of Incorporation of a Professional Role,” Ph.D. diss., Harvard Univ., Cambridge, MA, 1965; Louis Lowy, “Toward an Educational-Human Service Linkage Model for People in their Later Years” (unveröffentlichter Artikel, 1989).

14 Lowy, “A Social Work Practice Perspective,” 6.

15 Heinz J. Kersting, “Lowy, Louis”; und Heinz J. Kersting, “Louis Lowy: Bridge-Builder Across the Atlantic and Important Teacher of German Social Workers” (unveröffentlichter Artikel, o.D.).

des Krieges inhaftiert und getötet worden.[16] Im Sommer 1946 ergab eine UNRRA-Umfrage, dass die Soziale Arbeit eine der kleinsten Berufsgruppen unter den „letzten Überlebenden" der europäischen Juden war. Unter den 50.071 jüdischen Displaced Persons, die befragt wurden, waren nur 24 Sozialarbeiter.[17]

Louis selbst hätte nicht als Sozialarbeiter gezählt. Vor dem Krieg war er ein Student, der einen Abschluss als Grundschullehrer absolviert hatte, und auf seinem Ausweis im Deggendorf Center hatte er „Lehrer" als Beruf angegeben. Nachdem Louis sich jedoch in den USA beruflich etabliert hatte, war er bereit, an der Ausbildung zur Sozialen Arbeit in Deutschland mitzuwirken und nahm 1964 eine Einladung von Dr. Teresa Bock an, der späteren Präsidentin des Deutschen Vereins für öffentliche und private Fürsorge, einen Kurs in sozialer Gruppenarbeit an der Akademie für Jugendfragen in Münster zu unterrichten.

In den folgenden 20 Jahren, bis 1984, kehrte Louis jeden Sommer als Gastprofessor, Referent und Forscher nach Deutschland zurück. In Universitäten und Akademien im damaligen Westdeutschland, unter anderem in Aachen, Bochum, Berlin, Köln, Essen, Frankfurt, Freiburg, Hamburg, Mönchengladbach, München, Münster, Nürnberg und Paderborn, entwickelte er Ausbildungsinstitute für Lehrende und Praktizierende der Sozialen Arbeit zu Themen wie soziale Gruppenarbeit, Supervision in der Sozialen Arbeit und Erwachsenenbildung. Louis war in Dissertationskomitees zur Sozialarbeit und Gerontologie tätig, führte Kurse in Gerontologie für Sozialarbeiter und verwandte Berufsgruppen ein und unterrichtete diese.[18]

Louis' internationale Aktivitäten als Dozent und Referent weiteten sich bald auf Universitäten in Österreich, Belgien, Frankreich, Griechenland, Norwegen und die Schweiz aus und er beriet in großem Umfang internationale Organisationen wie die International Association of Schools of Social Work und die Vereinten Nationen. In den Worten von Dr. Heinz J. Kersting, Professor für Sozialarbeit an der Hochschule Niederrhein in Mönchengladbach, wurde Louis ein „Brückenbauer über den Atlantik":

> Louis Lowy war ein Brückenbauer, der Kontinente, Länder, Generationen und die unterschiedlichsten Menschen miteinander verband. So überwand er zahllose Grenzen. Er arbeitete nicht nur in Deutschland,

16 Kalcher, "Social Group Work in Germnay"; Konopka, *Courage and Love*; Lees, *Character is Destiny*; Rosenberg, *To Tell at Last*; Wieler, "Destination Social Work"; Wieler und Zeller, *Emigrierte Sozialarbeit.*

17 UNRRA, *Operational Analysis.*

18 Kersting, "Louis Lowy"; Kersting, "Louis Lowy Bridge-Builder"; Lowy, Curriculum Vitae.

> sondern in vielen Orten Europas, wie in Lille, Genf, Athen, Wien, Oslo, Røros in Norwegen, Luzern, Zürich und St. Gallen. Er schuf enge Beziehungen zwischen Europäern und organisierte eine Reihe internationaler Konferenzen für Sozialarbeiter in Europa.[19]

Unter all seinen internationalen Aktivitäten indes war es die Arbeit in Deutschland, die für Louis und seine Studenten die größte emotionale Bedeutung hatte. Heinz Kersting, der zum ersten Mal 1967 an der Akademie für Jugendfragen in Münster bei Louis studierte, erinnerte sich an diese Erfahrung als „einen normativen Schock“:

> Wer Louis Lowy als Lehrer erleben durfte, wird sich daran erinnern, dass er in der Lage war, die kompliziertesten Gegenstände prägnant und einleuchtend auf den Punkt zu bringen. Und es waren schwere, ungewohnte Stoffe und noch ungewohntere Einstellungen, die hinter diesen Stoffen standen, die Louis Lowy seit etwa Mitte der 60er Jahre in immer neuen Kursen uns SozialarbeiterInnen und AusbildnerInnen von SozialarbeiterInnen, und das sage ich ganz offen, uns die wir damals weit hinter dem internationalen Standard von sozialarbeiterischem Wissen zurückgebliebenen waren, beibrachte. [...]
> Gewiss, vieles war neu, vieles war auch schockierend – ein ‚normativer Schock‘ –, pflegte Lowy zu sagen. Aber die Konfrontation wurde aufgefangen durch seine menschlich, warme Art, die am Lernenden und dessen Leben interessiert war. Er schaute nicht auf unsere Mängel, er nutzte unsere Ressourcen und wir hatten, während wir von ihm und mit ihm lernten, stets das Gefühl, dass das Ergebnis des Lernens auch unsere eigene Leistung war. Das gab uns ungeheuren Mut und Ansporn.
> Selten habe ich einen Wissenschaftler erlebt, bei dem der Inhalt seiner Botschaft so identisch war mit der Art, in der er diese Botschaft vermittelte, wie bei Louis Lowy. Die Idee vom ‚Selbstbestimmungsrecht der KlientInnen‘, der Orientierung an den Ressourcen der KlientInnen statt an ihren Defiziten und an der Kompetenz der KlientInnen, selbst ihre Probleme handhaben zu können, bzw. dieses Handhaben mit Hilfe der SozialarbeiterIn lernen zu können, lebte Louis Lowy in der Art seines Lehrens. Für die Jüngeren ist die vorhin geschilderte Art des Lehrens vermutlich inzwischen selbstverständlich geworden. Für uns, die wir aus einer autoritären Zeit stammten, war es ungewöhnlich. Wir waren es noch gewohnt, dass Professoren von Kathedern und Pfarrer von Kanzeln

19 Kersting, “Louis Lowy Bridge-Builder,” 7.

herabsprachen. Die älteren Kollegen hatten noch überdeutlich den Kommandoton des Arbeitsdienstes und des Kasernenhofes im Ohr. Das eigene Denken der Lernenden war noch nicht entdeckt worden, in Rom hatte man noch kein 2. Vatikanisches Konzil ausgerufen und die Erwachsenenbildung lag noch in den Windeln.

Ich erinnere mich noch genau an meine wichtigste Lernerfahrung mit Louis Lowy, die zu einem Schlüsselerlebnis für mich werden sollte. Ich meine noch die Bäume draußen riechen zu können und ganz deutlich sehe ich den Raum in der Sportschule in Münster vor mir, wo das Seminar stattfand. Ich könnte noch sagen, an welchem Platz die einzelnen TeilnehmerInnen gesessen haben, als Lowy uns im Social Group Work Kurs der Akademie für Jugendfragen, die Relativität von Normen und damit verbunden die funktionalistische Systemtheorie von Parsons erklärte. Ich meinte, eine Welt, bräche für mich zusammen. Ich war damals noch Priester und das 2. Vatikanische Konzil hatte gerade erst begonnen. Natürlich war ich mir bewusst, dass Lowy kein Christ, schon gar nicht ein Katholik war, selbstverständlich hatte ich als philosophisch geschulter Theologe den Agnostiker in ihm erkannt, aber ich konnte machen, was ich wollte, es gelang mir damals nicht, mich nicht mit seiner Ansicht der Welt auseinanderzusetzen, die von meinem strengen und dogmatischen Weltbild so verschieden war. Seine hohe Menschlichkeit machte es mir unmöglich, mich von seiner Ansicht einfach zu distanzieren. Heute weiß ich, dass der größere Schock nicht die schockierende wissenschaftliche Theorie war, sondern, dass ein solch weiser Mann – und als einen solchen erlebte ich Louis Lowy von Anfang an – ein „Ungläubiger", ein Agnostiker war.
Lehren war Louis Lowys Leben.[20]

Louis hatte lange zuvor das Prinzip der kollektiven Schuld abgelehnt. Wie er in der *Deggendorf Center Revue* erklärt hatte, waren die Rechtstaatlichkeit und die Möglichkeit der Rehabilitation abhängig von „dem absoluten Wert eines jeden Menschen."[21] Für Heinz Kersting und andere Studenten in Deutschland war Louis' Freundschaft das Paradebeispiel für seine eindringlichste Lektion:

Louis und seine Frau kamen bis kurz vor seinem Tod Jahr für Jahr nach Deutschland, in das Land ihrer Peiniger und zu den Mördern ihrer Ver-

20 Kersting, "Louis Lowy Brückenbauer, S. 254 f.
21 Lowy, "Rehabilitierung"; und Lowy, "Group Participation."

wandten und Freunde. In Deutschland sprachen sie nie öffentlich darüber, welches Leid unsere Mitbürger, Nachbarn, vielleicht sogar unsere Eltern und Verwandten ihnen zugefügt hatten. Louis Lowy sprach nur mit wenigen Menschen über diese grauenvolle Zeit. Ditta und Louis Lowy beschämten uns niemals. Sie akzeptierten uns, respektierten uns und empfanden Empathie für uns. Sie hielten uns für liebenswerte Menschen, uns, die wir uns verloren und verwundet fühlten nach dem Krieg. Sie brachten unsere Ressourcen ans Tageslicht und einigen von uns, die die Kinder ihrer ehemaligen Verfolger hätten sein können, gaben sie als Geschenk ihre Freundschaft.

Louis Lowy sprach über seine Erfahrungen in den Konzentrationslagern nur, wenn man ihn explizit danach fragte. Erst in seinem letzten Lebenslauf, den er kurz vor seinem Tod schrieb, erwähnte er die Jahre in Theresienstadt und Deggendorf als Teil seiner Biografie. Bezeichnenderweise bezieht er sich auf diese Jahre als einen Zeitraum früher beruflicher Tätigkeiten. Für viele von uns, die Louis' und Dittas Schicksal kannten, war das Zusammentreffen mit ihnen ein Zeichen ihres Vergebens.[22]

Den ganzen Sommer über zu unterrichten, war für Louis physisch anstrengend und wenn Ditta Louis auf seinen Reisen begleitete, machte sie sich oft Sorgen um seine Gesundheit:

Sobald die Schule im Mai hier zu Ende war, packte er seine Sachen und fuhr rüber. Jeden Sommer unterrichtete er 4 Wochen, 5 Wochen. In dieser kurzen Zeit unterrichtete er genau die Stundenanzahl und den Inhalt eines Semesters. Ich glaube, er arbeitete zu hart. Ich glaube, er übertrieb es, aber wenn er sich einmal einer Sache verschrieben hatte, war er nicht aufzuhalten. Er unterrichtete einen ganzen Tag und mittags gab es eine Pause von vielleicht 2½ Stunden und danach ging es weiter bis zum Abendessen. Und dann dieses ‚nur noch eine Frage'. Er sagte nie nein. Ich glaube, es war zu anstrengend, nach einem ganzen Jahr Unterricht hier weiterzumachen und vier oder fünf Wochen ganztägig zu unterrichten, jeden Tag! Er war so voller Hingabe, es stand nicht außer Frage, dass er es tun würde. Einmal wurde er in der Schweiz morgens krank und die Vorlesungen fanden in einem Gebäude statt, das an ein Krankenhaus grenzte. Sie steckten ihn für ein paar Stunden ins Bett und danach machte er weiter!

22 Kersting, "Louis Lowy Bridge-Builder," 8.

Wie hoch der Preis auch sein mochte, den er gesundheitlich dafür zahlte, Louis blieb dem Lehren der internationalen Sozialarbeit als „Hauptinstrument für menschliche Verbesserung“[23] verpflichtet und erhielt bis zu seiner Pensionierung an der Boston University 1985 viele Auszeichnungen für seine Arbeit, darunter die Ehrendoktorwürde vom Wheelock College und Auszeichnungen der Boston University, der Northeastern Gerontology Society, der Association of Higher Education in Gerontology und der National Association of Social Workers.[24]

1980 bekam Louis vom Caritasverband seine höchste Auszeichnung überreicht, die Lorenz-Werthmann-Medaille für freiwillige soziale Wohlfahrtsarbeit in der Bundesrepublik Deutschland. Wenn Louis mit anderen über die Pensionierung sprach, empfahl er, etwas Neues auszuprobieren. Wie er in einem Artikel für das *New Findings Quarterly*, einem Mitteilungsblatt für Menschen aus der Schuhindustrie, die pensioniert wurden, erläuterte:

> Die Pensionierung in einem Arbeitsbereich, beispielsweise der Schuhindustrie, kann als eine Gelegenheit angesehen werden, sich um andere Aktivitäten und neue Beschäftigungen zu bemühen, die neue Interessen bieten, andere Perspektiven und Befriedigungen sowie die normalen Probleme und Krisen in allem, was wir auf dieser Welt tun. Doch das ist das Leben! Das bedeutet es, lebendig zu sein![25]

Louis gab diesen Ratschlag zur Pensionierung mehrere Jahre nachdem er selbst pensioniert worden war. Er gab seine Arbeit niemals auf. Als emeritierter Professor schrieb er weiterhin, unterrichtete, beriet und korrespondierte mit Kollegen und beruflichen Vereinigungen in der ganzen Welt.[26] Als Louis am 21. April 1991 seine letzte Vorlesung bei der Northeastern Gerontological Society hielt, zeichnete er seine Anmerkungen von seinem Krankenbett aus auf und lieferte damit ein Beispiel seiner Auffassung der menschlichen Existenz: „Anstatt das Altern als Problem anzusehen, sollten wir es als Gelegenheit für menschliche Erfüllung und

23 Lowy, *The Function of Social Work*, v–vi.
24 Lowy, Curriculum Vitae; Alban Scherzinger, “Louis Lowy,” in Wieler und Zeller, *Emigrierte Sozialarbeit*, 217–32.
25 Lowy, “Why Education?” 5.
26 Zum Beispiel: Louis Lowy, *An Assessment-Survey Report of Indigenous Social Work Literature of Social Work Methodology* (Boston: Boston Univ. School of Social Work and International Association of Schools of Social Work, 1988); Louis Lowy, “Human-Services Professionals: Their Role in Education for Older People,” in *Growing Old in America*, ed. Beth B. Hess und Elizabeth W. Markson (New Brunswick, NJ: Transaction Publishers, 1991), 557–68; Louis Lowy, “Social Consciousness and Social Causes: Impulses for Social Reform at the Turn of the Century in Berlin,” in *Views of Berlin*, ed. Gerhard Kirchoff (Boston: Birkhauser, 1989), 47–54; Louis Lowy, “Toward Educational-Human Service Linkage”; und Louis Lowy and Darlene O’Connor, *Why Education in the Later Years?* (Lexington, MA: Lexington Books, 1986).

Kraft für eine größere Mitwirkung in Richtung einer menschlicheren Gesellschaft sehen."[27]

**Bild 23:** Louis Lowys 70. Geburtstag, 14. Juni 1990. Von links nach rechts: Reinhard Frank, Louis Lowy, Kurt Kohorn, Vern Drehmel. Fotograf unbekannt. Mit freundlicher Genehmigung von Edith Lowy.[28]

Am 23. Mai 1991 starb Louis Lowy an Herzversagen. Wie Ditta sich erinnerte:

> Ich denke an jeden Überlebenden, an jedes Überleben. Wann immer es Hoffnung gibt, macht man weiter. Das war für das Überleben während des Krieges wahr und es ist wahr, wenn Menschen sehr krank sind. Louis wollte nur 70 Jahre alt werden. Das war sein großes Ziel und er erlebte seinen 70. Geburtstag, aber nicht den 71. Er starb einen Monat vor seinem Geburtstag. Ich habe es gesehen und ich habe es am eigenen Leib erfahren: Solange es einen Willen zu leben gibt, ist das wie eine Chemikalie, die durch deinen Kreislauf strömt und Leben, Lebenskraft spendet. Wenn sie erschöpft ist, ist es vorbei. Das Leben erlischt.

27 Louis Lowy, "Remarks to the White House Conference on Aging Symposium" (Vortrag via Tonbandaufzeichnung präsentiert bei der Northeastern Gerontological Society, New Haven, CT, 21. April 1991; Lowy, *Social Work with Aging*, xviii.

28 Mit freundlicher Genehmigung des United States Holocaust Memorial Museum. Die Ansichten oder Meinungen in diesem Buch und der Kontext, in dem die Bilder benutzt werden, spiegeln nicht zwingend die Ansichten oder Grundsätze des United States Holocaust Memorial Museum wider und bedürfen keiner Genehmigung oder Befürwortung.

# 8 Ein Lebenswerk

Vielleicht gibt es keinen anderen Beruf mit einer derart breitgefächerten Zielsetzung, einer derart couragierten Grundhaltung oder einem derart vollständig realisierten Wertesystem wie jenes Fachgebiet, das Louis Lowy als Soziale Arbeit bezeichnete. Louis stellte seine Vision für die Soziale Arbeit in *The Function of Social Work in a Changing Society: A Continuum of Practice* vor, einer Monografie, die er 1974 für die neu ins Leben gerufenen Schweizer Schulen für Sozialarbeit schrieb:

> Nachdem ich in den vergangenen 10 Jahren eine Reihe von Seminaren über die Praxis der Sozialen Arbeit mit Gruppen, Supervision der Sozialarbeiter, Ansätze und Methoden der Erwachsenenbildung, Lehrplangestaltung und -entwicklung in Deutschland, der Schweiz, Frankreich, Belgien und Norwegen abgehalten habe, sind mir die Probleme und Themen, denen Sozialarbeiter und -pädagogen in ihren Ländern begegnen, ziemlich vertraut. Meine Tätigkeiten in Übersee haben sicherlich meinen Blickwinkel erweitert und meine Wahrnehmung der Sozialarbeit geschärft und das wiederum hat meine Aktivitäten in der Praxis und der Ausbildung in diesem Land maßgeblich beeinflusst. Indem ich die Vielfalt der sozialen Programme und der Praxis der Sozialen Arbeit, die durch unterschiedliche politische, ökonomische, soziale und kulturelle Milieus bestimmt werden, erkannt habe, habe ich direkt die Gemeinsamkeiten und Ähnlichkeiten entdeckt, die unser Fachgebiet durchdringen und es zu einer gemeinsamen Basis machen. Ja, es gibt ein verbindendes Element, das die Soziale Arbeit durchzieht, ihr eine ganz eigene Identität verleiht und eine Verwandtschaft unter allen Praktizierenden auf der ganzen Welt herstellt [...]
>
> Heutzutage, wo die Berechtigung für die Existenz der Sozialarbeit erneut hinterfragt wird (wie es in der Vergangenheit so oft der Fall war), bin ich zu der Schlussfolgerung gekommen, dass man ohne sie sehr vielen Menschen

> in jedem Land ein Hauptinstrument zur menschlichen Verbesserung maßgeblich vorenthalten würde. Oder, um ein altes Klischee zu bemühen: Würde es die Sozialarbeit nicht geben, müsste man sie erfinden. Aber da es sie gibt, wollen wir unsere Kräfte dafür einsetzen, sie kontinuierlich relevant sein zu lassen für die Anforderungen sich ändernder Gesellschaften, die Bedürfnisse und Sehnsüchte der Menschen sowie dafür, als Partner sozialer Bewegungen und sozialer Beschäftigungen erstklassige Dienste zu bieten, um die Lebensbedingungen aller Menschen zu verbessern.[1]

Die Soziale Arbeit war für Louis Lowy mehr als eine Beschäftigung oder ein Beruf. Es war der Name, den er seinem Lebenswerk gab. Louis erinnerte sich an seine Deportation nach Theresienstadt als den Beginn seiner Karriere als Sozialarbeiter: „Und so marschierten wir los. Und dann begann meine Karriere als Sozialarbeiter in Theresienstadt.“ Zur Zeit seiner „frühen beruflichen Aktivitäten“ hatte Louis wenig Kenntnisse von der Sozialarbeit als Beruf. Obgleich er anfing, sich für gesellschaftliche Reaktionen auf die Armut zu interessieren, vor allem während seines Aufenthaltes in London vor dem Krieg, sollte es noch viele Jahre dauern, bis er von den Ursprüngen der Settlement-Bewegung in London oder der Einrichtung von Schulen für Sozialarbeit in Europa und den Vereinigten Staaten hören würde.[2]

Louis' Aktivitäten während des Krieges waren gefährlich und in späteren Jahren gefährdete sein Arbeitseifer mitunter seine Gesundheit. Seine Motivation war nicht Ehrgeiz oder Altruismus, wie er erklärte, sondern der Wille zu überleben. Bis Kriegsende war Louis zum Leiter der Jüdischen Gemeinschaft aufgestiegen, der sich nicht nur der jüdischen Gemeinde gegenüber verantwortlich fühlte, sondern auch der „menschlichen Gemeinde“ gegenüber.

Bei der Gründung der jüdischen Selbstverwaltung des Displaced-Persons-Lagers Deggendorf wurde er durch menschliche Werte, die Selbstbestimmung der Gemeinde und die Interdependenz der Generationen geleitet und förderte die menschliche und soziale Entwicklung, indem er Menschen an sozialer Partizipation und lebenslangen Lernprozessen beteiligte. Louis emigrierte in die Vereinigten Staaten mit dem Ziel, einen Beruf zu finden, und er stellte fest, dass er seine Bestimmung als Überlebender durch die Werte und Ziele der Sozialarbeit, sein erwähltes Fachgebiet, ausdrücken konnte:

1 Lowy, *The Function of Social Work*, v–vi.
2 Katherine A. Kendall, *Social Work Education: Its Origins in Europe*, (Alexandria, VA: Council on Social Work Education, 2000); Lees, *Character is Destiny*; and Lowy, "Social Consciousness."

In diesem Augenblick in der Geschichte unseres Berufes haben wir kaum eine Wahl, außer mit unserem Erbe voranzugehen und voller Entschlossenheit für eine bessere Welt zu arbeiten. Doch die Welt wird nur besser sein, wenn wir daran arbeiten und alle uns zur Verfügung stehenden Ressourcen nutzen. Uns selbst gegenüber treu zu bleiben, wird uns möglicherweise gelegentlich – vielleicht sogar häufig – in Konflikte mit eben der Gesellschaft verwickeln, die uns bestätigt und von der wir Anerkennung suchen. Doch aufgrund unserer Verpflichtung gegenüber dieser Gesellschaft müssen wir unser Wissen und unsere Fähigkeiten fördern, um sie zu verbessern, geleitet von Grundsätzen, die in unserem Glauben an den Wert des Menschen verwurzelt sind.[3]

## Wert des Menschen und Selbstbestimmung

Im Grunde seines Herzens ein Philosoph, war Louis fasziniert von den wechselseitigen, wenn auch häufig widersprüchlichen Verantwortlichkeiten der Individuen und der Gesellschaft.[4] So wie jeder Mensch eine Verpflichtung hat, seinen Beitrag zum Allgemeinwohl beizusteuern, so hat die Gesellschaft die Verpflichtung, das Potenzial des Einzelnen zu verbessern. Wenn die Bedürfnisse vieler zu den Wünschen einiger weniger in Widerspruch stehen, wird ein zentrales Problem der politischen Theorie zur Grundfunktion der Sozialarbeit – zwischen den individuellen und den gesellschaftlichen Bedürfnissen zu vermitteln: „Wenn der Mensch der Herr über sein Schicksal ist, dann muss er zuerst sein Schicksal erkennen. Um sich weiterzuentwickeln, braucht er seine eigenen inneren Ressourcen, die entdeckt und um seiner selbst und seiner Mitmenschen Willen kreativ eingesetzt werden müssen. Gesellschaft ist eine Frage des Gebens und Nehmens; wir leisten einen Beitrag für sie und erhalten etwas von ihr. Wenn wir mehr erhalten möchten, müssen wir mehr beitragen."[5]

In seinem eigenen Leben hatte Louis gelernt, seine persönlichen Wünsche mit seiner sozialen Zielsetzung gleichzusetzen. Er übernahm zum ersten Mal die Verantwortung als Führungsperson, als er im Alter von 15 Jahren das sichere London verließ, um seinen Eltern bei ihrem „äußerst hoffnungsfrohen Umzug" von München nach Prag zu helfen. Familiäre Erfahrungen hatten ihn auf die Rolle als Leiter vorbereitet, glaubte Louis. Ob er im Ghetto Theresienstadt unterrichtete, junge Männer auf ihrer Flucht durch Europa führte oder die jüdische Selbstverwaltung im DP-Lager Deggendorf aufbaute, er hielt die Werte aufrecht, die er als

3 Lowy, "Social Work and Statesmanship," 102.
4 Lowy, "Returning"; Lowy, " Rehabilitierung "; Lowy, "Die Insel"; Lowy, *The Function of Social Work*.
5 Lowy, *Adult Education*, 27.

das Erbe des Judentums ansah: Wertschätzung der Würde und des Wertes jedes Einzelnen, Respekt für die Selbstbestimmung von Individuen und Gemeinschaften, die Förderung der distributiven sozialen Gerechtigkeit und den Glauben an das Potenzial des Menschen, sein Leben lang zu lernen und zu wachsen.[6]

Nach dem Krieg strebte Louis das Recht auf Selbstbestimmung für die überlebende jüdische Gemeinschaft an: „Wir wollen wieder menschliche Wesen werden, die ihren Teil an Arbeit und Taten beisteuern, die nicht länger Objekte, sondern Subjekte sind und für sich selbst und über das eigene Schicksal entscheiden."[7] Er setzte sich gegenüber den Militärbehörden für die Beibehaltung des Deggendorf Centers als Displaced-Persons-Lager für staatenlose und nicht repatriierbare Juden ein, und er baute die jüdische Selbstverwaltung und das selbstverwaltete Rechtssystem des Deggendorf Centers auf der Grundlage „des absoluten Wertes eines jeden Menschen"[8] auf. Nach seiner Ernennung zum Leiter des Deggendorf Centers durch die UNRRA bestand Louis auf eine demokratische Wahl und sorgte dafür, dass eine Wahlurne ins Krankenhaus gebracht wurde, damit selbst die wehrlosesten Menschen wählen konnten. Indem er sich mit den Leitern anderer jüdischer DP-Lager zusammentat, wirkte Louis beim Zentralkomitee der befreiten Juden in der amerikanischen Besatzungszone in Bayern mit, das die jüdische Gemeinschaft gegenüber den Militärbehörden und der Außenwelt vertrat.

Seine ganze Karriere hindurch propagierte Louis die Selbstbestimmung des Individuums und der Gesellschaft. Wie er 1959 in einer Rede vor der National Federation of Settlements and Neighborhood Associations darlegte, sind Wohlfahrtseinrichtungen dafür verantwortlich, Gemeinschaften zu ermutigen, im eigenen Interesse zu handeln:

> Heute wie gestern müssen wir den Menschen das Gefühl geben, bei der Bestimmung ihrer Bedürfnisse, Wünsche und Interessen mitzuwirken. Viele Menschen haben immer noch nicht die Möglichkeit, an der Bestimmung ihres eigenen Schicksals in der Gemeinschaft mitzuwirken. Die Aufgabe der Wohlfahrtseinrichtungen war, den Menschen zu helfen, damit sie Verantwortung als Bürger übernehmen können und Einfluss haben, ihr eigenes Schicksal zu bestimmen [...] Wohlfahrtseinrichtungen müssen wieder Fahnenträger für sozialen Wandel werden.[9]

6 Lowy, "Returning," 1; Lowy, *The Function of Social Work*, 29; Lowy, *Social Work with the Aging*, 598.
7 Lowy, "Returning." 1.
8 Lowy, "Rehabilitierung," 1.
9 Lowy, "Neighborhood," 8–9.

Als einer der Begründer der Seniorenzentrums-Bewegung in den frühen 1950er-Jahren bevollmächtigte Louis ältere Mitglieder des Bridgeport Community Centers, die Leisure Lounge einzurichten: „Ältere Menschen müssen kontinuierlich angeregt und einbezogen werden, ihre Gegenwart und Zukunft selbst zu gestalten“, wie Louis erklärte[10], und die Seniorenzentrums-Bewegung bot älteren Menschen die Möglichkeit, ihre eigenen Gemeinschaftseinrichtungen aufzubauen:

> Alle älteren Menschen [...] haben drei universelle Bedürfnisse: materielle und physische Sicherheit; soziale und psychologische Sicherheit; und Gruppensicherheit, ein Gefühl von Verbundenheit mit der Gemeinschaft, mit den Jungen und den Alten. Das erste Bedürfnis wird von unseren Pensionsprogrammen, Versicherungspolicen, der Sozialversicherung und den Gesundheitsprogrammen erfüllt. Das zweite und dritte Bedürfnis kann nur durch die Bereitstellung von Dienstleistungen auf der Ebene der Gesellschaft erfüllt werden. Das Seniorenzentrum kann eine dieser Institutionen sein. Es kann eine bedeutende soziale Einrichtung für die älteren Menschen werden, die rechtmäßig ihnen gehört, so wie alle anderen Altersgruppen ihre eigenen sozialen Einrichtungen haben. Ältere Menschen sind selbst eingeladen, solche Aktivitäten zu planen, zu leiten und auszuführen.[11]

## Die Interdependenz der Generationen

Louis Lowy fühlte sich durch seine Wertschätzung der wechselseitigen Bedürfnisse und Verantwortlichkeiten von jüngeren und älteren Generationen zur Gerontologie hingezogen. Er widmete *Social Work with the Aging: The Challenge and Promise of the Later Years* dem „Andenken meiner Eltern, denen es nicht erlaubt war, alt zu werden“, und er bedauerte es zutiefst, dass er von ihrem Beispiel nicht hatte lernen können, wie man alt wird.[12] Was Louis jedoch von seinen Eltern gelernt hatte, war, die Interdependenz der Generationen zu respektieren. Jüngere und ältere Menschen lernen voneinander und sorgen für einander, im Laufe ihres Lebens und der Geschichte. Wenn der Aufstieg des Nationalsozialismus einen „Bruch in der Zeit“[13] darstellte, dann würden die Sozialarbeiter dabei helfen, den Lauf der Zivilisation wiederherzustellen, indem sie ältere Menschen in das soziale und politische Leben einbinden:

10 Lowy, *Social Work with the Aging*, xiv.
11 Lowy, "Group Participation," 6.
12 Lowy, *Social Work with the Aging*, Widmung.
13 Lowy, "Returning," 1.

> Die Arbeit mit älteren Menschen kann aufregend sein, egal ob in der Praxis oder durch politisches Gestalten und Verwalten; egal ob mit einer Person, mit 10 oder mit Hunderten; egal ob in einer großen Bürokratie oder in einer kleinen informellen Behörde; egal ob in einer Institution oder in einer Gemeinschaft. Zusätzlich zur Frustration und Euphorie, den Niederlagen und den Erfolgen, den enttäuschenden Phasen und den erfreulichen Momenten jeder Sozialarbeit macht ein weiterer Bestandteil die Arbeit mit den älteren Menschen auf einzigartige Weise spannend und bereichernd: Sie bringt die Vergangenheit, die Gegenwart und die Zukunft zusammen, indem sie uns über Zeiten und Räume mit Menschen verbindet. Wir werden uns des Laufes der Generationen bewusst, der Kontinuität der Geschichte und der Einheit der Menschen, trotz ihrer Einzigartigkeit und Verschiedenartigkeit. In ihrem gemeinsamen Erbe und Schicksal sehen wir eine kosmische Einheit und eine Kraft, durch die der menschliche Geist kontinuierlich kämpft, um eine Antwort zu finden auf die Frage, ‚Warum überleben?'[14]

Louis entdeckte früh, dass intergenerationelle Beziehungen persönliche und gesellschaftliche Entwicklung, das Wohlergehen der Familie und Gesellschaft und die Zusicherung historischer und kultureller Ziele ermöglichen. Obgleich er nach dem jüdischen Gesetz ein Mann war, war er noch ein Kind, als er 1933 im Alter von 13 Jahren ins sichere England reiste. Während der langen Fahrt mit dem Zug und dem Schiff trug Louis ein Pappschild mit seinem Namen und nachdem er im Haus seiner Pflegefamilie in London angekommen war, weinte er vor Einsamkeit in seinem kleinen Zimmer. 1935 jedoch, als Antwort auf den Hilferuf seiner Mutter, kehrte Louis als Erwachsener mit den Verantwortlichkeiten eines Erwachsenen nach München zurück.

Wie er später lehrte, erfordern die Entwicklungsaufgaben des Erwachsenseins nicht, dass man seine Eltern und Familien hinter sich lässt. Ältere und jüngere Generationen brauchen einander weiterhin und lernen ihr ganzes Leben lang voneinander, selbst dann, wenn die erwachsenen Kinder größere Verantwortung für die Betreuung ihrer Eltern übernehmen. In der Entwicklungsphase der filialen Reife, so glaubte Louis, definieren Erwachsene ihre Beziehungen zu ihren Eltern neu und nehmen wechselseitige Pflegerollen ein: „Die Kinder werden emanzipiert, um bereit zu sein, ihren eigenen Eltern zu einem späteren Zeitpunkt im Leben zu helfen und dadurch zu lernen, wie man selbst älter wird. In

14 Lowy, *Social Work with the Aging*, xviii.

anderen Worten, wir sollten unseren Kindern beibringen, größere wechselseitige Abhängigkeit statt Unabhängigkeit zu lernen."[15]

Als Louis und seine Familie ins Ghetto Theresienstadt deportiert wurden, stellte Louis fest, dass Gemeinschaften sowie Individuen und Familien intergenerationelle Fürsorge brauchen. Die jüdischen Verwaltungsleiter in Theresienstadt boten den älteren Menschen ein Altenheim und andere Dienstleistungen, aber gleichzeitig profitierten sie von der Weisheit und den Kenntnissen der älteren Menschen. Louis Lowy gehörte zu den jüngsten Dozenten der berühmten Erwachsenenbildungsreihe des Ghettos.[16] Nach dem Krieg, als Louis die jüdische Selbstverwaltung im Displaced-Persons-Lager Deggendorf aufbaute, folgte er dem Modell, das er in Theresienstadt kennengelernt hatte. Er plante ein Altenheim mit einer speziellen Küche und anderen Diensten für die älteren Menschen und vertraute gleichzeitig auf sie wegen ihres politischen Wissens und ihrer Sachkenntnisse. Jüngere und ältere Generationen wirkten im Deggendorf Center mit an der Entwicklung von erzieherischen und kulturellen Aktivitäten, Gesundheitsfürsorge und Verwaltungstätigkeiten und die Partizipation älterer Menschen verbesserte alle Aspekte des sozialen und politischen Lebens:

> Schon Platon hat festgestellt, dass die angemessenste Antwort auf die Erfahrung des Alterns weder die Aufgabe noch die Fortsetzung der Verpflichtungen des mittleren Alters ist, sondern die Übernahme von Werten und Aktivitäten, die anders sind als jene, die für die ersten Phasen des Lebens angemessen sind. Diese Sichtweise bestätigt, dass das ‚dritte Lebensalter' die Entdeckung von Werten und Bedeutungen ermöglicht, die in ihrem Wesen anders sind als diejenigen, die in früheren Lebensphasen zugänglich sind. Es bestätigt, dass die Erkenntnisse und Werte, die in späteren Jahren erreichbar sind, sich auf weltliche Bedürfnisse und Interessen beziehen. Platon versichert, dass die volle Partizipation der alten Menschen am politischen Geschehen und in anderen Bereichen der sozialen Verantwortung essenziell ist für das Allgemeinwohl.
>
> Das ‚dritte Lebensalter' ist eine wesentliche Phase der gesamten Lebensspanne. Unsere Bedürfnisse zu überleben, zu wachsen, uns zu entwickeln und ein Gefühl von Autonomie und Sinn zu erlangen, müssen kontinuierlich erfüllt werden. Es ist unsere Aufgabe als Sozialarbeiter, unsere Werte und Überzeugungen über die Würde des Menschen und die soziale

15 Lowy, "Adult Children," 244.
16 Makarova, Makarov, und Kuperman, *University Over the Abyss*.

> Gerechtigkeit einfließen zu lassen in unsere Arbeit mit den älteren Menschen und ihren Familien und ihre Ressourcen und Begabungen zu nutzen, das Leben zu verbessern und schöner für alle zu machen.[17]

Als Überlebender verspürte Louis Lowy ein enormes Mitgefühl für die Stärken und Verletzbarkeiten der älteren Menschen. Wie bei den Displaced Persons im Deggendorf Center sind die älteren Menschen Überlebende, die ihre Familien und Freunde, die sie liebten, die Arbeit, von der sie lebten und die Aufgaben und Verantwortungen, die ihrem Leben einen Sinn gaben, verloren haben:

> Unser Bedürfnis dazuzugehören, verwurzelt zu sein und akzeptiert zu werden, basiert größtenteils auf unseren Beziehungen zu denen, die wir lieben – Familie und Freunde. Wenn Menschen älter werden, scheiden enge Familienangehörige und Freunde aus dem Leben und lassen den älteren Menschen alleine in einer Welt von Gestern. In jüngeren Jahren war der Verlust eines geliebten Menschen traumatisch genug; der junge Mensch konnte jedoch über den Verlust durch Austausch hinwegkommen. Für den alten Menschen werden Isolation und Einsamkeit allmählich die Realität, die zuvor nicht existierte. Die neue Umgebung erscheint kalt, gleichgültig und fremd. Wo liegen die Wurzeln der Zugehörigkeit? Dieses Gefühl von Einsamkeit und des Entbehrens der Familie und Gleichaltriger verursacht ein Gefühl von Irrelevanz, Sinnlosigkeit und Zustandsangst, die die Mehrheit der jüngeren Menschen nicht kennt. Es erfordert eine emotionale Neuorientierung, zu der viele ältere Menschen nicht wirklich fähig sind und auch eine neue Rollenanpassung, beispielsweise als Witwe oder Witwer, deren Definition von Status und damit einhergehender Rolle in unserer Gesellschaft bestenfalls zweideutig sind.[18]

So wie die Leiter des DP-Lagers Deggendorf der jüdischen Gemeinde das Gefühl gaben, gebraucht zu werden, so haben Sozialarbeiter die Aufgabe, den älteren Menschen, die das Vertrauen in ihre Fähigkeit, die Zukunft zu gestalten, verloren haben, Hoffnung zu geben: „Um eine Gruppe älterer Menschen tatsächlich zum Handeln zu bringen, muss der Sozialarbeiter nicht nur Strategien und Methoden zum Handeln bieten, sondern ihnen auch ein neues Gefühl von Vertrauen und Würde einflößen. Sozialarbeiter müssen die älteren Menschen davon überzeugen, dass trotz möglicherweise jahrelanger Enttäuschung etwas getan werden kann."[19]

17 Lowy, *Social Work with the Aging*, xvi.
18 Lowy, *Social Work with the Aging*, 288.
19 Lowy, *Social Work with the Aging*, 353.

Indem er die Entwicklungsziele der Sozialarbeit auf seine Arbeit mit den älteren Menschen anwandte, lehrte Louis, dass soziale Partizipation und Lernprozesse den Menschen helfen, mit den Verlusten des Alters zurechtzukommen. Selbst wenn Sozialarbeiter älteren Patienten helfen, sollten sie sie als Leiter des Gemeinwesens und als Erzieher kommender Generationen respektieren:

> Es gibt eine Tendenz unter den Sozialarbeitern und anderen Fachleuten, ältere Menschen in erster Linie als Empfänger von Dienstleistungen zu betrachten. Ganz im Gegensatz zu dieser Ansicht sind die Älteren jedoch auch eine wichtige Ressource [...]. Sie sind eine Quelle der Unterstützung für Ehepartner, Kinder, Enkel, Geschwister und andere [...]
>
> Als Konsumenten und Produzenten von Waren und Dienstleistungen stellen ältere Menschen eine wirtschaftliche Ressource dar und auf dem Schauplatz der Politik sind sie aktive Bürger. Sie sind Lehrer der Oral History, wenn sie ihre Lebenserfahrungen erzählen; sie überliefern den kommenden Generationen außerdem Werte und Traditionen. Sie sind den Jüngeren ein Vorbild, wie man reift und älter wird, da sie lebende Zeugen vergangener Ereignisse sind, die die wirtschaftlichen, politischen, technologischen, kulturellen und sozialen Umwälzungen dieses Jahrhunderts ertragen und ausgehalten haben.[20]

Nach Louis' Auffassung waren die Werte der filialen Reife und der generationenübergreifenden Betreuung nicht weniger relevant für die Sozialpolitik als für die Praxis der Sozialen Arbeit. Wie er in einem Artikel für *Advice for Adults with Aging Parents* darlegte:

> Wie auch immer wir Familie definieren, die Bindungen, die Menschen biologisch, emotional, spirituell, sozial oder kulturell miteinander verknüpfen, machen es zwingend erforderlich, dass wir an privaten und öffentlichen Strategien arbeiten, die auf Interdependenz abzielen statt auf einseitige Pflege, Kooperation statt Wettbewerb, soziale Gerechtigkeit statt Wohltätigkeit.[21]

In seinem letzten Vortrag, den er 1991 für das White House Conference on Aging Symposium in seinem Krankenbett aufzeichnete, bekräftigte Louis die Interdependenz der Generationen als Basis für die staatliche Politik und Planung:

20 Lowy, "Toward Educational-Human Service Linkage," 24.
21 Lowy, "Family Caregiving," 16.

> Diese Konferenz muss bestätigen, dass es Verbindungen zwischen den Generationen gibt und darf nicht in die Falle tappen, eine Alters-, Geschlechter-, Minderheiten- oder Bedarfsgruppe gegen die andere auszuspielen. Im Gegenteil, je mehr wir eine gegenseitige Abhängigkeit und Wechselwirkung der verschiedenen Altersstufen herstellen, desto wahrscheinlicher schaffen wir eine Gesellschaft, die alle einschließt. Und nur mit einer inklusiven Gesellschaft werden die spezifischen Probleme, die das Altern mit sich bringt, gelöst werden oder zumindest einer Lösung näherkommen.[22]

## Soziale Partizipation und Lernprozesse

Louis versuchte, als Sozialarbeiter und Lehrender die Entwicklung einer humaneren Welt zu fördern. Unter den amerikanischen Juden missbilligten einige es, dass Louis jeden Sommer nach Deutschland reiste, um Sozialarbeit zu lehren, wie Ditta sich erinnerte:

> Er betrachtete es als seine Mission. Und wenn ihn jemand hier aggressiv fragte, ‚Wie kannst du nach Deutschland zurückkehren, zu diesen Menschen, die dir diese schrecklichen Dinge angetan haben?', lautete seine Antwort, und ich werde das nie vergessen: ‚Sie haben schlimme Dinge getan. Wenn ich will, dass sie besser handeln, muss ich hingehen und es ihnen beibringen'. Das war seine Auffassung.

Schon als Kind hatte Louis Leid verarbeitet, indem er die Ursachen von Armut, Gewalt und politischen Unruhen, die er in seinem Umfeld beobachtete, studierte. Weder die Inhaftierung durch die Gestapo noch die Deportation ins Ghetto Theresienstadt konnten sein Bedürfnis zu lernen dämpfen. Im Gefängnis Pankrác teilte Louis sein Interesse an Kunst, Theater und den Werken von Sigmund Freud mit seinen Zellengenossen. In Theresienstadt studierte er die Ansätze zur Organisation des Gemeinwesens, die von der jüdischen Ghettoverwaltung ausprobiert wurden. Gleichzeitig suchte Louis für seinen eigenen Seelenfrieden nach Wegen, wie er anderen nützlich sein konnte, und in seiner Freiwilligenarbeit als Jugendleiter und Erzieher in Theresienstadt fing Louis an, soziale Partizipation und Lernprozesse als Mittel zu verstehen, um nicht nur sein eigenes Potenzial, sondern auch das individuelle und soziale Potenzial der anderen zu verwirklichen.

22 Lowy, "Remarks."

Louis' Ziele in Theresienstadt und später im Deggendorf Center reichten von der Lösung von Problemen und ihrer Vorbeugung bis zur Förderung „existenzieller Erfüllung und Selbstverwirklichung durch soziale Partizipation".[23] Später definierte er die Funktion der Sozialen Arbeit als ein *breites Spektrum von Sozialarbeitspraxis*, das von kurativen über präventive bis zu entwicklungsorientierten Zielen reicht:

> Die entwicklungsorientierte Ausrichtung, die nun zunehmend Teil der Zielsetzung und Praxis der Sozialarbeit geworden ist, besonders in den Entwicklungsländern dieser Welt, versucht, Bedingungen für die Menschen zu schaffen, die es ihnen erlauben, sich optimal selbst zu entfalten, die heutige und die morgige Welt zu verstehen, ihren Platz in der Welt zu finden und konstruktiv und aktiv als Teil einer höheren Weltordnung an der Gemeinschaft zu partizipieren. Dieser Aspekt der Sozialarbeit ist im Wesentlichen das Lernen.[24]

Für Louis Lowy waren Lernprozesse und Erwachsenenbildung so wesentlich für die Sozialarbeit wie das Lernen es für das Leben ist. Diejenigen unter Louis' Schülern, die Theresienstadt überlebten, waren für den Rest ihres Lebens stolz auf ihre dort erworbenen Kenntnisse. Die Banner, die sie quer durch ihren Raum in L414 aufgehängt hatten, verkündeten „Wissen ist Macht", und Louis' Glaube, dass „Wahrheit aufgespürt werden muss, ohne Rücksicht darauf, wohin die Suche danach führen mag", war eine Form von spirituellem Widerstand.[25] Seine Schüler in Theresienstadt lernten Englisch im Vertrauen darauf, dass sie den Sieg der Alliierten erleben würden. Ähnlich versuchte die jüdische Selbstverwaltung im Deggendorf Center, den Menschen einen Sinn zu geben, indem sie sie in pädagogische, kulturelle und politische Aktivitäten einband. Soziale Partizipation und Lernprozesse waren die Mittel einer trauernden Gemeinschaft, ihr Erbe wiederherzustellen und sich auf ein neues Leben vorzubereiten.

Als Louis 1947 sein Studium an der Boston University begann, hatte er viele Jahre lang nach den Werten und Zielen gelebt, die er der Sozialarbeit zuschreiben würde, und er fand verwandte Seelen unter den sozialen Gruppenarbeitern, die pädagogische und kulturelle Aktivitäten als Mittel nutzten, um menschliche Würde, Selbstbestimmung und demokratische Partizipation zu fördern. In den späten 1950er-Jahren jedoch verlor die soziale Gruppenarbeit, wie man sie in Clubs, Settlement Houses und Nachbarschaftszentren praktiziert hatte, an Anse-

23 Lowy, *The Function of Social Work*, 30.
24 Lowy, *The Function of Social Work*, 31.
25 Lowy, *The Function of Social Work*, 29.

hen. Einige Lehrende der Sozialen Arbeit wollten die Sozialarbeit abgrenzen von den Bereichen Freizeit, Lernprozesse und Erwachsenenbildung und Soziale Dienste hatten wenig Platz für indigene Gemeinwesensleiter und freiwillige Mitarbeiter. Wenn die Aufgabe der Sozialen Arbeit war, zwischen Individuen und der Gesellschaft zu vermitteln, betonten die Sozialarbeiter als Ziele zunehmend die individuelle Anpassung und Angleichung statt sozialem Wandel und Reform.[26] Wie Louis erklärte:

> Es ist verständlich, dass die Sozialarbeit in der Zeit ihrer Professionalisierung und ihrer Suche nach mehr Ansehen vielleicht eine Position vermieden hat, die ihre Akzeptanz bei den Kräften der Gesellschaft gestört hätte, die einer Profession einen Stellenwert geben. Mit anderen Worten, sie tendierte dazu, sich den vorherrschenden kulturellen Werten und Sichtweisen anzupassen. Hierzu gehörte die Auffassung, dass die Persönlichkeitsstruktur des Individuums die größte Verantwortung für die angemessene Erfüllung seiner gesellschaftlichen Rollenfunktion trägt; während Umwelteinflüsse Beachtung verdienen und tatsächlich für Dysfunktionen verantwortlich sein können, ist die größere Gesellschaft und ihr Wertesystem im Wesentlichen ‚intakt' und bedarf keiner Veränderungen. Der höchste Status wird den Professionen zugestanden, die auf das spezifische Funktionieren des Menschen schauen und versuchen, seine Dysfunktion innerhalb einer ‚gesunden Gesellschaft' als Grundvoraussetzung wiederherzustellen.[27]

Obgleich Louis nicht die Prämisse einer gesunden Gesellschaft teilte, verstand er die widersprüchlichen Werte in der Sozialarbeit als die unvermeidliche Folge eines sich wandelnden kulturellen und sozialen Umfeldes: „Widersprüchliche Einschätzungen und einander widersprechende Überzeugungen sind in jeder Gesellschaft reichlich vorhanden und die Bindung an die Werte der Sozialen Arbeit steht denselben Konflikten und Widersprüchen gegenüber."[28] In seinen eigenen Schriften und Lehren jedoch, von seinen frühesten Kolumnen in der *Deggendorf Center Revue* bis zu seinen Veröffentlichungen über soziale Gruppen-

26 Albert S. Alissi, "The Social Group Work Tradition: Toward Social Justice in a Free Society," *Social Group Work Occasional Papers* (West Hartford: Univ. of Connecticut School of Social Work, 2001); Gisela Konopka, "The Significance of Social Group Work Based on Ethical Values," *Social Work with Groups* 1 (1978): 123–31; Gisela Konopka, "Perspectives on Social Group Work," in *Social Work with Groups: Proceedings 1979 Symposium*, ed. Sonia Abels und Paul Abels (Louisville, KY: Committee for the Advancement of Social Work with Groups, 1981), 111–16; Harry Specht und Mark E. Courtney, *Unfaithful Angels: How Social Work Has Abandoned Its Mission* (New York: The Free Press, 1994); Harleigh B. Trecker, *Group Work Foundations and Frontiers* (New York: Whiteside, 1955).

27 Lowy, "Social Work and Statesmanship," 98.

28 Lowy, *The Function of Social Work*, 29.

arbeit, Sozialpolitik, Gerontologie und Erwachsenenbildung präsentierte Louis eine stimmige Auffassung der Werte und Ziele von Sozialer Arbeit. Er unterschied die Soziale Arbeit keineswegs von verwandten Tätigkeiten und zeigte in seinem letzten Buch *Why Education in the Later Years?* die Gemeinsamkeiten zwischen Sozialarbeit und Erwachsenenbildung auf:

> Letztendlich sind das Fürsorgewesen und die Bildung als Fachbereiche wie auch die Sozialarbeit und Bildung als Tätigkeiten philosophisch ausgerichtet auf Verbesserung, Wachstum, Entwicklung und Veränderung von Menschen in einem sozialen Umfeld, kontinuierliche Veränderung des Milieus einer Person in einer bestimmten Situation. Durch zielgerichtete Veränderungsstrategien bei Personen, Gruppen, Organisationen und Gemeinschaften können Bedingungen, die das Leben der Menschen als Mitglieder ihres sozialen Netzwerkes in ihren Gemeinden verbessern, maximiert werden und den Menschen ein sinnvoller Platz und eine Rolle in der Gesellschaft zuteil werden.[29]

Von Theresienstadt bis zum Deggendorf Center hatte Louis einen Teil seiner bedeutendsten Arbeit als indigener Leiter und nicht ausgebildeter freiwilliger Mitarbeiter geleistet und er betonte die Bedeutung von Kreativität als „eine notwendige Bedingung für eine effektive Unterstützung anderer Menschen".[30] Wie bei der Interdependenz der Generationen schätzte Louis die wechselseitigen Rollen und Verantwortlichkeiten von professionell Ausgebildeten sowie deren Assistenten und den Menschen, denen sie helfen, und er ermutigte dazu, Sozialarbeiter, Klienten und freiwillige Mitarbeiter als Aktivisten und Leiter zu befähigen.[31] Louis zollte der Bildung der Gemeinschaft die gleiche Aufmerksamkeit wie der professionellen Ausbildung und schrieb oft zwei Versionen seiner Artikel, eine für die Publikation in akademischen oder Fachzeitschriften und eine für Rundschreiben und Magazine, die der Allgemeinheit zugänglich sein würden.[32] Er trat den Schrecken seiner Zeit entgegen, indem er sich in seinen Schriften und Reden gegen Rassismus, Vorurteile, soziale und ökonomische Nachlässigkeit, nukleare Aufrüstung und Krieg aussprach:

> Hier gibt es eine Herausforderung für die Sozialarbeit, nicht nur die Bruchstücke einer verfehlten und misslungenen Sozialpolitik aufzusam-

29 Lowy and O'Connor, *Why Education in the Later Years?*, 169.
30 Lowy, *Social Work with the Aging*, 56.
31 Lowy, *The Function of Social Work*, 35; Lowy, "Adult Children"; und Louis Lowy, "Volunteers in Programs for the Older Citizen," in *The Citizen Volunteer*, ed. Nathan E. Cohen (New York: Harper Brothers, 1960), 156.
32 Lowy, "Why Education?"; Lowy, "Family Caregiving."

> meln, sondern die Leitung zu übernehmen, um die Grenzen der menschlichen Bestrebungen im Dienst einer faireren, gerechteren und menschlicheren Gesellschaftsordnung zu erweitern.[33]

Obwohl er selten über seine Vergangenheit sprach, ermutigte Louis seine Studenten, die Werte und Rollen, die er während des Holocaust übernommen hatte, in ihre Persönlichkeit als Sozialarbeiter zu inkorporieren. Sein Ziel als Pädagoge war in erster Linie, Sozialarbeiter auszurüsten, die seine Arbeit als Vertreter des sozialen Wandels fortführen würden:

> Wenn wir an einen Staatsmann denken, haben wir ein Bild von einer *politischen* Führungsfigur vor uns, deren Erfahrung und Wissen ihr eine umfassende Sichtweise ermöglichen, die kluges Handeln bei der Erfüllung ihrer Verantwortlichkeiten fördert. Staatsmännische Fähigkeit ist ein Ziel im Verlauf einer politischen Karriere.
> In der Sozialarbeit wurde die staatsmännische Fähigkeit nicht immer in den Karriereverlauf eingebaut. Soziale Staatskunst hat in diesem Land in der Tat nur beiläufig Aufmerksamkeit erhalten und beinhaltete häufig eine Zweiteilung der Funktionen. Auf der einen Seite gab es den klinisch ausgerichteten Sozialarbeiter, der Einzelpersonen, Gruppen und Gemeinden sowohl direkte als auch indirekte Hilfe bot; auf der anderen Seite gab es eine Handvoll Sozialarbeiter, die aufgrund ihrer Positionen in öffentlichen oder ehrenamtlichen Organisationen umfangreiche Sozialprogramme verwaltet und an der Formulierung weitreichender sozialer Strategien mitgewirkt haben. Nicht selten waren diese Personen ‚Sozialpolitiker', sowohl in der Theorie als auch in der Praxis.
>
> Wenn wir jedoch die Prämisse der doppelten Funktion von Sozialer Arbeit akzeptieren [...] müssen wir das Konzept der sozialen Staatskunst in die Karrierelaufbahn der Sozialarbeiter einbauen und dafür sorgen, sie zur Erlangung eines solchen Zieles entsprechend auszustatten [...] Unabhängig davon, ob ein Sozialarbeiter eine Laufbahn als Einzelfallhelfer, Gruppenarbeiter oder in der Gemeinwesenorganisation, als Sachbearbeiter, Forscher oder Lehrender wählt, sollte er eine berufliche Verpflichtung haben, sozialen Wandel oder soziale Reform zu fördern [...]
> Die Entwicklung von Standpunkten, Kenntnissen und Fähigkeiten, um sozialen Wandel zu bewirken, ist wesentlich und gehört zu *jedem* Ausbildungsprogramm der Sozialen Arbeit. Es geht nicht darum, Spezialisten

33 Lowy, *Social Work with the Aging*, xviii.

> des Fürsorgewesens auszubilden, sondern darum, jedem, der Sozialarbeit praktiziert, der sich vollständig an das ‚soziale' in der Sozialarbeit binden soll und der das Konzept der sozialen Staatskunst als ein wünschenswertes Ziel im Verlauf seines beruflichen Werdegangs in Sozialarbeit ansieht, eine Grundausrüstung zu geben.[34]

Als unermüdlicher Sozialpolitiker schrieb Louis Lowy kontinuierlich, hielt Vorträge und beriet sich bis zum Ende seines Lebens mit Kollegen. Heute erinnert man sich in Europa an ihn als einen Sozialarbeiter und sozialen Gruppenarbeiter, wohingegen er in den Vereinigten Staaten vor allem für seine Beiträge zur Gerontologie und Erwachsenenbildung bekannt ist. Amerikanische politische Entscheidungsträger akzeptieren zunehmend die Grundsätze seiner Arbeit: dass die Grundlage für die Demokratie und somit für die Sozialpolitik in einer Demokratie der Respekt für die Würde, den Wert und die Selbstbestimmung des Individuums und der Gemeinden ist; dass Gemeindezentren ältere Menschen, einschließlich ältere Immigranten, in der Bildung, der Kunst und in generationenübergreifenden staatsbürgerlichen Aktivitäten beschäftigen; und dass soziale Partizipation und Lernprozesse zur Gesundheit und zum Glück von Menschen jeglichen Alters beitragen.[35]

Laut seiner Familie und seinen Freunden war Louis Lowy der geborene Lehrer. Er erinnerte sich daran, dass er als kleines Kind in München Schule gespielt und seine Cousins und Cousinen um sich versammelt hatte, um Lieder zu singen und Geschichten zu erzählen. Seit seinen frühen beruflichen Aktivitäten in Theresienstadt, als er im Gebäude L414 als Lehrer und Regisseur der Kindertheaterstücke von Raum zu Raum zog, hatte er eine Mission, die Not und Kummer überwand. Er lebte mit der Erfahrung von Auschwitz, doch nach Auffassung seiner Schüler genoss Louis Lowy das Leben, weil er seine Arbeit immer geliebt hatte:

> Wir brauchen Herz und Verstand bei der Sozialen Arbeit. Und wir müssen verstehen, dass wir Teil einer Bewegung sind, die aus der Hingabe entstanden ist. Eine grundlegende Bindung an menschliche Werte, ein Glaube an Menschen als Individuen und Nachbarn, Aufrufe zu Vision,

34 Lowy, "Social Work and Statesmanship," 99–100.

35 Janice Blanchard, "As the Pendulum Swings: A Historical Review of the Politics and Policies of the Arts and Aging," *Generations* 30, no. 1 (2006): 50–56; Julian Chow, "Multi-Service Centers in Chinese Immigrant Communities," *Social Work* 44, no. 5, (Sept. 1999): 70–81; "Gay Hanna, "Creativity Matters: New Partnerships Build Momentum for Arts and Aging," *Aging Today: The Bimonthly Newspaper of the American Society on Aging* 29, no. 6 (Nov.–Dez. 2008): 7–9; Nancy Morrow-Howell und Marc Freedman, eds., *Civic Engagement in Later Life: Generations* 30, no. 4 (Winter, 2006–07); Barbara L. Nicholson und Diane M. Kay, "Group Treatment of Traumatized Cambodian Women: A Culture Specific Approach," *Social Work* 44, no. 5 (Nov. 1999): 470–80.

> Mut und Überzeugung. Sie erfordert Menschen, die nicht nur tiefe Gefühle haben, sondern das Gefühl artikulieren können und den Mut haben, aufzustehen und zu handeln. Sie erfordert Menschen mit großen Ideen, Träumer und gleichzeitig Menschen, die realistisch sind und mit der Realität umgehen können, aber eine umfassende Vision als Ziel haben. Wenn wir nur das tun, was möglich ist, werden wir nie erreichen, was unmöglich ist. In einer Zeit des Wandels brauchen wir innere Stärke, Sicherheit und Überzeugung in Verbindung mit Mut, einer Bereitschaft zu experimentieren und Abenteuerlust![36]

Obwohl der Holocaust ein Schlüsselerlebnis für Louis Lowy war, war es das jüdische Erbe, das sein Leben und Denken bestimmte. Die Nationalsozialisten identifizierten Louis als Juden, dessen Abstammung von einem jüdischen Elternteil seine Bedeutung und seinen Wert, beziehungsweise fehlenden Wert, sein Leben lang bestimmten. Louis sah sich als ein Jude, der in seinem Erbe den Ursprung seiner persönlichen und beruflichen Bestimmung fand, obgleich er nicht an Gott glaubte. In „Returning" („Rückkehr"), seinem ersten Artikel für die *Deggendorf Center Revue* erklärte Louis, dass es die historische Verpflichtung des jüdischen Volkes sei, die Ideen des menschlichen Fortschrittes, sozialer und ökonomischer Gerechtigkeit und einer neuen Gesellschaftsordnung für ‚jeden auf dieser Welt'[37] zu realisieren.

Louis' Liebe zum Leben, sein Sinn für Freude und seine Bemühungen, Hoffnung für die Zukunft zu wecken, standen im Einklang mit den jüdischen religiösen Lehren. Die verbindenden Werte in seinen Schriften – menschlicher Wert und Selbstbestimmung, die Interdependenz der Generationen, soziale Partizipation und lebenslanges Lernen – waren zentrale Werte der jüdischen Geschichte und Kultur. Als Louis seine erste berufliche Anstellung als Sozialarbeiter in den Vereinigten Staaten suchte, bewarb er sich bei jüdischen Gemeindeorganisationen: „Ich wollte den Juden näher kommen. Ich identifizierte mich angesichts meiner Erfahrungen während des Krieges stark mit dem Judentum, jedoch auf eine weltliche, nicht auf eine religiöse Art und Weise. Die weltliche Art passte mir sehr gut." Louis sprach jedoch nur selten explizit über jüdische Themen. Achtsam gegenüber dem Antisemitismus und respektvoll gegenüber kulturellen Sensibilitäten anderer Menschen, sprach er nur vor jüdischem Publikum darüber, Jude zu sein. Während des Krieges hatte er gelernt, vorsichtig zu sein.

36 Lowy, "Neighborhood."
37 Lowy, "Returning," 1.
Nachwort: Sozialarbeit mit Geflüchteten und Displaced Persons

Im Frühling 1945, nachdem er vom Todesmarsch entflohen war, hatte Louis eine kleine Gruppe von Schülern ostwärts durch Europa und weg vom Krieg geführt. Frühzeitig suchten sie Zuflucht in einem verlassenen britischen Kriegsgefangenenlager, wo sie ein geheimes Lager mit britischen Uniformen entdeckten, typische Kakiuniformen ohne Abzeichen. Nachdem sie die Häftlingskleidung aus dem Konzentrationslager gegen britische Kampfanzüge getauscht hatten, konnten Louis und seine Gruppe relativ sicher durch feindliche und freundliche Gebiete reisen, ohne zu enthüllen, wer sie wirklich waren.

In Louis' Erinnerung war sein Überleben des Holocaust der Beginn seiner Laufbahn als Sozialarbeiter, aber die Sozialarbeit war für Louis wie die britischen Uniformen, die er und seine Schüler gefunden hatten. Nachdem er einmal seine Rolle als Sozialarbeiter angenommen hatte, konnte er nach seinen Werten leben und sein Ziel verwirklichen, ohne seine Vergangenheit zu enthüllen. Er konnte Generationen von Studenten durch eine prekäre Welt führen, auch wenn sie lernten, diese zu ändern. Louis Lowy äußerte sein wahrhaftigstes Ich letztendlich in seiner Hingabe an die Sozialarbeit und die Sozialarbeit war seine Bezeichnung für ein Leben als Jude.

# Nachwort

## Sozialarbeit mit Geflüchteten und Displaced Persons

Es sind oft die Überlebenden, die für die Außenwelt erstmals das Bewusstsein für eine Katastrophe schaffen. Nach dem Holocaust haben wir gelernt, dass Augenzeugenberichte unsere wichtigste Erkenntnisquelle sein können, für Monate, Jahre oder sogar für Generationen nach dem Ereignis, und wenn wir Geflüchteten oder Vertriebenen effektiv helfen wollen, müssen wir ihnen zuerst einmal zuhören.

Jüdische Kriegsflüchtlinge der 1950er-Jahre lernten schnell, nicht über ihre Vergangenheit zu sprechen. Die Mitarbeiter der Gesundheitspflege und Sozialen Dienste, die selten die Sprachen der Überlebenden sprachen, wollten deren Kriegserlebnisse nicht hören. Im Gegensatz zu den Sozialarbeitern der Nachkriegszeit kennen die amerikanischen Sozialarbeiter heute den Genozid als Begriff und als Realität und wir haben bessere Informationen über Trauma, posttraumatische Belastungsstörungen, Resilienz und Genesung. Wahrscheinlich sprechen wir jedoch ebenso wenig wie unsere Vorgänger eine zweite Sprache, geschweige denn jede einzelne Sprache der neu ankommenden Bevölkerungen, und vielleicht sind wir nicht besser darauf vorbereitet, den Geflüchteten und Vertriebenen, denen wir zu helfen hoffen, zuzuhören und von ihnen zu lernen.

Als Überlebender des Holocaust lehrte Louis Lowy seine Studenten, den Leitlinien und Werten, die er dem Beruf des Sozialarbeiters zuschrieb, zu folgen: Respekt für menschliche Würde, Wert und Selbstbestimmung; Wertschätzung der Interdependenz der Generationen; und Verpflichtung zu sozialer Partizipation und Lernprozessen für Menschen jedweden Alters.

Mit seinem narrativen Interview gab Louis Lowy den zukünftigen Sozialarbeitern weitere Orientierungshilfen, die besonders für die Praxis der Sozialen Arbeit mit Geflüchteten und Vertriebenen von Bedeutung sind. Sein Zeugenbericht schlägt vor, dass wir ein Orientierungswissen über vertriebene Gemeinschaften erlangen, indem wir mit Empathie zuhören, die Bedeutung der *Rückkehr* respektieren, kulturelle und erzieherische Aktivitäten unterstützen, indigene Leiter stärken und eine kritische und kreative Haltung gegenüber unserem Berufsstand einnehmen.

## Orientierungswissen

Auf die Notwendigkeit eines Orientierungswissens wurde ich von Maria Hirsch Rosenbloom hingewiesen, emeritierte Professorin der Hunter School of Social Work, die als eine der ersten unter den Lehrenden der Sozialen Arbeit eine Lehrveranstaltung über den Holocaust anbot.[38] Maria Rosenbloom hatte den Krieg überlebt, indem sie unter falscher Identität gelebt hatte. Nach der Befreiung arbeitete sie mit Geflüchteten und Vertriebenen in Deutschland, wo sie bei der UNRRA angestellt war und später beim American Joint Distribution Committee, einer jüdischen Hilfsorganisation, die bekannt ist unter dem Namen „Joint". Sie erinnerte sich:

> Ich wurde von Joint beauftragt, die offizielle Begleitung eines Schiffstransportes von Flüchtlingen zu sein. Ich sollte jedem Passagier 10 Dollar geben und eine Quittung dafür bekommen. Mir wurde hunderte Male gesagt, ich müsse eine Quittung bekommen, und ich erhielt von jedem eine Quittung. Es war der 21. September 1947, um den jüdischen Feiertag 1947, und wir feierten Rosch ha-Schanah [das jüdische Neujahr] auf dem Schiff. Das Schiff war heruntergekommen, ein Militärschiff, die *Ernie Pyle*. Es war eine sehr unglückliche Überfahrt, sieben Tage, die man niemals vergisst. Viele wurden seekrank. Eines Tages hörten wir plötzlich einen lauten Schrei: ‚Amerika!' Ich kann das niemals ohne Tränen in den Augen aussprechen. Plötzlich sahen wir Land und die Seekrankheit war weg. Der Anblick von Amerika war eine Erfahrung, die ich auch 60 Jahre später nicht vergessen kann. Es war die bedeutendste Erfahrung meines Lebens. Das traf auf uns alle zu. Das Schiff steuerte langsam auf den Hafen zu und fuhr um die Freiheitsstatue oder ganz in ihre Nähe. Und auch daran erinnere ich mich, wie die orthodoxesten Juden ihre Hüte abnahmen – normalerweise tun sie das nicht – um die Dame zu grüßen, die Freiheitsstatue. Das war 1947 und jetzt haben wir das Jahr 2007. Es war also vor 60 Jahren und ich weine immer noch, wenn ich davon erzähle. Und ich bin mir sicher, so geht es vielen der Passagiere dieses Schiffes.
>
> Ein anderer Moment, der mir in Erinnerung bleibt, der den meisten von uns in Erinnerung bleibt, ist der Moment, als das Schiff beginnt, sich in Bremerhaven, in Deutschland, vom Land zu entfernen. Das ist auch ein Moment, den ich nie vergessen werde. Die meisten von uns dachten

38 Wenn nicht anders angegeben, stammen die Zitate von Maria Hirsch Rosenbloom aus einem narrativen Interview mit der Autorin am 27. Februar 2008 in Rosenblooms Haus in Manhattan.

> auch, sie würden nie wieder nach Europa zurückkehren, nach allem, was sie dort hinter sich ließen. Einige von uns kamen als Touristen zurück; ich auch, aber Europa war etwas, das für uns eine furchtbar schmerzhafte Erinnerung und Verbindung blieb. Deshalb erinnere ich mich ganz deutlich an das schreckliche Seufzen, als das Schiff die Anker lichtete.

Nach ihrer Ankunft in New York bekam Maria Rosenbloom ein Stipendium von der neu gegründeten Adelphi University School of Social Work, an der sie 1952 ihren Masterabschluss in Sozialarbeit absolvierte. Sie trat ihre erste berufliche Anstellung als Sozialarbeiterin an der psychiatrischen Klinik des Beth Israel Hospital an. Obgleich die meisten Patienten der Klinik jüdische Kriegsflüchtlinge waren, wurden sie von den Ärzten und dem Krankenhauspersonal nie als solche bezeichnet:

> Eine meiner ersten Arbeitsstellen nach dem Abschluss war an der psychiatrischen Klinik im Beth Israel Hospital in New York. Es war eine sehr sinnvolle Arbeit. Die Mehrheit der Patienten waren Überlebende – sehr arm, sehr unglücklich und in Bezug auf die sozialen Dienste sehr benachteiligt, weil sie nur Jiddisch sprachen. In diesem jüdischen Krankenhaus in Manhattan sprach kein einziger Psychiater Jiddisch. Deshalb wurden sie alle zu mir geschickt. Jeder Überlebende wurde zu mir geschickt, weil die Psychiater kein Jiddisch sprachen. Es war sehr traurig, aber so war es nun einmal. Meine Erfahrung war daher, viel Erfahrung zu sammeln. Ich häufte viele Geschichten von Überlebenden an. Sie erzählten mir ihre Lebensgeschichten, ihre Holocausterlebnisse und ich war ihnen emotional sehr nahe, weil es so bedeutsam war. Es war ein Privileg, diesen Menschen zu helfen. Wenn ich rückblickend über meine berufliche Laufbahn nachdenke, war das die sinnvollste Arbeitsstelle, die ich je hatte.

Den Amerikanern, die die Aufgabe hatten, den jüdischen Kriegsflüchtlingen zu helfen, fehlte das Orientierungswissen. Wie Louis Lowy feststellte, sprachen wenige Amerikaner in der US-Armee oder der UNRRA die Sprachen der Displaced Persons, die unter ihrem Schutz standen. Carl Atkin, der erste UNRRA-Direktor des DP-Lagers Deggendorf sprach kein Deutsch. Auch heutzutage hindern in den USA Sprachbarrieren viele Bevölkerungsgruppen immer noch am Zugang zum Gesundheitswesen.[39]

39 Hispanic Health Council, *A Profile of Hispanic Health in Connecticut: The Case for Change in Policy and Practice* (Hartford: Hispanic Health Council, 2006); Mel Gray, John Croates, and Tiani Hetherington, "Hearing Indigenous Voices in Mainstream Social Work," *Families in Society* 88, no. 1 (2007): 55–66; Priska Imberti, "Who

Zusätzlich zur Sprachbarriere überschritten die Fachkräfte des Gesundheitswesens nicht die Grenzen ihrer eigenen beruflichen und kulturellen Anschauungen und Überzeugungen. Wie in Kapitel 7 dargestellt wurde, erinnerte sich Louis Lowys Freund und Schüler Vern Drehmel, wie er an einem Sommerprogramm für jüdische Kriegswaisen teilnahm, bei dem ein wohlwollender Lehrer alle Jungen zum Friseur brachte, damit sie einen Bürstenschnitt bekämen. Der Lehrer hatte keine Ahnung, dass Überlebende der Konzentrationslager es ablehnen könnten, ihre Haare fast vollständig abrasiert zu bekommen. In der ganzen Welt begegneten die Überlebenden des Holocaust Ignoranz und Vorurteilen, wenn Psychiater und andere Experten ihre pessimistischen Vorhersagen trafen über ihre Befähigung, jemals ein produktives Leben zu führen.[40] Louis Lowy widersetzte sich später ähnlich gängigen, aber vorurteilsbehafteten Annahmen über ältere Menschen, wie etwa der „Theorie der Loslösung“, die Einsamkeit als normatives Altern missverstand: „Sozialarbeit mit einer unsicheren Wissensgrundlage und einer starken Betonung der Werte neigte allzu leicht dazu, sich Theorien zu verschreiben, die vielversprechend klangen, ohne immer eine respektvolle Distanz einzuhalten und die Bereitschaft zu wahren, auf den Beweis zu warten.“[41]

Durch das Fehlen von Orientierungswissen über den Holocaust suchten die Fachkräfte des Gesundheitswesens Trost in der konventionellen Weisheit ihres Fachgebietes und wenn ihre Theorien nicht zu den Realitäten der Überlebenden passten, wurden die Überlebenden zum Schweigen gebracht und ihre Realitäten ignoriert. Trotz allem passten sich die meisten Überlebenden in den USA erfolgreich an ihr neues Leben an. In seiner umfangreichen Längsschnittstudie fand William Helmreich heraus, dass Holocaust-Überlebende und ihre Kinder im Vergleich zu in Amerika geborenen Juden in den Bereichen Familienleben, wirtschaftliche Unabhängigkeit, Bildungserfolge und bürgerliches Engagement relativ gut abschnitten.[42] Wenn ihnen die professionellen Helfer mit Gleichgültigkeit begegneten, suchten die Überlebenden bei anderen Überlebenden Trost, Unterstützung und gegenseitige Hilfe. Erwachsene Überlebende heirateten typischerweise andere Überlebende und bildeten soziale und wohltätige Vereinigungen, die Überlebenden und ihren Nachkommen auch heute noch helfen. Einige jüdische Kriegsflüchtlinge schlossen sich Landsmannschaften an, Gesellschaften für Menschen aus derselben Region oder Stadt in Europa. Hier konnten sie in ihrer

Resides Behind the Words? Exploring and Understanding the Language Experience of the Non-English-Speaking Immigrant," *Families in Society* 88, no. 1 (2007): 67–74.

40 Helmreich, *Against all Odds*; Eitinger, "Holocaust Survivors".

41 Lowy, "A Social Work Practice Perspective," 540.

42 Helmreich, *Against All Odds.*

eigenen Sprache Erinnerungen über das Leben vor dem Krieg austauschen und sich einander und mit einer anderen Zeit verbunden fühlen.

## Die Bedeutung der Rückkehr

Die meisten Holocaust-Überlebenden waren „staatenlose und nicht repatriierbare Juden“ die niemals in ihre Vorkriegsheimat zurückkehren würden. Als Louis Lowy 1945 Prag und als Ditta und ihre Mutter Wien besuchten, fanden sie sich selbst in „lebenden Friedhöfen“ wieder, wo alle, nach denen sie suchten, verschwunden waren. Obgleich es „furchtbar schmerzhaft“ war, die Heimatstädte zu besuchen, wie Maria Rosenbloom erklärte, hielten die Überlebenden ihre Erinnerungen an das Familien- und Gemeinschaftsleben vor dem Krieg in Ehren.[43] Für Louis Lowy sollte Prag immer die schönste Stadt der Welt bleiben.

Louis Lowys erster Artikel in der *Deggendorf Center Revue*, der Zeitung des DP-Lagers Deggendorf, trug den verblüffenden Titel „Returning“ – „Rückkehr“. Obgleich seine Leser nicht zu ihrem vorherigen Leben zurückkehren konnten, würden sie zu einem sinnerfüllten Leben zurückkehren: „Unsere kleine Gemeinschaft hier befindet sich mitten im harten Kampf, um den Weg zurück ins Leben zu finden.“ Louis argumentierte, dass die Zeit des Nationalsozialismus ein „Bruch in der Zeit“ gewesen sei, die Ausnahme und nicht die Norm. Das jüdische Volk hatte nun die Verantwortung, den Fortschritt und den rechtmäßigen Lauf der Geschichte wiederherzustellen: „Die Geschichte der Menschheit ist ein kontinuierlicher Kampf um Fortschritt und das Schaffen von Menschlichkeit, das Erschaffen einer menschlichen Gemeinschaft. Schon immer gab es Despoten, die die Möglichkeit verzögern und verhindern wollten [...] jetzt stehen wir erneut vor einem Bruch in der Zeit.“[44]

Unter der Leitung von Louis Lowy entwickelte die jüdische Gemeinde im Deggendorf Center eine ganze Reihe kultureller, religiöser und erzieherischer Aktivitäten, die Menschen jeder Altersgruppe am bürgerlichen Leben beteiligte.[45] Um an die Zukunft zu glauben, war es notwendig, dass die „letzten Überlebenden“ sich auf ihre Geschichte besannen, und laut der Holocaust-Historikerin Jacqueline Giere gaben die kulturellen Aktivitäten in den jüdischen Displaced-Persons-Lagern den Menschen eine Lebenslinie oder, genauer gesagt, eine „Zeitlinie“ zur unwiederbringlichen Vergangenheit.[46] Innerhalb von 6 Monaten nach

43 Rosenbloom, "What Can We Learn from the Holocaust?" Sie auch Rosenbloom "Implications."

44 Lowy, "Returning," 1.

45 Buchenholz, "Cultural Life in Our Center," 7.

46 Berenbaum und Peck, *Holocaust and History*, 693; Giere, "We're On Our Way".

Kriegsende hatte das Zentralkomitee der befreiten Juden in der amerikanischen Besatzungszone in Bayern eine Historische Kommission eingerichtet, um das jüdische Gemeindeleben vor dem Krieg zu dokumentieren und dadurch die Zeitlinie für ein ganzes Volk zu sichern.[47]

Nach ihrer Emigration würden, wie Louis Lowy erkannte, jüngere und ältere Überlebende unterschiedlichen Herausforderungen beim Aufbau ihres neuen Lebens gegenüberstehen, doch die Vergangenheit zu vergessen, sollte keine Option sein. Der Holocaust würde ein Teil ihres Familienerbes und ihrer Geschichte werden, der jüdischen Geschichte, und auch der amerikanischen Geschichte, wie die Errichtung des United States Holocaust Memorial Museums zeigt. Trotz ihres anfänglichen Zögerns, öffentlich über den Holocaust zu sprechen, schilderten viele Überlebende schließlich ihre Erfahrungen, und sie berichten weiterhin, als Geste der Rückkehr.

Im Gegensatz zu den Überlebenden des Holocaust hoffen viele Geflüchtete und Vertriebene heute, in ihre Heimatländer zurückzukehren, wenn nicht zu eigenen Lebzeiten, dann in zukünftigen Generationen.[48] Unabhängig davon, ob sie zurückkehren können oder nicht, werden sie sich jedoch vielleicht nie in derselben Weise mit ihrer ursprünglichen Heimat identifizieren. Erinnerungen der Zugehörigkeit – oder der Nichtzugehörigkeit –, zu einem Ort, einer Gemeinschaft, einer Kultur oder einer Geschichte, definieren im Wesentlichen die eigene Selbstwahrnehmung. In seiner Untersuchung von Holocaust-Zeugnissen stellte der Literaturkritiker Lawrence Langer fest, dass Überlebende sich vergeblich bemühen, kohärente Lebensgeschichten zu konstruieren, weil sie keine Möglichkeit haben, „disruptive Erinnerungen" des Traumas in die Erinnerungen ihres Lebens vor und nach dem Krieg zu integrieren.[49] Laut der Psychoanalytikerin Dori Laub „kann eine Heimat nach einem Trauma nie wieder eine Heimat sein, und eine ausgelöschte Beziehung kann niemals Sicherheit bieten".[50] Nur durch die Empathie eines Zuhörers können Überlebende ihre unaussprechlichen Erinnerungen mit Worten überbrücken.

Empathie ist mehr als ein Gefühl. Es ist eine Kommunikationsfähigkeit. Empathische Zuhörer vermitteln ihre volle Aufmerksamkeit, Demut, Interesse und Respekt. Maria Rosenbloom vermittelte den Holocaust-Überlebenden im Beth

47 Mankowitz, *Life Between Memory and Hope.*

48 Diane Drachman und Ana Paulino, eds., *Immigrants and Social Work: Thinking Beyond the Borders of the United States* (Binghamton, NY: Haworth, 2004); und Miriam Potcoky-Tripodi, *Best Practices for Social Work with Refugees and Immigrants* (New York: Columbia University Press, 2002).

49 Langer, *Holocaust Testimonies*, 174.

50 Laub, "History, Memory, and Truth," 799.

Israel Hospital Empathie und sie antworteten darauf, indem sie ihr ihre Geschichten anvertrauten. In Louis Lowys narrativem Interview, wie es in Kapitel 4 aufgezeichnet ist, vermittelte General Dwight D. Eisenhower bei seiner Besichtigung des neu errichteten DP-Lagers Deggendorf an Jom Kippur 1945 Empathie. Louis war überrascht von Eisenhowers respektvollem Auftreten, davon, dass er seinen Hut abnahm und Louis die Hand schüttelte, von der Beharrlichkeit, mit der er fragte: „Wollen Sie mir sagen, was Ihre Leute brauchen?"

Als oberster Befehlshaber der alliierten Streitkräfte in Europa hätte Eisenhower die jüdischen DP-Lager nicht besichtigen müssen. Seine Mitarbeiter hatten detaillierte Berichte über den Mangel an Lebensmitteln, Benzin und medizinischer Versorgung vorbereitet.[51] Eisenhower jedoch suchte Orientierungswissen. Er wollte die jüdischen Kriegsflüchtlinge persönlich treffen und ihnen zuhören, und er hörte mit so viel Empathie zu, dass Louis Lowy, der seine Eltern und seine ganze Familie verloren hatte, einen enormen Trost empfand, wenn er sich an ihr Gespräch erinnerte: „Es war, als würde ein freundlicher Vater sprechen."

## Schlussfolgerungen für die Praxis

Die Bedeutung von Begriffen wie „Geflüchtete" und „Displaced Persons" ändert sich je nach historischem Kontext. Die US-Armee prägte 1943 ursprünglich den Begriff „Displaced Person", um Gruppen von Kriegsflüchtlingen zu definieren, die ein Anrecht auf den Schutz durch die UNRRA hatten, die neu gegründete United Nations Relief and Rehabilitation Agency. Wie es jedoch oft der Fall ist bei formalen Begriffen, hatte der Begriff „Displaced Person" einen poetischen Anklang, der seine Bedeutung im Laufe der Zeit erweitert hat. Heute ist es möglich, viele Bevölkerungsgruppen als „displaced" zu betrachten, darunter nicht nur Menschen, die vor großen Katastrophen geflohen sind, sondern auch diejenigen, die kleinere Katastrophen durchleben, wie Obdachlosigkeit, Armut oder häusliche Gewalt. „Displaced" sind die Menschen, die die Geborgenheit der Beziehungen zu ihren Familien und Freunden verloren haben, die Fähigkeit, an ihre Gesundheit zu glauben, die Sicherheit, ihre Grundbedürfnisse zu stillen oder die Aussicht, hoffnungsvoll und sinnerfüllt zu leben. Obwohl Louis Lowy nicht speziell über die Sozialarbeit mit Menschen, die „displaced" sind, schrieb, evozierten seine Beschreibungen von älteren Menschen in Pflegeheimen die Verluste der Überlebenden in den DP-Lagern: „Das neue Umfeld erscheint kalt, gleichgültig und fremd."[52]

51 Eisenhower to President Truman, 18. Sept. 1945; Nadich, *Eisenhower.*
52 Lowy, *Social Work with the Aging*, 288.

Es ist das Ziel der Sozialen Arbeit, den Menschen zu helfen, ihre Beziehungen zu ihrem sozialen Umfeld wieder aufzubauen, was nach Louis Lowys Auffassung dadurch möglich war, dass man sie an sozialer Partizipation und Lernprozessen beteiligte. In dieser Hinsicht haben die Zeugnisse von Louis Lowy und anderen Holocaust-Überlebenden besondere Auswirkungen auf die Praxis der Sozialarbeit mit Geflüchteten und Menschen, die „displaced" sind[53] heute sowie weitere Anwendungsmöglichkeiten in der Sozialen Arbeit und angrenzenden Fachbereichen:

1. Orientierungswissen von Geflüchteten und Menschen, die „displaced" sind, selbst suchen, einschließlich des Wissens, das über Generationen und über die Zeit entsteht. Mit Empathie – Aufmerksamkeit, Interesse, Demut und Respekt – zuhören und glauben, was die Menschen sagen. Akzeptanz und Geduld zeigen mit denjenigen, die sich entscheiden, ihre Vergangenheit nicht zu enthüllen.
2. Kenntnisse in mehr als einer Sprache erwerben. *Sozialarbeit kann nicht nur ein internationaler, menschenrechtlicher Beruf auf Englisch sein.* Schulen für Sozialarbeit und andere Berufe im Gesundheitswesen sollten im Grundstudium Kenntnisse in einer Zweitsprache fordern, wenn Studenten mehrere Jahre haben, um eine neue Sprache zu erlernen; beim Masterabschluss, wenn Studenten fachspezifisches Vokabular erlangen können; und bei der Promotion, wenn Studenten ihre Sprachkenntnisse in der Forschung einsetzen können.
3. Die Bedeutung der *Rückkehr* für Geflüchtete und Menschen, die „displaced" sind, respektieren. Selbstbestimmung und gegenseitige Hilfe in Gemeinschaften fördern, indem kulturelle, bürgerliche und erzieherische Aktivitäten für Menschen jeder Altersgruppe unterstützt und Einladungen, daran teilzunehmen, angenommen werden. Somit werden wir selbst zu den Traditionen der sozialen Gruppenarbeit zurückkehren.
4. *Indigene Leiter* als freiwillige Mitarbeiter, Assistenten und Fachkräfte fördern und einsetzen und ihnen den Zugang zur professionellen Bildung in Sozialer Arbeit und verwandten Gebieten ermöglichen. Es sind gerade die indigenen Leiter wie Louis Lowy und Maria Rosenbloom, die kulturelle Werte und Überzeugungen über Themen wie Überleben, Gesundheit, Heilung und Rückkehr in Wissen zur effektiven Forschung und Praxis übersetzen.
5. Eine kritische und kreative Haltung gegenüber der Sozialen Arbeit als Beruf in ihren sich wandelnden kulturellen Kontexten einnehmen. Annahmen über Wissen, Praxis und professionelle Grenzen und Rollen hinterfragen, um den

53 Anmerkung der Übersetzerin: „displace = move sb/sth from the usual or correct place"(Oxford Dictionary). Gemeint sind Menschen, die „displaced", also im weitesten Sinne des Wortes „de-platziert, nicht an ihrem gewohnten Ort sind".

Erwartungen und Bedürfnissen neu ankommender Bevölkerungsgruppen zu entsprechen.

In den Jahren, in denen ich an diesem Buch gearbeitet habe, war mir bewusst, dass ich den Holocaust oder die Erinnerungen seiner Überlebenden niemals werde vollständig erfassen können. Dennoch war es meine Aufgabe als Wissenschaftlerin, Louis Lowy und den anderen Überlebenden, die ihn kannten, mit Empathie zuzuhören. Sozialarbeiter, die Geflüchteten und Menschen, die „displaced" sind, helfen, übernehmen eine ähnliche Aufgabe. Auch wenn wir vielleicht niemals verstehen werden, was die Überlebenden durchgemacht haben, können wir mit Empathie zuhören, und das ist der Beginn von Orientierungswissen.

# Epilog

Schon in der Einleitung ermutigt die Verfasserin zur Erinnerungsarbeit, indem sie hervorhebt, dass die Holocaustforschung durch die Öffnung von bisher verschlossenen Quellen einen neuen Aufschwung erfährt und wie durch die neuen Erkenntnisse ein differenzierteres Bild über die transatlantischen Beziehungen erscheinen könnte. Zudem endet ihr Nachwort mit konkreten Ausbildungs- und Anwendungsfragen in der Flüchtlings- und allgemeinen Migrationsarbeit. Damit setzt sie auf zentrale und ganz aktuelle Praxisbezüge, ohne die die Soziale Arbeit möglicherweise eine theoretische oder akademische Übung bliebe. In Deutschland sind aber gerade durch die *Not*wendigkeit anwendungsbezogener Forschung und Lehre die Fachhochschulen bzw. „Universities of Applied Sciences" entstanden, denen die Interdependenz von Theorie und Praxis in besonderer Weise und sogar gesetzlich zugeschrieben ist. Dazu gehören auch immer die entstehungsgeschichtliche Dimension sozialer Probleme und insofern auch die Erinnerungsarbeit. Darum ist dieser Epilog keineswegs gemeint als ein Ausklang oder als ein letztes oder womöglich sogar *das* letzte Wort zum Thema Erinnerungsarbeit. Das Gegenteil ist der Fall!

Während dieses Buch für eine amerikanische Leserschaft in einem amerikanischen Umfeld entstand, wurde zur NS-Geschichte ja auch schon in Europa geforscht und es wäre mit Sicherheit im Sinne von Louis Lowys wechselseitiger Sichtweise, dieser deutschen Ausgabe wenigstens eine Art deutsche Genese hinzuzufügen. Allerdings nicht als Gegensatz, sondern als Versuch, einen Dialog fortzuführen und möglichst differenziert auszuweiten.

Dieses detaillierte Buch und die aufregende Geschichte, wie Louis Lowy, seine Freunde und auch seine Frau Ditta sich durch die Abgründe des Holocaust wieder ins Leben zurück kämpften, um sich dann der beruflichen Sozialarbeit zu verschreiben, ist einzigartig. Es gibt allerdings zahlreiche weitere Kolleginnen und Kollegen, deren Überlebensgeschichten bisher nicht so detailliert gewürdigt wurden oder sogar noch in völliger Dunkelheit liegen. So ist diese Geschichte als exemplarisch zu betrachten und möge zu fortgesetzten Entdeckungsreisen und zu weiterer Erinnerungsarbeit führen. Denn *ja!* das tägliche Leben und die berufliche Praxis liegen im Hier und Jetzt. Doch angesichts der Ereignisse in unserer schnelllebigen Zeit ist das Vergessen des Schrecklichen, so sehr wir uns das auch wünschen mögen, eben nicht der Beginn dauerhafter konfliktfreier Zustände. Das Vergessen mag Räume für neue Problemlösungsstrategien schaffen, aber das Abhaken und Wegstecken ist im schlimmsten Fall die nächste und vielleicht die eigentliche Katastrophe. Deshalb plädieren wir für die weitere Beschäftigung mit dem Thema. Allerdings nicht mit dem erhobenen Zeigefinger, denn aufgrund meiner eigenen und sehr guten Erfahrungen als forschender Sozialarbeiter hat dies – zumindest für mich und viele ‚meiner' StudentInnen und KollegInnen zu sehr erfreulichen Wieder-Begegnungen geführt.

Nach dem Zusammenbruch, dem buchstäblich *not*-wendigen Wiederaufbau und dem rasanten Wirtschaftswunder, aber auch, um die schrecklichen Erinnerungen möglichst schnell wieder loszuwerden, gab es erst relativ spät, lediglich punktuell und in Intervallen Bemühungen, um die aus Deutschland und anderen Nazi-besetzten Ländern vertriebenen BerufsvertreterInnen in der Sozialen Arbeit nicht zu vergessen. Als ich, beginnend in den 1980er-Jahren, ein Erinnerungsprojekt plante, schrieb mir eine der betagtesten unter den exilierten Sozialarbeiterinnen, Anne Fischer: „Es ist den Nazis für so lange Zeit gelungen, ihre Gegner totzuschweigen, daß ich froh bin, daß Sie Ihre Stimme erheben und daß auch andere Kollegen Sie darin unterstützen." Das so entstandene *Oral-History*-Projekt mit vierunddreißig aufgezeichneten Interviews, dessen Entstehungsgeschichte ich noch skizzieren werde, war übrigens auch einer der Auslöser für dieses Buch, das Sie gerade in der Hand halten. Und es ist auch nicht das erste Buch von und über Louis Lowy, das im Lambertus-Verlag erschienen ist (die Quellen sind im Literaturverzeichnis zu finden).

Trotz aller – mehr oder weniger nachvollziehbaren – Verdrängung existiert mittlerweile eine Fülle an Quellenmaterial zu den Bemühungen um einen beiderseitigen Neuanfang und um dem Vergessen des Schrecklichen vorzubeugen. Genau deshalb möchte ich zur weiteren Erinnerung gerne weitere Türen auf- statt mit einem Nachwort abschließen. Dazu könnte es nützlich sein, vor allem die Jüngeren unter uns und diejenigen, die mit der „Emigrierten Sozialarbeit" und den bereits existierenden Portraits vertriebener SozialarbeiterInnen während der Nachkriegszeit nicht so vertraut sind, zu einer gerafften Zeitreise in die Vergangenheit einzuladen und zwar als Orientierungshilfe in einem komplexen Geschehen, zur Entdeckung von aufschlussreichem Quellenmaterial, als Entstehungsgeschichte dieses Buches und als Empfehlung zur weiteren Erinnerungsarbeit – immer verbunden mit dem Dank an alle Beteiligten und in erster Linie an die Vertriebenen selbst, aber auch an alle, die sich an der Erinnerungsarbeit aktiv beteiligen.

Als wir in Deutschland die Geschichte und die Rolle der Sozialen Arbeit während des NS-Regimes – relativ spät – zu betrachten und kritisch zu hinterfragen begannen, lebten noch viele der vertriebenen und oftmals besonders engagierten

PionierInnen. In mancher Beziehung war es ein Anknüpfen an die Errungenschaften der ersten demokratischen Republik, die uns durch das nationalsozialistische System weitgehend abhandengekommen und genommen worden waren. An der Formulierung der demokratischen Weimarer Verfassung nach dem Ersten Weltkrieg waren nämlich sehr früh einige der vertriebenen Kollegen (z. B. Walter Friedländer), sowie durch die Wahl und Wählbarkeit endlich auch von Frauen (wie Alice Salomon u. a.) direkt oder indirekt beteiligt gewesen. Aber hinter den ausgestreckten Händen nach dem Zweiten Weltkrieg verbarg sich auch ein umfassendes politisches Anliegen der Siegermächte, das bei uns nicht so schnell und nicht nur als freundschaftliche Geste verstanden wurde. Mir ist selbst als Kind noch das Reden von der „Umerziehung“ *(Re-Education)* durch die Alliierten in Erinnerung geblieben, auch wenn ich das Programm weniger verstand als die Stimmung erspürte. Wer kann und wer will sich schon so leicht umerziehen – oder gar umerziehen lassen!?

Von den ganz bekannten und älteren der in doppelter Bedeutung des Wortes „Ausgewiesenen“ unserer Berufsgruppe, wie Alice Salomon, Walter Friedländer, Hertha Kraus u. a. erfuhren wir zwar schon etwas vor fünfzig Jahren in der Ausbildung zur Sozialen Arbeit. Die Betonung lag aber meist auf den Pionierleistungen aus der früheren Zeit der Berufsentwicklung Sozialer Arbeit in Deutschland und weniger auf ihren leidvollen Schicksalen durch die Vertreibung, wie wir es nicht nur von Louis Lowy wissen. Darüber, wie wir uns diesem Schweigen stellen, so dachte ich, darf und kann noch viel und laut nachgedacht werden.

Ehemalige erfahrene deutsche und auch österreichische KollegInnen waren zu verschiedenen Zeiten und unterschiedlich lange nach dem Krieg wieder nach Deutschland gekommen, um uns in unterschiedlichen Funktionen und zu verschiedenen Anliegen „unter die Arme zu greifen“: Hedwig Wachenheim, Absolventin der ersten Ausbildungsstätte für Soziale Arbeit in Berlin, die Alice Salomon geleitet hatte, kam schon mit der Militärregierung der Alliierten wieder nach Deutschland (Wachenheim 1973) Hertha Kraus, die mit 22 Jahren „Über Aufgaben und Wege einer Jugendfürsorgestatistik“ in Frankfurt/M. promovierte und mit 26 Jahren als Stadtdirektorin und Leiterin des Wohlfahrtsamtes in Köln Berufene, kam als Mitglied der Quäker über die UNRRA *(United Nations Relief and Rehabilitation Administration)* und auch als Beraterin der amerikanischen Militärregierung über den Atlantik (Schirrmacher 2002). – Andere, wie Gisela Konopka, weltweit geehrt als die „Mutter der Sozialen Gruppenarbeit“, kamen über Austausch- und Kooperationspartner wie die Victor-Gollancz-Stiftung vorübergehend zurück (Feidel-März 1990). Weitere, wie Henry Maier, der mit dem Buch „Drei Theorien der Kindheitsentwicklung“ bekannt wurde, kamen über

Kirchliche Einrichtungen, z. B. die DIAKONIE oder Louis Lowy zum ersten Mal 1964 über Bemühungen des Deutschen Vereins für Öffentliche und Private Fürsorge und die CARITAS. – Eine ganze Reihe kam im Laufe der Jahre über die Hochschulen, z. B. über Austauschprogramme wie die der„*Fulbright Commission*" und des *DAAD*, z. B. Hans Falck mit seiner „Membership-Theorie für die Sozialarbeit" und Werner Boehm als Reformer der gesamten amerikanischen Ausbildung in der Sozialen Arbeit und viele andere. – Manche von ihnen konnten und wollten nicht mehr kommen, weil sie ihre Angehörigen und ihre Existenzgrundlagen in Deutschland und Europa verloren hatten. Andere zögerten unterschiedlich lange, nachdem sie diskriminiert, verfolgt und ausgewiesen oder geflohen und Angehörige als vermisst gemeldet oder ermordet worden waren.

Viele deutsche in der Wohlfahrtspflege Tätige sind bald nach dem Krieg in die USA eingeladen und dort zur Sozialen Arbeit aus- bzw. weitergebildet worden, damit sie nach der Hitler-Diktatur das neue Wissen wieder nach Deutschland tragen. Um hier nur zwei von ihnen zu nennen, die sich später in der internationalen Sozialen Arbeit besonders engagierten: Heinrich Schiller, nach Alice Salomon der einzige deutsche Präsident der Internationalen Vereinigung der Ausbildungsstätten für Sozialarbeit (IASSW) und Käthe Rawiel, die bisher einzige deutsche Präsidentin der Internationalen Vereinigung der Sozialarbeiter (IFSW).

Zum allgemeinen Verständnis der damaligen Vertreibungs- und Fluchtbewegungen empfehle ich ganz besonders eine kommentierte Bibliographie mit mehr als 2000 Titeln zur Emigration/Immigration, zumal diese Sammlung zahlreiche Beiträge über Soziale Arbeit mit und für unterschiedliche Flüchtlingsgruppen enthält und auf kollegiale Hilfsorganisationen hinweist (Strauss 1981).

Ich verweise gerne auf weitere Quellen, die auch jene mit einschließen, die besonders wieder in Deutschland, in Österreich und auch in anderen Ländern bekannt geworden sind, z. B. durch das Buch „Who is who in der Sozialen Arbeit" (Hugo Maier 1998). – 1980-1883 erschienen zum ersten Mal 116 Kurzbiographien oder zumindest biographische Informationen unter der Berufsbezeichnung „Social Work" in einem dreibändigen Handbuch der deutschsprachigen Emigration nach 1933 (Röder/Strauss 1980-1983); denn die damals unbequemen und unerwünschten KollegInnen wurden in die ganze Welt versprengt – besonders viele der jüdischen nach Palästina bzw. jetzt Israel. Biographien über Sozialarbeiterinnen befinden sich auch in einem Lexikon zu Leben und Werk jüdischer Frauen im 19. und 20. Jahrhundert (Dick/Sassenberg 1993). Zu finden sind ebenfalls einige, aber durchaus noch nicht alle der Geflüchteten oder Vertriebenen, die unter dem Stichwort „Widerstand in der Sozialen Arbeit" in der Fachzeitschrift „Soziale Arbeit" (DZI: Soziale Arbeit 2012-2013) genannt sind. Und „last but not least" gab es einige Beiträge zur Rolle der Sozialen Arbeit während der NS-Zeit in einigen Ausgaben der Fachzeitschrift „FORUM–sozial" des Deutschen Berufsverbandes für Soziale Arbeit.

Außerdem sollen hier nicht nur diejenigen genannt sein, die uns im Nachkriegsdeutschland wieder die Hand reichten, sondern auch jene wenigstens erwähnt werden, die sich auf deutscher Seite die Hand reichen ließen, weil sie kurz nach dem Kriegsende direkt an diesen Anfängen und Übergängen beteiligt waren und interessant darüber geschrieben haben, z. B. C. Wolfgang Müller (vor allem in seinem Band 2 zur Methodengeschichte: „Wie Helfen zum Beruf wurde" 1988) und Heinz Kersting, der in diesem Buch wiederholt erwähnt wird. Angesichts der Fülle an Namen rege ich gerne zur punktuellen und vertiefenden Suche im Internet an.

Es kamen im großen Rahmen der sogenannten Umerziehung *(Re-Education)* auch fachliche Themen über den Atlantik, beispielsweise die damals neue Methodenlehre zur Sozialen Einzelhilfe, Sozialen Gruppenarbeit und Gemeinwesenarbeit und etwas später die Weiterentwicklung zu einem integrierten Praxis-Modell gemäß der Verwobenheit der methodischen Ansätze zu einer generalistischen und systemischen Sichtweise (vgl. Encyclopedia of Social Work und andere Nachschlagewerke zu einer *„Generalist Perspective"*, dem sogenannten *„Generic Approach"*, aber auch Originaltexte und Übersetzungen zu den getrennten Methoden, zur Supervision, zur wissenschaftlichen Entwicklung Sozialer Arbeit usw. – zahlreiche davon im Lambertus-Verlag). Manche Ansätze kamen gewissermaßen wieder zurück nach Deutschland und Österreich, weil beispielsweise die psychoanalytischen Ansätze während der NS-Diktatur verpönt waren.

Diese Neu- bzw. Wiedererscheinungen wurden nicht nur mit offenen Armen begrüßt, denn wie angedeutet: Wer lässt sich schon so einfach umerziehen? Außerdem darf und sollte jeder Ex- und Import kritisch hinterfragt werden, ob und wie sich methodisches oder fachliches Vorgehen so einfach von der einen in eine andere Lebenswelt übertragen lässt.

So fand ich während des Studiums der Sozialarbeit in Deutschland zu Beginn der sechziger Jahre die didaktischen Übungsanteile mit Rollen- und Planspielen besonders interessant. Das machte mich neugierig, wie diese neuen Methoden in der Praxis angewendet werden und wie wirksam sie sind. Es zog mich – wenn auch nicht nur aus diesem Grund – in die USA, wo ich erstmals überlebende KollegInnen des Holocaust kennen lernte, die während meiner frühen

Kindheit aus meiner nahen und weiteren Nachbarschaft fliehen mussten bzw. brutal vertrieben worden waren und denen ich auf diese Weise erstmals persönlich begegnete.

In den folgenden Jahren, als ich nach meinem Amerikaaufenthalt 1973 wieder in Deutschland war, zogen mich all diese Eindrücke und Erinnerungen, einschließlich eigener Fluchterfahrungen, die nach dem Krieg noch in mir selber steckten, in die Berufsgeschichte und Exilforschung. Ein wichtiger Impuls kam kurz nach den studentischen Unruhen und der ‚APO"-Zeit in Deutschland auch von kritischen Studierenden, die mich als Hochschullehrer nach der Rolle der Sozialen Arbeit während der NS-Zeit fragten. So vertiefte ich mich zunächst einmal in die Archivarbeit über Alice Salomon (Wieler 1987) und später in die Biographiearbeit zu dem Thema „Über-Lebensgeschichten vertriebener Sozialarbeiter_innen" (Wieler 1995).

Es ging mir zunächst darum, möglichst wieder Kontakte mit den Geflohenen und Vertriebenen aufzunehmen, um sie kennen zu lernen und von ihnen zu erfahren, wie sie ihre Verfolgungs- und Fluchterlebnisse überstanden hatten und in nicht wenigen Fällen gerade dadurch ihre beruflichen Ziele in der Sozialen Arbeit gefunden hatten. Dabei ging es mir nicht um eine rasche Versöhnung, die nach einem solchen Verbrechen wie dem Holocaust meines Erachtens auch schier unmöglich scheint. Eine Weisheit aus dem Talmud und aus anderen grundlegenden religiösen und humanistischen Lehren besagt, dass die Erinnerung das Fundament der Versöhnung sei. Denn Wahrnehmung, Erinnerung, und Anerkennung der Tatsachen ist eine Voraussetzung und wahrscheinlich der wichtigste Schlüssel für jede Art von Forschung und Wahrheitssuche. Für die Holocaust- und damit auch für die Exilforschung hat sie eine besondere Bedeutung. Erinnerung ist in diesem Fall die notwendige Grundlegung für eine Versöhnung, aber sie ist noch nicht die Versöhnung als solche.

Während der Spurensuche und Archivarbeit über Alice Salomon lernte ich mehr ZeitzeugInnen kennen, die ein ähnliches Schicksal erlitten hatten. Etliche von ihnen kannten Alice Salomon noch persönlich. Andere kannten sich gegenseitig und empfahlen mir weitere Kontakte. Am Ende waren es über dreißig KollegInnen, die ich während meines ersten Sabbatsemesters 1990/91 in ein- bis dreistündigen Interviews befragen konnte und die bereit waren, mir im Rahmen dieses *„Oral History"*-Projekts ihre Überlebensgeschichten zu erzählen. Die aufgezeichneten Interviews und weitere Materialien, die ich von ihnen erhielt, sind mittlerweile in dem alten und renommierten Deutschen Zentralinstitut für Soziale Fragen in Berlin zwar in Sicherheit (unter Sammlungen und Nachlässe im DZI: Wieler, Joachim, 8 Bände, Signatur: DZI–D–1673 www.dzi.de), aber längst noch nicht umfassend bearbeitet. So waren aus der einsamen und gewissermaßen sekundären Archivarbeit zwischen Büchern, Aktenordnern und Mikrofilmen mit vielen Dokumenten zunehmend persönliche und sehr lebendige Kontakte mit ZeitzeugInnen entstanden, die sich später noch ausweiteten. Um die Fülle von Material zu bearbeiten, entwickelte sich in Zusammenarbeit mit KollegInnen des Berufsverbandes in Ost und West ein nicht mehr einsames, aber dafür gemeinsames und somit kollegiales Erinnerungsprojekt, das zu vielen lebendigen Begegnungen führte.

Von etwa gleichvielen deutschen und österreichischen Sozialarbeiterinnen wurden anhand der gesammelten Schätze zwischen sechs- bis zehnseitige Kurzbiographien geschrieben, Frauen über Frauen und Männer über Männer, die dann im Lambertus-Verlag veröffentlicht wurden (Wieler/Zeller 1995). In diesem Zusammenhang hatte ich auch meinen längeren und leider gleichzeitig letzten Besuch bei Louis und seiner Frau Edith, né Jedlinsky, in Boston gemacht, bevor Louis kurze Zeit darauf verstarb. Bei diesem Besuch wurde mir erneut bewusst, wie lange und wie intensiv Louis Lowy immer wieder in Deutschland, aber auch in der Schweiz und in anderen Ländern ein gefragter Praktiker und Wissenschaftler war. Sein Engagement hat Heinz Kersting in einem sehr differenzierten Rückblick mit reichlichen Quellenangaben unter folgendem Titel zusammengefasst: „Beobachtung eines Beobachters und Brückenbauers über den Atlantik und bedeutender Lehrer der deutschen Sozialarbeiter" (Kersting 2002).

Das genannte kollegiale Forschungsprojekt über „Emigrierte Sozialarbeit" blieb aber keineswegs nur eine „akademische Übung" auf dem Papier. Es wurde gerade durch die direkten Begegnungen zu dem, was Martin Buber einmal so ausgedrückt hatte: „Alles wirkliche Leben ist Begegnung." Davon berichtete mir einer der vertriebenen Kollegen, Ludwig Geismar, mit strahlenden Augen, der als Jugendlicher an Veranstaltungen Martin Bubers persönlich teilgenommen hatte. Und in diesem Sinne entwickelten sich nach den Interviews persönliche Begegnungen, Besuche und Gegenbesuche. Neun der Interviewten kamen von sich aus und auf eigene Kosten an die Fachhochschule Erfurt, wo ich als Professor tätig war, hielten Vorträge, boten selbst Seminare an oder beteiligten sich an anderen Lehrveranstaltungen. Bei USA-Exkursionen wurden Studierende und ich von den einst Vertriebenen eingeladen und sie sorgten für Unterkünfte und Besuche in sozialen Einrichtungen. Diese Begegnungen ließen sich in der Tat dem wirklichen Leben zurechnen, weil daraus auch längerfristige Freundschaften entstanden! Und die gesamte Forschungsarbeit führte ebenfalls zu Vorträgen und Präsentationen über Soziale Arbeit während des Nationalsozialismus. Wie das folgende Beispiel zeigen möge, haben sich solche Aktivitäten bis in die heutige Zeit fortgesetzt (Wieler 2014). So war es auch zur Initialzündung zu dem vorliegenden Buch gekommen.

Nach einer Vorstellung des Oral-History-Projekts an der University of Connecticut School of Social Work in Hartford, CT, und ausgelöst durch die besondere Hervorhebung regionaler Protagonisten entlang der amerikanischen Nord-Ost-Küste, wurde ich freundlich und vehement von einer Kollegin bestürmt, über Louis Lowy doch unbedingt ein Buch zu schreiben. Doch so sehr ich mich auch über den Wunsch und die Ermutigung freute, kam es zu einer anderen Entscheidung. In einer größeren kollegialen Runde kamen wir zu dem Schluss, eine fachlich kompetente und publikationserfahrene amerikanische Autorin darum zu bitten, und wir fanden sie. Lorrie Greenhouse Gardella stimmte zu. Weitere Gründe sprachen für eine englische Herausgabe in Nordamerika: Schon längere Zeit hatten Freunde von Louis und Ditta aufgezeichnete Erinnerungen gesammelt, die noch gar nicht bekannt waren und überwiegend in englischer Sprache existierten, und außerdem sollte das Buch – zunächst jedenfalls – für ein nordamerikanisches Publikum in englischer Sprache erscheinen.

Als das Buch herauskam, war die Freude groß! Zur offiziellen Vorstellung des Buches in Boston am 14. November 2011 schickten wir aus Lehrveranstaltungen zur „Geschichte der Sozialen Arbeit während der NS-Zeit“ an der Fachhochschule Erfurt und an der Friedrich-Schiller-Universität Jena, wo das Buch ebenfalls vorgestellt wurde, eine Grußadresse mit zahlreichen Unterschriften. Es kam so zu einem wenigstens symbolischen transatlantischen Schulterschluss, der nun mit der deutschen Ausgabe verstärkt wird.

Etwas ist mittlerweile leider auch Realität geworden, und es deutete sich schon am Ende meines Vorworts in der englischen Ausgabe an. Die Chancen zur Begegnung mit noch lebenden ZeitzeugInnen werden bald zu Ende sein und ich vermisse diese KollegInnen, weil wir uns nicht mehr wie im wirklichen Leben begegnen und austauschen können. Trotzdem ist es ein Glück, dass wir wenigstens sekundäre und tertiäre Literatur und über diverse Aufzeichnungen noch immer visuelle und hörbare Eindrücke haben. Das ist freilich nicht mehr so lebendig wie in einer persönlichen Begegnung, doch aus den Augen und vor allem aus dem Sinn müssen sie uns noch längst nicht sein!

Trotz dieses langen Weges wird die bisherige Erinnerungsarbeit an einschlägiger Stelle selbst nach Jahrzehnten der Bedenk- und Gedenkzeit und trotz der umfangreichen Vorarbeiten immer noch als ein Anfang betrachtet. So in einem

Auszug aus einer Rezension nach Erscheinen des Buches über die „Emigrierte Sozialarbeit – Portraits vertriebener SozialarbeiterInnen“:

> *„Das Buch ist interessant zu lesen, und sein Wert liegt ganz eindeutig darin, frühe Wurzeln sozialer Arbeit in Deutschland, die immer auch jüdische Wurzeln sind, als solche bewußt zu machen. Andererseits kann an die Herausgeber nur appelliert werden, ihre Forschungsarbeit zu diesem interessanten Thema fortzuführen und weiterzuführen. Eine systematische Aufbereitung des Themas, die Entwicklung theoretischer Folien, die Auswahl exemplarischer Interviews und ihre Bearbeitung mittels einer gestalttheoretischen und biographischen Methode könnten weitere wichtige Schritte in diesem interessanten Forschungsfeld sein. Mit dem Buch ist ein Anfang gemacht“*
>
> *(Gröning 2001).*

Das jetzige Buch ist allemal ein Beweis dafür, dass Fortsetzungen und Erweiterungen nicht nur möglich, sondern für die Vertriebenen eine Art geistige Heimkehr sein mögen und für uns Einheimische eine willkommene Wiederbegegnung mit denjenigen, deren Verlust wir bis heute zutiefst bedauern. Aber es bleibt hoffentlich nicht nur ein Appell an Herausgeber oder designierte ForscherInnen, sondern als Desiderat und freundliche Einladung an uns alle gerichtet.

Der Erinnerungsprozess wird für uns in Deutschland und einschließlich derer, die sich gerne auf die Gnade der späten Geburt berufen, in unseren geschichtlichen Rucksäcken eine Mischung aus Schuld und Läuterung bleiben, auch ohne die Illusion, dass er je restlos abgeschlossen werden kann. Aber die Erinnerung lohnt sich und die Hoffnung kommt manchmal sehr unvermutet. Als ich mich gerade in der Endphase zu diesem Nachwort befand, klingelte das Telefon. Es war Edith oder besser Ditta Lowy aus Boston, der dieses Buch wohl auch in der deutschen Fassung gewidmet bleibt. So hat gewissermaßen „Ditta“ das letzte Wort! Vor Freude strahlend und mit ihrem charmanten österreichischen Akzent erzählte sie mir, wie sehr sie sich darüber freue, dass die Übersetzung dieses Buches ins Deutsche auf dem besten Wege sei.

*Joachim Wieler, Dezember 2017*

# Literaturverzeichnis

Dick, J., Sassenberg, M. (Hrsg.) 1993: Jüdische Frauen im 19. und 20. Jahrhundert, Reinbek.

Deutscher Berufsverband der Sozialen Arbeit DBSH 2013: Soziale Arbeit im Faschismus Teile I und II in: FORUM sozial, Berlin.

Deutsches Zentralinstitut für soziale Fragen (DZI) 2012/13: Unter dem Stichwort „Widerstand in der Sozialen Arbeit" in: Soziale Arbeit, Jahrgang 2012-2013. Berlin

Hildegard Feidel-Mertz 1990: Pädagogik im Exil nach 1933. Erziehung zum Überleben. Frankfurt am Main.

Hans Siegfried Falck 1997: Eine Theorie der Sozialen Arbeit. Stuttgart

Katharina Gröning 2001: Rezension unter Einzelbesprechungen zu „Emigrierte Sozialarbeit 1995. In: Sozialpolitische Literaturrundschau SLR H. 42 2001. S. 101 f.

Heinz Kersting 2002: Louis Lowy (1920–1991) – Beobachtung eines Beobachters und Brückenbauers über den Atlantik. In: Zirkelzeichen: Supervision als konstruktivistische Beratung (Schriften zur Supervision. Band 11). Aachen 2002, S. 253–268).

Hugo Maier (Hrsg.) 1998: Who is who in der Sozialen Arbeit. 1998. Freiburg i. Br.

C. Wolfgang Müller 1988: Wie Helfen zum Beruf wurde. Band 2. Eine Methodengeschichte der Sozialarbeit 1945-1985. Weinheim und Basel.

Röder, W., Strauss, H. et al (1980): Biographisches Handbuch der deutschsprachigen Emigration nach 1933. Band I: Politik, Wirtschaft, Öffentliches Leben, München/New York/London/Paris.

dies. (1983): International Biographical Dictionary of Central European Emigrés 1933 - 1945, Vol. II / Part 2: L-Z, The Arts, Sciences, and Literature, München/New York/London/Paris.

Gerd Schirrmacher 2002: Hertha Kraus – Zwischen den Welten. Biographie einer Sozialwissenschaftlerin und Quäkerin (1897-1968). Frankfurt/Main.

Strauss, H. (Hrsg.) 1981: Jewish Immigrants of the Nazi Period in the USA. Volume 2. Classified and Annotated Bibliography of Books and Articles on the Immigration and Acculturation of Jews from Central Europe to the USA since 1933. New York, München, London, Paris.

Wachenheim, H. (1973): Vom Großbürgertum zur Sozialdemokratie, Berlin.

Wieler J. u. Zeller, S. (Hrsg.) 1995: Emigrierte Sozialarbeit. Portraits vertriebener SozialarbeiterInnen. Freiburg i. Br.

Joachim Wieler 1987: Er-Innerung eines zerstörten Lebensabends. Alice Salomon während der NS-Zeit (1933–1937) und im Exil (1937–1948). Darmstadt.

ders. 2014: Über-Lebensgeschichten vertriebener Sozialarbeiter und Sozialarbeiterinnen. Unveröffentlichtes Manuskript einer überarbeiteten Zusammenfassung meiner Forschungsarbeiten zur Erinnerungsarbeit.

# Abbildungen

## Fotografien



## Karten



## Schaubild



* Mit freundlicher Genehmigung des United States Holocaust Memorial Museum. Die Ansichten oder Meinungen in diesem Buch und der Kontext, in dem die Bilder benutzt werden, spiegeln nicht zwingend die Ansichten oder Grundsätze des United States Holocaust Memorial Museum wider und bedürfen keiner Genehmigung oder Befürwortung.

# Die Autorin

Lorrie Greenhouse Gardella, J.D., M.S.W., A.C.S.W. ist außerordentliche Professorin am Department of Social Work, Southern Connecticut State University, in New Haven, Connecticut, USA.